KUWEI

酷威文化

图书 影视

LET THE

CHILDREN

游戏力

PLAY

L E T

游戏力

T H E

[芬兰] 帕西·萨尔伯格 [英国] 威廉·多伊尔 著

耿一岚 译

C H I L D R E N

P L A Y

四川文艺出版社

CONTENTS

目录

To my family

给我的家人：

奥托、诺亚、埃罗、布兰丹、佩特拉和娜奥米。

孩子们一生的成功，建立在他们的创造力，和从玩耍中所学知识的能力上。

可以说，有益的玩耍对儿童的成长至关重要，应将其纳入孩童时期的定义中。玩耍提供的不仅仅是成长过程中的珍贵记忆，还让孩子们在发展身体、认知和情感能力的同时，发展创造力和想象力。

—— 美国儿科学会临床报告

孩子们通过玩耍发现世界，展示他们的创造能力。没有玩耍，完全的智力发展是不可能的。玩耍是一扇敞开的巨大窗口，富有生命力的概念和思想由此注入孩子们的精神世界。玩耍是火花，是点燃求知欲和好奇心的火焰。

—— 瓦西里·苏霍姆林斯基
欢乐学校创始人

这些天，枫树街小学的操场很安静。

唯一的动静是一股强烈的西风，把秋千吹得前后摇摆。往日排队滑滑梯的身影们不见了。操场上没有孩子玩垒球或踢足球，也没有人玩追逐跑或围坐一圈的游戏。今年不会有五年级表演的音乐剧了。

孩子们不再学习演奏竖笛，也不会学习节拍和韵律，更不会学习那些已经在小学音乐教学中沿用多年的传统歌曲。再也没有艺术作品要展示了。过去，为了不被蛋彩画和水彩弄脏校服，孩子们会套上爸爸们的旧衬衫，现在也已经不再需要。

不，枫树街小学并没有关门。为了满足《不让任何一个孩子掉队法案》的要求，学校把每一分钟都安排得满满当当，因此许多家长和教育工作者都在质疑美国小学生的童年是否被剥夺了。

—— 琼·亨利、杰基·麦克布莱德
朱莉·米利根和乔·尼科尔斯

他们在树林中奔跑，滑倒，互相推搡，捉迷藏和追逐跑。更重要的是，他们眯着眼睛直视太阳，直到眼泪顺着脸流下来；他们把手伸向那片金黄和那抹惊艳的蓝色中，他们呼吸着新鲜的空气，聆听着寂静，那寂静将他们置身于一片悄无声息、万物静默的神圣海洋中。他们观察着一切，品尝着一切。然后，就像动物从洞穴中逃脱一样，他们近乎疯狂地奔跑起来，放声大喊大叫。一个小时过去了，没有人停下脚步。

—— 雷·布拉德伯里《一日繁夏》

前言

　　当你还是个孩子的时候，在户外玩的时间有多久？我说的玩，是指自己或和朋友做游戏，不论是到处跑还是摔一跤，都只是享受纯粹的乐趣。我猜你每周都要玩上好几个小时吧。我在婴儿潮①时期出生，在利物浦市中心长大，小时候经常和兄弟姐妹们抓住一切机会出门玩耍。我们就像猫一样，只有饿了才回家吃东西。街道上、后巷里和附近的公园内，到处都有我们和邻居的孩子们玩耍的身影。

　　我们追逐奔跑，捉迷藏，玩各式球类游戏，还会根据漫画或周六白天看的电影改编一些即兴冒险的游戏。我们的父母小时候是这么玩的，我们父母的父母也是如此。自古以来，孩子们就喜欢沉浸在户外活动中，不知疲倦为何物。在这个过程中，他们的身心得到了滋养，想象力和交往能力也得到了提升。现在却不是这样了。现在的孩子们玩耍的时间比以前少得多，其后果是无法估量的。

　　《游戏力》一书生动地论证了玩耍对孩子来说是如何至关重要的。玩耍给孩子们带来的趣味性并非无关紧要，孩子的成长也离不开玩耍。有益的运动类游戏是孩子们了解自己和周围世界的主要方式。这有益于他们身心的健康发展，还能培养今后所需的复合型个人素养和社会技能。体能游戏应当成为每个孩子日常生活中不可或缺的部分。正如这本书所述，对许多孩子来说，现实情况恰恰相反：由于种种原因，在世界的许多地方，孩子们从小就被系统地剥夺了玩耍的需求和权利。

　　我是从自己接受的教育及丰富的经历中了解到这一点的。我目前是 DiG（Dirt is Good，污垢很宝贵）的主席和资深顾问。这是一项由

---

① 婴儿潮（baby boom）：指的是在某一时期及特定地区，出生率大幅度提升的现象。历史上有记载的几次婴儿潮，通常起因于振奋人心的事物，如农作物丰收、战争结束及赢得体育竞赛等。在英文语境下，婴儿潮时期出生的人被形容为"baby boomers"。

联合利华资助的国际倡议，旨在为儿童提供更多的玩耍机会。这项倡议源于一个越发令人担忧的现象，即当代儿童的生活越来越不平衡，有益的玩乐活动正逐渐被其他需求和限制所排挤。2015 年，该倡议委托开展了一项关于家长对玩耍态度的国际调查。这项调查涵盖了 10 个国家（巴西、中国、印度、印度尼西亚、葡萄牙、南非、土耳其、英国、美国和越南）的 12000 多个家庭。调查表明，全球范围内的孩童户外活动的时间都比前几代人少得多。

近三分之二的父母表示，他们的孩子在外面玩的机会，比他们自己小时候的要少。超过一半的孩子每天在户外玩耍的时间不到一小时。玩耍越来越局限于室内，而非户外。大约十分之一的孩子从来不出去玩。顺便说一下，重刑囚犯每天都享有至少一小时的户外放松和锻炼。显然，世界各地的许多孩子待在室内的时间比服刑人员还多。这并不是说孩子们根本不玩，只是他们玩的方式不同。正如你将在接下来的章节中看到的，这些年，孩子们的户外玩耍大多是在成年人的组织和监督下进行的。在室内，他们大部分时间都在玩电子游戏。这会造成怎样的后果呢？哪些是更有益的玩耍呢？

当 DiG 向家长提出这个问题时，回答中出现频率很高的词是"真正的玩耍"。当我们问他们这是什么意思时，他们表示"能引发孩子兴趣，让孩子身心投入，无拘无束享受其中""发自内心感到愉悦""能让孩子释放天性"以及"鼓励孩子们保持天生的好奇心"。那什么是"真正的玩耍"呢？为什么它如此重要呢？

"真正的玩耍"不是什么特定的活动，而是一种可自行选择玩什么以及如何玩的状态，如堆沙、戏水、画画、跳绳、攀爬、追逐、角色扮演、杂耍和捉迷藏等。它包括所有的感官和肢体活动。它们有一些共同特征：

> 自发、自我激励的：真正的游戏是自由选择的。如果孩子们被迫玩耍，他们可能根本无法进入玩耍的状态。
>
> 有创造性的：孩子们会假想、扭曲现实，以适应他们的兴趣和想象力。
>
> 积极的：真正的玩耍能让孩子们身心都参与进来。

适应的规则：玩耍的规则以孩子为本，包括如何开始和结束，以及可接受的行为。

萨尔伯格和多伊尔引用过大量研究，证实了真正的玩耍能带给孩子一个快乐的童年，也是孩子成长的基石。真正的玩耍对儿童身体的健康发展也是不可或缺的。成长中的孩子需要充足的体育活动、良好的营养和一个安全的环境来激发他们探索自己的潜能。儿童的大脑具有很强的可塑性，真正的玩耍能推动儿童的认知发展。通过玩耍，孩子们能发掘他们天生的好奇心和创造力。真正的玩耍在加强现有神经活动的同时，还有助于在大脑中形成新的神经连接。真正的玩耍有助于儿童的情感发展。通过玩耍，孩子们能探索自己的个人情感和思维，并了解他人的感受和想法。真实的玩耍对儿童的社交能力有着至关重要的作用。通过玩耍，孩子将学会给予和接受，以及如何与他人相处以达成共同的目标，并且能够培养团队合作、沟通和解决问题的能力。

如果真正的玩耍对孩子的健康发展如此重要，那为什么他们现在不像上一代人有那么多时间玩耍呢？有几个原因。其中一个原因是数字媒体的普及和电子游戏的吸引力。在第二项调查中，DiG 重点关注了孩子在家使用电子设备的时间。调查范围涵盖了英国、爱尔兰、法国、西班牙和葡萄牙的 4000 名父母（孩子的年龄从新生儿到 7 岁）。四分之三的父母表示，从很小的时候起，他们的孩子就每天在屏幕前花大量的时间。到 3 岁时，电子屏幕已经成为孩子们玩游戏的主要方式。该调查计算得出，到 7 岁时，孩子们在电子屏幕前的时间会达到 2 年零 3 个月（818 天）。在这段时间中，孩子们只有不到一半的时间是和家人、朋友一起玩游戏或看电影，其余时间，都是一个人与屏幕相处。

7 岁时，孩子们每人花在电子屏幕上的时间通常长达 1 年零 3 个月，是他们在户外与人玩耍时间的 2.5 倍多。例如：五分之四的父母表示，他们的孩子宁愿坐在家里玩电子虚拟运动游戏，也不愿意出门进行一些真正的体育运动。基于屏幕的活动并不全是坏事，也不是必须反对电子游戏或数字文化。玩电子游戏也可以给孩子带来积极的影响，但正如本书中所表明的那样，对孩子的发展而言，它们并不能与真正的玩耍所带来的社会、情感、认知和身体方面的好处相提并论。

真正的玩耍还面临着另一个阻力。显然，许多成年人认为儿童游戏是一项令人愉快的休闲活动，但与其他优先事项——特别是教育——相比并不重要。在过去 20 年左右的时间里，教育方面的公共政策给学校、教师和学生施加了前所未有的压力，要求他们通过没完没了的标准化测验，来证明自己的教学成果。许多家长对孩子以后面临的问题深感忧虑，而且这种不确定性加剧了家长和学校对结构化学习和取得好成绩的强烈关注。玩耍所带来的好处并未得到广泛认可，因此在家庭、学校和公共政策中，真正的玩耍通常不太被重视。

为了腾出更多的学习时间，许多学校的课余时间正在减少。越来越多的人认为，这是培养孩子在学习竞争和工作场所竞争中所需技能和理解力的最佳途径，因此，孩子的课余时间也受到严格的约束。即便有些父母认为孩子应该拥有多样化的娱乐方式和更具创造力的户外活动，他们也不会让孩子改变现有的生活方式，使之成为可能。所以，玩耍就这样从"待办事项"中消失了。

户外活动减少的第三个原因是恐惧。由于父母担心孩子的安全，全球范围内孩子的户外活动时间都减少了。这些担忧在很大程度上是没有根据的，但危言耸听的新闻总是层出不穷，恐惧随之加剧。还有部分原因是，当孩子们在户外玩耍时，他们经常受到成年人的过度监督。这限制了玩耍发挥其优势，孩子们甚至根本不觉得那是真正的玩耍。

还有另一个问题。随着城市人口的增长和农村人口的减少，没有汽车和其他障碍物的可供玩耍的场所太少了。在许多城市地区，城市规划者把玩耍放在次要位置，没有为孩子们提供足够安全的玩耍空间。DiG 运动认为，与其他社会保障一样，"玩耍不足"的问题不能被忽视，因为这实在太重要了。将多种形式的玩耍重新融入儿童的日常生活中，需要一个切实可行的行动计划，以提高大家的认知并推动变革。这就是这本书的目的。

《游戏力》是一本充满激情、雄辩有力的书，主张彻底改变许多父母、教育者和决策者在为儿童提供教育、健康和福祉时的优先考量。它囊括了一些优秀的实践经验，这些例子阐明了变革的必要性及其优越性，最后给出了有助于实现这些变革的行动清单。萨尔伯格和多伊尔的写作简明而清晰，融汇了当前的研究和自古以来人类智慧的积淀。相信你会被他们权威性的论点、数据和案例所说服。更重要的是，如果你在孩提时代就体会过真正的玩耍，相信你在内心深处也一定明白为什么所有的孩子都应该马上享有它。

肯·罗宾逊爵士

第一章

即将到来的
童年黄金时代

THE
COMING
GOLDEN AGE
OF
CHILDHOOD

> 对一个社会来说，没有什么比其对待孩子的方式更能反映其灵魂了。
>
> ——纳尔逊·曼德拉

> 对孩子来说，在玩耍中学习和嬉戏是有益的。请让你的孩子拥有童年。
>
> ——新加坡总理 李显龙

孩子天生就会在玩耍中学习。在没有惩罚和体罚、被自由和鼓励填充的日常中，走动、探索、发现、模仿、练习和尝试都是他们学习的途径。

对孩子的健康成长和学习来说，不论从智力还是体力方面看，玩耍都是至关重要的。

这并不是什么小众观点，也不是自由派或保守派的观点，更不是针对特定时代、文化和国家的观点。这是被杰出教育家、育儿专家、学者和儿科医师所一致认同的，当今一种普遍的全球共识——想要孩子学得好，就得让他们玩耍。

1930 年，在一次白宫的会议上，来自美国各地的 3000 名育儿专家共同颁布了《儿童宪章》。这是一份国家政策宣言，它阐述了"每名美国儿童都享有友谊、玩耍和快乐的权利，享有居住在可以给他们提供安全健康、可以让他们玩耍娱乐的场所的权利，以及在受过充分培训的教师和校长的陪伴下身心健康地成长的权利"。这份宣言由一位共和党总统背书并联合签署，他坚持以总统办公室的力量支持并推动这份宣言。

1989 年，联合国通过了《儿童权利公约》，其中第 31 条表明："每个儿童都有休息和放松的权利，有权参加适合其年龄的玩耍和娱乐活动，并且自由参与文化和艺术生活。"2007 年，由 67000 名儿童医生组成的美国儿科学会发表了一份临床报告，强调了"玩耍对促进儿童健康发展的重要性""玩耍是校园生活不可或缺的一部分"。2010 年，疾病控制与预防中心报告称：有"大量证据"表明，包括课间休息在内的体育活动，"有助于提高学习成绩，包括成绩和标准化测验分数"，并且"对认知技能、学习态度以及学术行为有影响，所有的这些都是提高学业成绩的重要组成部分"，能"让注意力集中以及改善课堂表现"。

2011 年，欧洲议会和欧盟理事会宣布"所有儿童都有休息、休闲和玩耍的权利"，并肯定了"玩耍对儿童早期阶段的学习至关重要"。

同年，美国儿科学会发布了一份关于玩耍的临床报告，强调指出，为了让贫困儿童发挥他们的最大潜能，"父母、教育者和儿科医生必须认识到玩耍的重要性——能使孩子们终生受益"。2013 年，美国儿科学会发布了另一份临床报告，指出"课间休息是儿童发展的关键和必要组成部分"，课间休息对孩子在学校的表现至关重要。

同样在 2013 年，享有盛誉的美国国家科学院医学研究所（现称为"美国国家医学研究院"）建议学校提供体育课程和"每天至少 60 分钟的高强度或中等强度的体育活动"，其中大部分可以在课间休息时间完成。这则信息出自一个被《纽约时报》称为"健康和医学问题领域最受尊敬和最权威"的机构，该机构发布的报告可以改变全世界的医学思维。

2017 年，美国疾病控制与预防中心宣布，体育活动和课间休息是学生学习经历的重要组成部分，有助于提高学习成绩。

同样在 2017 年，中国国家教育部宣布，在幼儿教育中推广游戏是最重要的事情，并强调了游戏对幼儿童年生活的重要价值，指出了游戏是幼儿特有的生活和学习方式。教育部敦促家长和教育工作者，鼓励并支持幼儿"自主游戏、快乐游戏"，扭转当前存在的重视学习知识技能，忽视、干预游戏，以成人"导演"的幼儿游戏和电子游戏产品替代玩具等剥夺幼儿游戏权利的行为，从而产生影响幼儿身心健康的"小学化""成人化"倾向。

2018 年，世界银行在《世界发展报告》中指出："儿童的大脑通过探索、玩耍以及与关怀他人的成年人或同龄人互动，能最有效地整合新知。"

同年，美国儿科学会再次发出紧急呼吁，要求让玩耍在儿童生活中发挥其作用，强调"玩耍对于学习 21 世纪的技能至关重要，如解决问题、协作和创造力。这些技能需要执行能力，而执行能力对于成年人的成功至关重要"。报告指出："玩耍有助于培养我们面对不断变化的世界所需要的技能。在家中，玩耍提供了一个绝无仅有的机会，为孩子们的适应能力打下坚实基础；在学校，玩耍能提高孩子的语言和数学技能，能帮助孩子建立安全、稳定及富有涵养的人际关系，以缓解潜在的毒性压力；同时玩耍能培养孩子的社会情感复原力。"

尽管"玩耍是儿童生活和受教育的基础"，这一点还得到了医学界和科学界的一致认可，但对世界上许多儿童而言，玩耍正在渐渐从他们的生活中消失。

为什么在我们的学校里，越来越看不到玩耍的孩子了呢？其实，这有诸多社会和文化方面的因素，其中一个主要的政治因素就是"GERM"，也被称作"全球教育改革运动"。本书的作者之一帕西·萨尔伯格用此形容学校改良其教学规范，优先以标准化测验，来评判孩子的学术表现，而非他们在学校的参与度、幸福感及玩耍情况。

GERM 是许多政客和政策制定者的教育理念，他们相信增加青少年和儿童的课业量、"适者生存"式的学校间竞争、去专业化的师资和教学、基于义务教育数据的学校系统管理，以及在三年级就针对少量科目进行的标准化测验，可以提升教育的质量。对于在政府推行的标准化测验最优方案下承受高压的学校和孩子们来说，玩耍及其他的一些基础科目——艺术、音乐、体育、生活技能、实地考察、道德教育、公民教育和动手的 STEM（科学、技术、工程和数学）项目——越发成了可舍弃、不必要的奢侈品。

始于 20 世纪 90 年代的这些偏颇、有误导性、无效的 GERM 政策（无论其用意如何），正在从根本上影响着美国、英国和澳大利亚的公立教育系统，并正向世界其他地方蔓延。GERM 不但没有采取任何有意义的措施来改善儿童教育，还不遗余力地将"玩耍"这块儿童教育的核心基石从政策及观念中剔除。可以说，拜 GERM 所赐，玩耍正渐渐被人们遗忘。

父母总是给孩子最好的。但是在教育方面，他们接触到的信息并非总是真实和完整的。例如：父母可能不明白，没有确凿的证据表明儿童过早地（如 4 岁到 6 岁）进行学术训练会出现长期的学习优势。父母可能没有意识到，除了自主阅读和少许课外练习，没有什么实证表明，高中之前大多数形式的家庭作业是切实有效的。父母可能不知道，儿童教育领域的大多数课堂技术产品，几乎没有独立、严格的证据支撑。许多家长也可能不知道，为了学得更好，孩子们，特别是年幼的孩子，需要定期在校内和校外进行室内外游戏。

本书作者之一的帕西·萨尔伯格，在墨西哥城的一次教育会议上发表演讲时（演讲中提到了这本书的主题），目睹了一个真实的案例。会议结束后，当地的一家私立幼儿园的几位老师走过来问他："您的书什么时候出版？我们现在就需要它！我们马上就要！"当帕西询问原因时，其中一位老师解释说："我们学校的家长不明白玩耍有多重要。有的家长要求我们提供学费折扣——因为他们认为不应该为孩子在学校打盹儿的时间买单，更不该为孩子在学校玩耍的时间付钱，玩耍在家长看来是浪费时间。"

帕西回答道："但这只是四五岁的孩子啊！孩子们上幼儿园的目的就是通过玩耍来学习！"

"我们知道，我们明白！"老师们说道，"但是家长们不懂。"

这种现象不仅仅局限于墨西哥城。有一天，本书作者之一的威廉·多伊尔坐在纽约市某个公园的长椅上，一边看着儿子在操场上来回跑，一边与一位幼儿园老师聊了起来。这位老师同时兼职当保姆，她照看的两个孩子正在公园里嬉戏。她是一位训练有素的儿童教育家，拥有硕士学位，在帕克大道附近的一所入学条件极其苛刻、精英至上、具有宗教属性的私立学校任教。

"我正在考虑辞职。"她突兀地说道。

问及原因时，她解释说："我们在学校做错了很多事情。我们给孩子带来的只有紧张、压力和难以承受的课业。没有玩耍。为了学习，孩子们的玩耍只局限在校园里。但在我们学校，孩子感受不到快乐，享受不到探索的乐趣，没有身为孩子的归属感和认同感，没有休息，只有压力。这对任何一个孩子都是不合适的，无论是富人还是穷人。"

"低年级的学生呢？"威廉问，"学前班和幼儿园的孩子有机会玩吗？"

老师若有所思地笑了："15年前我开始执教的时候，学校里还能经常看见孩子玩。那是另一个世界了。现在的父母根本不允许孩子玩。

我们有的家长已经开始教 3 岁的孩子算数和单词了，这样孩子就更有可能取得好成绩。学校并没有告诉家长这有多不合适，而玩耍对孩子的学习有多重要，家长也根本不知道。这是一个恶性循环。我听说公立学校也是这样。玩耍正逐渐减少，压力成为孩子们从学前班到大学的日常。"

作为家长、教师和公民，现在是时候要求政府官员和学校管理者说真话了，孩子们需要获得最佳的学习体验——包括定期的体育和智力游戏。是时候让孩子们在室内外游戏、自由活动、有指导性的玩耍、有趣的教学互动以及"更深层次的玩耍"中徜徉了。"更深层次的玩耍"是我们对高质量、高层次的玩耍形式的称呼，其特点是孩子的自我引导、内在动机、积极情绪、过程导向和想象力的运用。也是时候让所有孩子——无论贫富，从学前班到高中——都在校园里玩耍了。

每一个被学校剥夺的玩耍时刻、每一次被取消的课间休息、每一部取代善解人意且术业专攻的老师的机器以及每一次强加在孩子身上的不必要且高压力的标准化测验，都是对孩子权利的盗窃。孩子的成长和学习本应伴随着运动、创造力、发现力、快乐、温暖、鼓励和友谊。

我们把成堆的压力和考试堆在孩子身上。没有证据表明这对孩子的学习或他们的未来有所帮助，但我们年复一年地这样对待着世界各地成千上万的孩子。

我们已经不可救药地、几乎是机械地这样做了，就像某种催眠术的受害者，像梦中的人，像不由自主朝着大海前进的旅鼠一样。

这个没有玩耍的世界正在白白浪费教师的才华，抑制学校的潜力，限制孩子的未来。

从任何角度来看，这都不是一种真正的生活方式——童年徘徊在名为悲哀的悬崖边上——对任何社会或任何孩子来说都是如此。

在不久的将来，我们的孩子们会重新开始玩耍。

他们会在学校、家里或者社区里玩耍。

不久的将来，我们的孩子将不再承受过度的压力、课业、考试；不再因为成绩不好而感到羞愧；不再被强制关在阴冷的教室，一坐就是 6 到 8 个小时；不再把课上和课余时间都花在对着没有感情的机器进行低质量的考试上。所有的学生，无论来自富裕家庭、中等收入家庭还是低收入家庭，每天都会享有户外课间休息时间（在安全监督的条件下进行），即使是雨雪天、上午的最后一节课和体育课也不例外。

每一所学校都会在玩耍性学习和实验的基础上开展课程，个人差异和多样性需求将得到支持，而非打击。

有趣的好奇心、创造力和浓郁的求知氛围，将为学校注入活力。所有的孩子都会坦然面对失败，尽情尝试并想象成功。老师或学生犯的错误会被当成案例进行分析、分享和展示，大可不必因犯错而感到羞耻。

每一个幼儿教室都会有沙盘、工艺品、衣橱和积木，孩子们将通过智力游戏、交流、体育活动、老师引导和自由活动（由孩子们自己选择和主导）打下许多学科基础。

只要条件允许，孩子们就可以经常接触大自然，就可以去木材和五金商店，聆听并学习乐器。学校将教授一些被遗忘已久的科目，如生活技能、烹饪、伦理、家政、园艺、实地考察和实践科学。每所学校都会为所有的孩子提供营养餐，因为健康的孩子学习能力更强。

孩子们不会为政府强制实施的毫无意义的标准化测验以及因过度而适得其反的课业和毒性压力而难过。孩子们往往会在快乐的状态下奔向学校，愉快玩耍，学习新事物，集中精力，团队协作，尽力而为。成功和失败都是常态，孩子们会相互帮助。

老师们会将基于玩耍的教学方法整合到学校课程中，将不断对学生进行评估——不是通过冷冰冰的屏幕和高压测试，而是通过人性化的关注、热情、鼓励，以及为不同年龄段设计的小测验、考试、作品展示、演讲等方式进行评估。老师要帮助学生进行自我评价，学生间也要互相评价。

每周会有几次机会——让孩子自己选择他们想在课堂上做什么。课间休息主要是孩子们在户外自由活动，由一个受过专业训练的成年人在附近保证安全就够了。孩子们有时会大汗淋漓、浑身脏兮兮的，有时候会擦伤膝盖，这正是孩子的天性。学校将会意识到，孩子们有迫切的需要，也有权利每天在外面玩几次，并享受固定的课间休息；学校还将认识到，如果孩子们愿意在外面看书、与朋友聊天、爬树或只是"放松一下"，他们也有权选择不在课间休息时玩耍或参与体育活动。

教师、家长和社区将为儿童提供安全的玩耍环境，并鼓励孩子们根据年龄承担可控的风险。放学后，那些曾经因孩子被迫长时间超负荷写作业、玩电子游戏而空无一人的后院、体育场和游乐场，将充满从 3 岁到 17 岁孩子们的笑声、叫喊、奔跑和嬉闹。

孩子们到外面玩耍——追逐奔跑、玩泥巴、探险，甚至是用小刀削木棍——都会被鼓励。他们会学习爬树和生篝火。当然，家长们会自发为孩子在居民区附近打造可监控、安全的玩耍场所，然后他们便不会打扰，让孩子们自己玩。

世界将会迎来后数字时代儿童的黎明。孩子和他们的父母将成为数字设备的主人，而不是奴隶。曾一度成为教室主宰者的电子设备们，将会被放进储藏室或丢弃。孩子们在学校和家里使用电子设备的时间，将被限制在每周几个小时，我们的孩子将在一个没有电子屏幕、非数字化的绿洲中度过一周中大部分的时间。

以史蒂夫·乔布斯、比尔·盖茨、巴拉克·奥巴马和许多硅谷高管等先驱父母为榜样，孩子们在家中使用电子设备的时间将被控制在最低限度。在家里，父母会定期关闭家里的电子设备，和孩子们聊天、玩耍、读书，带孩子去公园，和他们在草地上、床上、起居室的地板上玩闹互动。家长和老师会意识到，经常要求孩子关掉手机的学校是聪明的学校。

从市中心到广阔郊区再到农村腹地，只要有学校，就会有孩子们嬉戏打闹的声音；孩子喜欢在坑坑洼洼的路上走，时不时跳两下，懒散地摇晃，这是孩子们（尤其是男孩子）天生的行为。

父母和老师会鼓励孩子，无聊的时候盯着窗外"走神"一会儿，这样可以让大脑得到休息，为新一轮的学习、表达、体育活动、有趣的发现、探究和创造性思维的爆发做好准备。

在学校，每隔几周，孩子都会进入"失败学院"。鼓励孩子体验失败，以大胆的思考、创造性的实验和理智的冒险，作为获得成功和成就的途径。学生犯的错误将作为经验教训，老师的失误将以合作及共享的轻松形式在课堂上展示交流。孩子们会明白，成功和失败不是对立的，而是常常并肩共存的。

学校不会因为孩子天生注意力不集中，或忍不住动来动去而惩罚他们，而是会照顾和尊重每个孩子作为个体和学生的需要，以及每个孩子对体力和脑力游戏的正常需求。

不久的将来，政治家和决策者们将停止大规模的儿童社会实验，并在我们已知的基础上完善教育体系，真正落实"教育是一项重视专业精神、协作、研究、公平、福祉和同情心的公共服务"。

不久的将来，成年人会非常仔细地倾听孩子们的心声——我们将把孩子的童年还给他们；不久的将来，政府官员、家长和教育工作者将仔细研究儿童学习和成长的最佳方式，他们将获得一种强大、改变生活的认知：孩子必须玩耍；不久的将来，成年人会让孩子成为孩子。家长、教师、政策制定者和孩子们自己将以玩耍为基石共同创造今天乃至未来的学校——从日托班到学前教育再到高中，孩子们都能同时享有自由及引导性玩耍，体能和智力游戏，室内和户外游戏。

那一天到来时，我们将见证伟大奇迹的发生。在学校，孩子们的健康和行为会得到改善。他们的学术、社交和共情能力都会提高。他们的注意力广度、专注度和"执行功能"都会提高；他们的潜在技能会得到发展，孩子们会更快乐，会学得更好；学校教育也会硕果累累。

我们正站在一个潜在的童年黄金时代边缘，一个充满创造力、探索力、深度学习，致力于改善全世界儿童健康和福祉的新教育时代——只要我们以玩耍为根基来建设今天乃至未来的学校。

第二章

两个父亲的故事

A TALE
OF
TWO FATHERS

如果我们爱孩子，希望他们茁壮成长，就必须给他们更多而不是更少的时间和机会去玩耍。

——彼得·格雷教授

五年前，我们俩分别搬去另一个国家。

帕西·萨尔伯格作为哈佛大学教育研究生院的客座教授，从芬兰移居美国，教授和研究全球教育最佳的实践。本书的另一名合著者威廉·多伊尔作为富布赖特学者移居芬兰，研究蜚声国际的芬兰小学教育体系，并在大学研究生院教授传媒和教育学课程。两人都带着妻子和孩子。

我们也都被这相似之处吓了一跳。

在美国，帕西身处一种早教文化中——这种文化建立在压力、标准化、教师职业的非专业化上。在这种早教文化里，玩耍被系统地消除了，甚至连幼儿园也是如此。

与此形成鲜明对比的是，威廉在芬兰见识到享誉世界的儿童教育体系，该体系建立在通过玩耍来学习的坚实基础之上，在高度专业、受人尊敬的儿童教育者的领导下，该体系为高中及以下阶段的学校，持续不断地提供新鲜的想法和有趣的点子。

这五年间，我们在工作及合写这本书的时候，走遍了世界各地，与成千上万的教师、家长、学生、研究人员和政策制定者就儿童教育、教育改革和创新、玩耍以及"未来的学校"进行了交谈。

那时，帕西走了大约 50 万英里。他去各地的学校参观，在教师交流会上发言，对学前班到高中的教室进行观察。他不仅跨越了美国的 30 个州，还前往加拿大、澳大利亚、新西兰、中国和南非等国家考察。可以说，他的足迹遍及欧洲、拉丁美洲、南部非洲、东南亚以及中东地区。

那段时间，帕西还担任过哈佛大学的客座教授，新加坡国立教育研究所和亚利桑那州立大学的访问学者，芬兰、苏格兰和瑞典政府的顾问，芬兰奥卢大学的管理委员会成员，以及北京中学（中国首都领先的公立中学之一）的董事会成员。帕西还向美国国会、美国多个州的立法机构、联合国大会和多个国际会议提出了教育建议。

与此同时，威廉深入芬兰最大的教师培训学校，在东芬兰大学为来自30多个不同国家的高中生、研究生和国际转学生讲授"未来学校"课程，并担任赫尔辛基芬兰教育和文化部的顾问。当时，芬兰的学校体系被三个国际组织列为"世界第一"，其中包括：联合国儿童基金会、世界经济论坛、经济合作与发展组织。

回到美国最有影响力（同时也最不体面）的大城市之一纽约市，来看看它的学校体系。威廉参观了数十间公立和私立学校的教室，并定期"融入"他儿子所在的公立小学。这是一所高度多样化、没有种族隔离的学校，就读于这所学校的大多数学生是黑人或拉丁裔，大多数学生的家庭生活在贫困线以下。

这本书的内容基于我们的实地考察和采访。作为教育系统的课堂观察员、世界各地政府和学校的顾问以及对玩耍和儿童教育的历史文献研究者，我们对700多篇已发表的教育、医学和其他学科专业期刊上的文章的回顾，形成了我们研究的核心。

这本书也是基于一系列广泛、直接、一对一的定性访谈，由作者亲自前往或以在线的方式进行，与杰出的国际专家小组——一个由70多位领先的教育学者、研究人员、思想领袖和实践者组成的"智囊团"——交流，向他们征求儿童时期在学校玩耍的相关研究、意见和想法。

我们的受访者之一，格洛丽亚·拉德森-比林斯，是美国最负盛名的研究型教育机构——国家教育学院的院长。塞尔吉奥·佩利利斯、安东尼·佩莱格里尼和斯蒂芬·西维伊三位专家，对玩耍进行了最有意义的原创实验和研究。该小组还包括来自世界各地的知名教育家。此外，作者还与来自不同国家的数千名教育工作者、研究人员、学生和家长进行了交谈，从而为这本书的写作提供了更多信息。

最后，这本书也参考了我们作为父亲的经验：在世界上最先进的儿童发展实验室——游乐场——度过了数千个小时，观察自己的孩子及其他孩子的玩耍、追逐、合作、社交、成长、探索、创造、跌倒；满身脏兮兮，擦破膝盖，组建团队；创造新游戏，想象新世界；感到无聊，获得成功，体会失败。从最深层的意义上学习成为一个人意味着什么。

致读者

不管有多少研究表明玩耍对教育有好处，不管有多少教师、儿科医生和研究人员支持和赞同这一点，我们都知道，这个看法总会让一些人感到惊讶、愤怒或是充满敌意。

毕竟，人们可能会想：上学是为了学习，不是为了玩。而上述观点听起来、看起来都是相反的。我们理解你的感受。问题在于，"玩耍"这个词本身的宽泛性、模糊性和不精确性。

如果你也和这些人一样，那么我们有个建议。在这本书中看到"玩耍"这个词时，把它从你的大脑中剔除。忘了"玩耍"这个词吧。

我们可以用一个短语代替它，事实上，这个短语更准确地定义了孩子在教育背景下玩耍的过程——"系统化的探索、实验和发现"，或者还可以用"种子"这个词。这就是孩子玩耍时所做的事情，它是学习、成长和幸福的种子。

帕西·萨尔伯格的故事

去年，我应邀在威斯康星州阅读协会的教师年会上发言。

他们让我谈谈美国和芬兰，在学校教学实践中的异同。芬兰的学校在过去的 15 年里得到了很多关注，因为芬兰学生在国际学生评估测试项目（PISA）[1]中表现得非常好。这是一项由经济合作与发展组织监督的国际标准化基准测验。而且令许多人感到惊讶的是，芬兰的学校制度与美国的学校制度大相径庭。比如说，在芬兰，孩子 7 岁之前

---

[1] 该项目是经济合作与发展组织（OECD）进行的，对 15 岁学生的阅读、数学、科学能力评价研究项目。每 3 年进行一次测评。

没有正式的学术指导，与学校有关的压力更小，家庭作业更少，在高中结束之前，没有标准化测验（除了定期对极少的学生样本进行动向调查）。

具有讽刺意味的是，对于一个回避标准化测验的国家来说，芬兰的学校之所以出名，是因为其 15 岁的学生在 PISA 标准化测验中表现出色。但是芬兰的老师们会第一个告诉你，尽管 PISA 的数据很有意思，也许能够说明一些总体的国际趋势和教学效率，但是仅仅测量几个有限的学习类别是不完美并且非常不完善的。有许多技能、天赋和能力是 PISA 无法衡量的，而且这些技能中的大多数不能也不应该被归结为标准化的数据——诸如创造力、同理心和同情心、领导力、表达技能、好奇心、团队协作以及其他一系列技能。

我在威斯康星州的听众，由许多教育工作者组成，从幼儿教师到高中教师，还有行政人员和大学生。在演讲接近尾声时，他们提出了一些关于如何改进美国学校的建议。我明确表示：我们不能将一个国家的教育体系和做法"输出"到另一个国家，因为两国会存在较大的文化差异，但我确实认为，不同国家之间有很多东西可以相互学习并相互启发。

我的发言中包括一些建议，如在教育公平方面加大投资，鼓励学校之间合作而非竞争，以及将标准化测验控制在最低限度。我的下一张幻灯片通常会吸引大众的眼球。在过去的 10 年里，我在美国各地做了将近 300 次演讲，每当听众中有很多老师的时候，这张幻灯片几乎总能得到非常积极的回应。我知道这些听众是由充满激情、有想法、高度专业的美国教育工作者组成的，从乡村学校到城市学校，我期待从他们中间得到热烈的反响。

我准备好，点击进入下一张幻灯片。黑色背景上的白色大字十分简洁："让孩子们玩耍吧。"

房间里顿时充满了笑容和掌声，然后是细碎的欢呼声。这是我听到的最热烈的反应之一。我已经习惯了听众对这条消息的热烈回应，但这次的反应已经超出了我的预期！显然，这是一则几乎所有在场的人都理解并认同的简单信息，但很少听到他们在日常教学中提到——"让孩子们玩耍吧"。

我对老师们说:"在芬兰,每天上完45分钟的课后,所有的孩子都有15分钟的户外自由活动时间,一直到高中都是如此。7岁前的日托和儿童教育是建立在儿童学会对自己的行为负责上,通过玩耍学会与其他孩子相处。除非孩子愿意,否则不会强迫他们阅读或是写作。由于没有额外的高压力标准化测试,芬兰的教师和儿童可以自由地专注于基本要素:学习和快乐。玩耍则是教学的主要方法之一。"

接下来是更多的欢呼和更响亮的掌声,甚至有人欢呼叫喊。我开始觉得自己像个摇滚明星。我继续讲道:"芬兰政府规定每一所幼儿园和学前教育机构都要满足儿童的需要,倾听儿童的声音,注重儿童的权益,提供负责任的照料,并把通过玩耍学习的教学方法放在幼儿教育的首位。"听众们都很惊讶。

我接着说:"孩子们每节课后固定休息的15分钟,也是'教师的休息时间',老师们在设备完善的休息室里小聚,放松身心,与同事聊聊天,喝喝咖啡、喝喝茶,经常就新的教学想法进行尝试,讨论如何帮助某个特殊的孩子应对学习挑战。"

说完之后,我感觉到一半的美国听众都在欢呼,而另一半陷入了难过。不开心的那部分人似乎被悲伤或愤怒所困扰,因为美国的孩子并没有享受到芬兰几乎每一所学校都具备的这些必要的专业化教育条件。让孩子过早地感受学习压力,许多学校"一刀切"的做法,以及孩子每日被电子游戏侵蚀……这些消极的影响,正成为许多美国教育工作者和家长们关注的热点。

演讲结束后,两位30多岁的学前教师走过来和我交谈。她们是卡罗尔和丽莎。

卡罗尔在一所乡村小学教学已经七年了。她的同事丽莎是同一社区的幼儿教师。她们问我是否能抽出时间和她们谈谈。

卡罗尔看起来很害怕,丽莎眼里有泪水。

"怎么了?"我问。

"我就知道。我就知道!"丽莎眼含泪水说道,"我知道我们对孩子们所做的是错的!"

"哦,不,"我心想,"又来了。"

近几年,美国老师有太多这样的反应,我以为自己已经见怪不怪了，但这位老师的情绪太夸张，也的确要哭了。许多老师告诉我，他们担心在学校里不得不做的那些事会伤害到孩子。我收到了许多来自美国、澳大利亚、英国和其他国家老师的电子邮件和信件。他们告诉我，在学校不得不给学生施加过度的学习压力，不让孩子们玩，这些让他们怒不可遏，以至于有些人后来彻底放弃了教师的工作。

丽莎解释说，她教幼儿园和学前班已经 8 年了，那段时间，所有的玩耍和儿童友好型学习方法都被弃用。当下的国家教育方针，逼着她不得不强迫四五岁的孩子进行高压标准化测验，并以"标准"和"严格"的名义对她的学生们施加过早且极不适当的学业压力。

显然，这背后的政治理论是，美国需要"赶上"新加坡、韩国和芬兰等教育水平优异的国家。而且从长远来看，我们越早对学龄前儿童实施学术"严格"战术，他们就会学得越好，就能越早为上大学和就业做好准备。他们认为这样做的话，美国有朝一日就会在教育水平国际排名中名列第一。尽管并无证据支持这一理论，而且近 20 年的这种"考试和惩罚"以及"越早越好"的做法几乎没有改善美国学生考试成绩的国际名次，美国国内因经济差异导致的在教育成果方面的成绩差距也没有缩小。相反，美国儿童心理健康水平和幸福感的下降趋势倒是并驾齐驱。

在本应和同龄人交流，爱上校园生活；在老师的指导下，在温和友好的氛围中，通过玩耍来认字，打下其他学科基础的时候，卡罗尔和丽莎班上的孩子，以及成千上万其他美国学校的孩子，却要被迫接受他们还没有准备好去接受的东西，并感觉自己像个失败者。两位老师都表示，他们的孩子需要的是关心、支持和爱，而不是"更苛刻的期望和更努力的学习"，以及经常让孩子产生挫折的过度测验。

卡罗尔解释说："听你讲芬兰的孩子是怎么接受教育的时候，我就意识到我们对孩子做的简直错到离谱。不知怎的，我就是知道这些事是不对的，一点也不适合孩子们！"

我告诉她："我知道你在学校的处境也很复杂，你一个人能做的有限。但是别放弃！"

我没有告诉卡罗尔的是，我已经听过上百次同样的事情了。在美国和世界的其他地方，教育工作者常常觉得自己陷入了这种困境，觉得自己无法满足学生的真正需要，却总要做一些与教育工作者的职业背道而驰的事情。越来越多的家长也感受到了这种压力。

2013 年我搬到美国，在一所常春藤盟校进行为期三年的教学工作时的经历，曾让我产生过这种压力。

一天早上，在马萨诸塞州的剑桥市，我带着 3 岁的儿子去了当地一家幼儿园。

那是个看上去很不错的地方，在受到热烈欢迎之后，学前教育主任让我坐下来喝杯咖啡。

"他认识多少字？"主任问道。

"对不起，请问有多少个什么？"我慌乱地问。

"多少字。他的词汇量有多大？他能数到多少个数字？"

我一点也不知道。我儿子才 3 岁，至少还有三四年才会面对这些问题。就这样毫无征兆地，我突然面对了美国教育中一个惊人的新概念——"学前准备"。

我听说，在竞争越来越激烈、学术压力越来越大的美国儿童教育体系中——具有象征意义的哈佛大学就在几个街区之外——"大学入学准备"的理念已经被运用到 5 岁儿童的身上了（也就是"幼儿园准备"）。但把这个理念应用到 3 岁的孩子身上似乎怪异得出奇。

我看了看儿子，他前不久还在母亲怀里吃奶，最近刚学会自己上厕所。

"为什么要问这个呢？"我问教学主任。

"我们得确保他的水平适合我们的教学项目，"主任回答说，"我们需要知道他是否能赶上班上其他同学的进度。我们要保证所有的孩子都做好了准备。"

在我的祖国芬兰及许多其他国家，人们会觉得这种谈话不可理喻，这就像把每个孩子明码标价一样荒谬。把测量 3 岁孩子的词汇量，作为学前班入学标准的想法是极其不合适的。在芬兰，孩子们在六七岁之前主要通过玩耍、游戏、唱歌和对话来学习（美国直到最近才这么做）。在芬兰，核心问题不是"孩子准备好上学了吗"，而是"学校是否为每个孩子做好了准备，并将接受每个孩子的差异"。我想问我儿子可能会去的学校："你们准备如何迎接我儿子？因为他也很期待。你们又将怎样确保他在这里能健康快乐？"但我没有机会问出口。

与此相反，我蹒跚学步的儿子正站在美国教育体系的大门口，面临着严峻的学术挑战。

这一幕与我在芬兰农村长大的童年学习经历完全不同，我的经历植根于户外和室内玩耍。7 岁时，我在附近的森林和溪流中游荡，有时候一个人，有时候和伙伴们一起，不管浑身上下有多脏，也要去探险，爬树，爬山，挖虫子，与大自然交流，看世界是如何运转的……对孩子们来说，玩耍不仅仅是空闲时间的一部分，它还是一种生活方式。

小时候，我住在武奥托马基农村的一所校舍里。我的父亲是当地小学的校长，当时，为了吸引教师到芬兰偏远地区任教，当地政府在校舍旁为他们盖了房子。

校舍真的很漂亮。它建于 20 世纪 20 年代，是一座白色的木制城堡式的房子，我们也住在那里。它坐落在芬兰北部那个小村庄最高的山顶上。因为地方太小，所以村子里没有教堂，只有一所学校，所有人都很看重它，它的存在犹如一座教堂。校园里到处都是可以攀爬的树木，还有可以爬上爬下的大石头和小山丘。那是个玩耍的好地方。

当一天结束，学生们离开校园，我便进入空荡荡的教室，扮演老师的角色，假装给想象中的孩子上课。

那感觉真好。8 岁的我在给小学生上课！我必须在父母不知情的情况下做这件事——教室就在我们家客厅和厨房的隔壁，是禁区，所以我不得不偷偷溜进去。这使得整个"演出"更加激动人心，因为我正在演一部由我当老师的戏呢。

那座房子里没有其他人，我的父母不在身边，只有我和我亲爱的鲁鲁，这只忠诚的苏格兰牧羊犬会充当观众。在教室里，我和想象中的学生交谈，点名，并纠正他们的错误答案。但最令人兴奋的是我用想象力去教授魔法，以及自行进行自然现象实验（如水和轮子）的时候。

我总是想给我的"学生"一个惊喜，看看他们惊讶不已的表情。有一次，我假想自己带领"全班学生"进行火的实验时（我并没有真的这么做），火势失去了控制，我命令所有的学生从窗户沿梯子爬下去，逃出教室。当时，我们在老旧的木制校舍的二楼。我打电话给消防队，很快，场景就变成了所有的学生站在操场，惊愕地注视着消防队员如何把火扑灭。然后，我们爬回教室，学习了火的安全隐患。

我长大后成了一名高中数学教师，后来成了一名教育政策官员和大学教授。当年的"玩转未来"对我的成年生活和事业起了至关重要的作用。

让我们把场景再换回到马萨诸塞州剑桥市的幼儿园。那场谈话最终不了了之，我拉着儿子的手匆匆离开，去附近看看有没有其他选择。我们漫步在剑桥的街道上，拜访了另外两所幼儿园。

经历和第一次差不多。让我感到困惑的是，这些幼儿园唯一关心的是，我如此幼小的儿子在狭窄的"学术道路"上能取得多大的进步。这条道路的定义是认识字母和数字的技能，但我儿子擅长其他事情：他非常擅长演奏，他在绘画、音乐和舞蹈方面有着丰富的想象力，他拥有强烈的好奇心，热衷于结交新朋友；除此之外，他还能说三种语言，能用芬兰语、英语和他母亲的母语克罗地亚语进行交流——这取决于谁在和他说话。对于一个3岁的孩子来说，这些都是令人印象深刻的技能。

但当涉及"学前准备"时，这些都不重要了。

和妻子谈过后，我在和儿子一起吃着冰淇淋时，告诉了他我们的最终决定。

"让你在家里上幼儿园似乎更适合。"有社区活动场和每周的音乐课就够了。我们的日程安排相当灵活，所以是可行的。这也是我们最实惠的选择。

看起来我儿子对此完全没异议。但这次经历让我想知道，为什么这个非常富有的国家不能更好地照顾所有年轻的居民，特别是那些父母或监护人负担不起早期儿童教育、护理、每周的艺术和体育活动支出的孩子。

2013年，我在芬兰接待了一批来自弗吉尼亚州的教育工作者，他们过来是想深入了解芬兰的教育体系。他们了解到，芬兰的学校与他们自己的学校相比，非常不同——没有标准化测验；在学习一般科目的同时，也非常注重艺术的培养；学生每天至少有一个小时在外面自由玩耍；教师对自己的工作基本满意，他们是被社会所信任的专业人士。

这些访客们在芬兰埃斯波的奥罗拉小学空荡荡的户外操场上，谈论芬兰学校的诸多奇特之处。突然，所有的教室门砰砰地打开，400名孩子冲了出来。

"是消防演习吗？"一位震惊的美国学校管理人员问道。

"不，"这所芬兰学校的校长马蒂说，"这是他们在室内每学习45分钟后的15分钟正常休息时间。"

一群四年级的女孩玩了一场即兴球赛；一群男孩和女孩在院子里闲逛，聊天；一些孩子玩数码设备；另一些孩子随意地到处跑，或者花一些时间独处。

一个10岁的男孩从游客们身边跑过，来到游乐场的尽头，爬上一棵高大的树，像猴子一样栖息在他最喜欢的树枝上。

"你看到那个男孩刚才做了什么吗？"一位来自弗吉尼亚州亚历山大市的小学教师惊讶地问道。

"是的，我很了解这孩子，"马蒂校长说，他已经领导这所学校15年了，"这就是他的激情所在，攀登，登上高处。"

"但是如果他从那棵树上摔下来伤到自己怎么办呢？"另一位美国老师问道。

"嗯，那他可能就不会再这么做了。"马蒂回答说。

"要是在家里的话，这事儿是不可能发生的。"来访的老师说。

"这里的冬天外面很冷，校园被积雪覆盖，学生们都是待在室内吧？"另一位代表问道。

"通常不会。规定是，如果室外温度低于零下15摄氏度（或5华氏度），他们就不需要外出了。新鲜空气对孩子的小脑瓜总是有好处的。"马蒂说。一想到孩子们会被送到零下的严寒中玩耍，美国人都吓得沉默不语。

这些场景说明，在美国和芬兰这两个友好的西方民主社会，学校环境和文化是截然不同的。其中一种并不一定比另一种好，但这些不同的文化为孩子们在学校里玩耍提供了截然不同的背景环境，也为家长和老师如何看待孩子们的玩耍提供了不同的视角。

在我与世界各地的政府官员和教育部长参加的数百次会议上，有一个问题是我在谈话中经常被问到的："该如何改善我们的学校呢？"

我告诉他们，这取决于他们的目标是什么。如果他们的目标是提高国际标准化基准测验的分数，我没有任何建议可提供。这样的测验和排名对儿童教育的价值提升非常有限。但是，如果目标是全面提高学生的学习质量，最大化他们（尤其是来自弱势群体家庭的学生）拥有光明前途的机会，我可以提供五个想法以做参考。

第一，我建议把教师当作专业人员来培养和对待，要达到研究生水平，在教学理论和实践、儿童发展、教育研究和领导力等方面进行严格的实践培训；让这些教师负责管理学校；把他们当作教育领域的精英来尊重。

第二，鼓励学校和教师合作，而不是相互对抗。

第三，公平、公正地为学校提供资金和人员，使所有学校都有足够的资源和高素质的教师，以满足儿童上学的需求。

第四，给孩子们一个温暖、包容和愉快的课堂氛围，而不是压力、繁重的课业和恐惧。

第五，我告诉他们："让孩子们玩耍吧。从幼儿园到高中，定期安排孩子们进行有趣的学习和探索，以及室内室外的脑力及体育活动。"

这种想法通常会遭遇冷待。许多老师听到"让孩子们玩耍"时，往往会欢呼或哭出来。但与此相反，许多政客和行政官员却会进入一种半植物人状态。他们脸上的表情常常是这两种之一——"我们根本不知道你在说什么"或是"这在一百万年内都行不通，至少我活着的时候别想"。

然后我想，如果他们能看到我所看到的就好了。我见过他们不相信的事情。

当我还是一名小学数学和科学老师的时候，时不时会看到自己的学生陷入焦虑或困惑。然后，我停下正在进行的课堂教学，玩一个数学游戏或只是简单地唱一首歌之后，他们就放松下来，敞开心扉接受新的想法和新的挑战。

我曾在芬兰和世界各地的游乐场看到过孩子们发明的新奇游戏，那是在父母和老师放手让他们自己玩时才会发生的事。在芬兰，9 岁的孩子们带着锋利的园艺剪消失在茂密的森林里，为一门科学课收集植物样本，这门课就变成了一次有趣的冒险。

我见过苏格兰的孩子们在学校课间休息时，在老师和家长的全力支持下，在泥泞的田野里跑来跑去，浑身都湿透了，变得脏兮兮；我在得克萨斯州和纽约州的公立学校看到，低收入家庭的孩子在课堂注意力和专注力行为方面取得了显著的进步。他们所在的学校效仿芬兰的做法，每个学校日都为孩子提供每小时 15 分钟的课间休息。

我见过学校里的孩子们在阳光明媚的新西兰草地上奔跑了近一个小时，然后去吃午餐，再回到教室里。那时的他们头脑清醒，注意力集中，心情愉快，准备吸收新的知识。这比整天闷在教室里的学习更有效率。

我在澳大利亚的学校里见到过孩子们从社区老人那里学习传统的户外游戏，我惊讶于孩子们竟然是那么喜欢学习他们父母和祖父母小时候的玩耍游戏。

我见过中国的孩子们带着玩具和球，走到学校的操场上，然后在上课前和老师们一起享受充满活力的太极课。

我见过一位日本老师给八年级的学生上数学课，他的课是那么有趣，那么激情，那么令人愉快，以至于当下课铃响起，孩子们都不愿意离开他的教室。

我见过亚洲、欧洲和拉丁美洲的学龄前儿童通过自由玩耍，通过道具、服装、水和沙子，通过歌曲和相互交流来为早期的学习打下基础。

我在纽约的一所公立学校看到了朝气蓬勃的各色人种学生，他们享受着美国教育中几乎闻所未闻的东西——每天两次 20 分钟的休息时间。此外，在每天第一节课开始前，他们还可以选择休息 30 分钟。

我见过世界各地的老师，他们知道什么时候该通过直接、正式的指导来教学，什么时候该通过有指导的游戏来教学，什么时候该让孩子们自己学会如何学习。

我见过孩子们学得更快乐，学得更多，学得更好——部分是通过学习，部分是通过玩耍。

让孩子成为孩子：教育的圣杯？

当政治家和科技巨头谈论"未来的学校"时，他们的想法往往不外乎人们熟悉的"21世纪技能"和"数字学习"。我们需要更深入的洞察，而学校中的玩耍所扮演的关键角色可以激发我们的思考。

虽然一些技术平台和产品也在试图帮助教师和学生，但这本书不是关于教育技术或混合学习的，也不是关于通过电子屏幕实现的个性化学习或数字学习。这是一本关于玩耍的书，是一本有血有肉的书。

我们想引起全球范围内的教师、家长和公民的重视，重塑及扩大玩耍在学校中的地位。

世界各地的研究、实验和课堂经验所产生的一系列惊人的科学证据和突破有力地表明，儿童在玩耍机会充足的环境中长期学习效果最好，而且玩耍既是儿童成长的发动机，也是儿童教育和未来学业成就的有效基础。

玩耍是孩子们学习的方式，也是为他们的社会生活奠定基础的方式。孩子们通过玩耍来探索、发现和体会失败与成功，学会社交，茁壮成长。玩耍是童年的根基。

玩耍是孩子掌握成功所需的思维技能和习惯——创造力、创新能力、团队合作、注意力、适应力、表现力、移情力、专注力和执行力等的关键之一。玩耍是让每个孩子释放想象力、创新力和创造性思维能力的重要手段。

从生物学角度来说，孩子们可以不间断地进行脑力和体育活动。他们天生就会质疑，做白日梦，善于模仿；他们会搭积木，布置玩具屋；他们晃动，坐立不安，奔跑，跳跃，大笑，哭泣，沮丧，专注，无聊，充满创造力；最重要的是，他们每个人都独一无二。而且，他们有很多东西值得我们学习。数学家兼研究员西摩·佩尔特（1928—2016）的大部分时间都在麻省理工学院从事教学研究。他认为："与其让孩子们像成年人一样思考，或许我们更应该反过来记住他们才是卓越的学习者，并更努力地成为他们。"

玩耍不是漫无目的、随意地浪费时间。当玩耍的力量得到适当的利用和释放时，它就是孩子学习、情感和身体成长的基础。

孩子的生活就是在学校内外，户外和室内玩耍——在成年人的指导下，自发地在玩耍中接触和体会学术概念、数学、语言、科学、物体、戏剧、书籍、音乐、艺术、自然、体育、风险、工具、想象、实验、尝试和失败。

然而，在全球范围内，我们正在系统性地破坏孩子身边（学校、家庭和社会）玩耍的条件。我们为孩子创造出的是情感上的孤独、凄凉和环境上的压抑。

我们正以剥夺孩子童年的方式，为迎接孩子的未来做准备。我们以"教育改革"的名义，规范和挥霍孩子的未来。这些都无助于孩子的健康发展和学习。相反，我们用焦虑、毒性压力、无用功和没完没了的电子屏幕压迫了许多孩子。

我们写这本书有两个主要原因：首先，我们梳理了来自世界各地的实证，这些证据有力地表明，玩耍是孩子学习、成长和幸福的一个基本要素。玩耍的益处体现在方方面面，包括改善孩子的健康和学习。我们相信可以通过更多的玩耍来帮助和完善我们的学校。其次，我们在自己的孩子和数百万其他孩子的生活中看到了玩耍的力量。

当你在家观察自己的孩子时，很容易就能看出孩子天生就充满好奇心和创造力。如果你仔细观察孩子们的玩耍，会发现婴儿和刚学会走路的孩子是孩子天生就充满好奇心和创造力的很好证明。但通常，孩子的创造力和好奇心在学前教育和小学阶段才会充分释放。

肯·罗宾逊爵士认为我们的学校应承担更多的责任。这不是指教师，而是指教育体系内僵化的架构、死板的规章制度和错误的政策。全球教育竞争以较低的财务成本追求"更高的标准"，使得许多学校趋向于工厂，试图在紧张的时间内高效地生产标准化的产品。然而，我们相信，在每一所学校的日常安排中，融入更多的玩耍，不仅是让孩子们更健康、更快乐的最佳方式，也是让学校更好地应对全球教育面临的挑战的最佳方式。

写这本书是因为我们发现玩耍、探索和实验，这些孩子们学习的自然语言，正逐渐从学校教育中消失，取而代之的是恐惧、压力和无效的教育政策。我们震惊于这种做法所付出的人力成本，而且这种做法根本无法提高孩子的学习质量和幸福感。

　　写这本书是因为我们担心所有的孩子——任何地方的任何孩子。一些统计、调查和研究让人揪心。这些数据表明，多种文化和社会压力，包括缺乏脑力和体育锻炼，有可能导致心理健康水平下降、肥胖增加、压力增加、在学校的疏离感加重、生活满意度不足以及滥用药物。世界各地的学校政策共同制造了一场人类危机，使教育的社会成本急剧上升。我们担心，除非尽快调整教学策略，否则许多弱小的孩子将无法承受更多的压力。

　　不必走到这一步。不应该是这样的。不久的将来，我们会把童年还给孩子；不久的某一天，大人会非常认真地倾听孩子；不久的将来，成年人会让孩子成为真正意义上的孩子。

　　任何声称发现了儿童教育圣杯的人，很可能都不知道自己在说什么。

　　教育是一个神秘而复杂、不完美且无比艰辛的过程，其中充满了悖论和未知，这个过程需要我们齐心协力，虚怀若谷，革故鼎新。每个孩子、老师、家长都是不同的，所接受的文化也是不同的。孩子们面临着一系列的社会、心理和生理上的压力，这些压力会影响他们的学习。每个学生都有自己的天赋和才能，但有时这些天赋被藏了起来，或者需要时间才能被发掘并培育。

　　事实上，我们对于玩耍如何影响学习的认知还存在很大空白，这一领域的许多研究都是新的或是不全面的。众所周知，由于伦理问题，对儿童进行研究是极为困难的。和大多数研究一样，这个问题也存在争议。通常，样本量很小，被研究的儿童各不相同，年龄较大的儿童被研究的次数少于年龄较小的儿童；研究是短期的，并且出现负面结果或非确定性结论的研究可能不会发表；多个研究有时会互相矛盾。大多数关于玩耍的研究都是观察性的，关联性和相关性可以被清楚地观察到，但因果关系往往不能。现有的关于玩耍的研究大多集中在西方国家的儿童身上，特别是美国和英国。反映全球文化、性别、种族和儿童经济地位差异的玩耍研究非常罕见。

　　但如今，当把世界范围内所有可用的实验、经验和证据拼凑在一起时，教师、研究人员和家长们发现了一个激动人心的解决方案——以改善学校的策略：孩子们应该玩得更多。

给予孩子更多的独自玩耍时间，对全球教育问题来说也不是一劳永逸的。但我们确实认为，玩耍是一种极好的且非常廉价的资源，可以改善学习条件，使孩子们更幸福、更快乐，从而为世界创造更美好的未来。

如何才能尽可能地帮助我们的孩子在学校和生活中茁壮成长呢？最有效的解决方案之一不是手机应用程序，不是标准化测验，也不是每个孩子手中的平板电脑，更不是某种风靡一时的教育风尚，而是地球上大多数孩子天生就会的，一种由世界各地的学校、教师、家长和儿童开创的方法。它有能力给你的孩子及所有的孩子提供强大的学术、社会和情感支持，这些都是成功的关键。不要把幼儿园变成小学一年级，把小学变成压力工厂。

教育的目的是什么？如果答案是增加儿童的压力，向政治家和管理者提供低质量或不相关的数据，将数十亿美元浪费在低效或未经验证的学习干预措施上，对儿童学习和缩小成绩差距很少或根本没有持续的积极影响。那么，我们的学校可真是相当出色。

但是，如果你像我们一样相信，教育的主要目的是激发孩子们发现自己的激情所在，学会如何学习，爱上学习；成为积极、健康、富有同情心、有创造力和负责任的社会人，那么我们必须重新思考学校该如何运作。

首先，我们要把学校建立在孩子们玩耍的坚实基础上。

简而言之，问题在于我们的学校没有发挥应有的作用。其中一个主要原因是，我们追求的是无效的教育政策，这些政策正在将玩耍——一个学习的重要基础——挤出学校，并用恐惧、过早和过度的压力，以及国家用于束缚儿童的标准化测验将其取代。我们不是在责怪老师。恰恰相反。我们敬佩数以百万计的教师，他们无视错误的教育政策和指示，每天都在尽最大努力帮助所有的孩子在学校学习和成长。

解决的办法是什么？我们如何才能帮助所有的孩子在学校和生活中茁壮成长？

答案中的一个关键部分来自我们祖先的智慧，最近脑科学和教育研究领域的一系列引人注目的突破也证实了这一点。

答案可以用一句简单的话来概括：让孩子们玩耍吧！

第三章

玩耍的学习力

THE
LEARNING
POWER
OF
PLAY

我们的孩子从小就必须参加符合法律精神的正当性玩耍。因为，如果身边没有这样的氛围，孩子们就不可能成为品行端正的守法公民了。

——柏拉图《理想国》

这个方式学到的东西最多——当你做一件让你享受的事情时，你不会注意到时间的流逝。

——阿尔伯特·爱因斯坦 1915 年给儿子的信

孩子们最需要学习什么？这个问题的答案，在某种程度上，就是玩耍，而且是很多的玩耍。

现代教育的奠基人之一，17 世纪的摩拉维亚主教约翰·阿莫斯·科梅纽斯将学校视为"欢乐花园"，孩子们在这里和谐快乐地成长、玩耍和学习。

2008 年，一个儿童早期发展学者小组回顾"关于低龄学生学习方式"的研究时，得出结论："孩子们需要在成人的温和指导下进行无组织的自由玩耍和游戏性学习，因为孩子们在投入和享受的时候进行学习效果最好。"对孩子来说，玩耍就是学习。

儿科医生也同意这一点——玩耍应该是孩子学习的一部分。美国儿科学会 2007 年发表了一份具有里程碑意义的临床报告，由美国 67000 多名儿童医生组成的领先专业协会宣布，儿童倡导者应"让每个儿童充分享受玩耍带来的好处"。

医生们的报告还补充说，"玩耍对成长发育至关重要"，并详细说明了儿童通过玩耍能获得许多至关重要的益处：

玩耍可以让孩子们在发挥创造力的同时，发展他们的想象力、灵巧性、体能、认知和情感力量。玩耍对大脑的健康发育很重要。正是通过玩耍，孩子们在很小的时候就参与到他们所处的世界中，并与之互动。玩耍可以让孩子们创造和探索一个他们可以掌控的世界，在练习成人角色的同时克服恐惧，有时还可以和其他孩子或成人看护者一起进行。当孩子掌控了自己的世界时，玩耍帮助他们发展新的能力，从而增强他们面对未来挑战所需的信心和适应性。无组织玩耍让孩子们学习如何在小组中合作、分享、谈判、解决冲突，并学习如何维护自己的主张。

波士顿儿童医院媒介与儿童健康中心和哈佛医学院的儿科医生迈克尔·里奇是"今天玩更多"项目的负责人，他汇编了最新的研究、事实和实验，为家长和老师提供实用的建议，告诉他们如何提高在家及学校的玩耍时间和质量。根据里奇博士的说法，很多证据表明"玩耍有助于孩子的大脑和身体发育，并帮助他们学习如何与他人相处。"

医学界和科学界对于儿童玩耍的共识如此强烈，以至于国际政治领域也相继认可了玩耍是每个儿童的基本权利。历史上最广为认可的《联合国儿童权利公约》（1989 年）第 31 条规定："儿童有权休息和放松，有权参加适合其年龄的玩耍和娱乐活动。"2011 年，欧洲议会和欧盟理事会也宣布，"所有儿童都有休息、休闲和玩耍的权利"，并肯定了"玩耍对儿童早期阶段的学习至关重要"。所有北欧国家都通过了立法，宣布玩耍是所有孩子的人权，包括在学校的时候。

玩耍似乎是一个内置的生物命令，不仅对人类如此，动物也一样。2018 年，美国儿科学会的一份关于玩耍的临床报告指出："玩耍是我们进化遗产的一部分，存在于广泛的物种中，是健康的基础，给我们提供了在复杂世界掌握所需技能的机会。""尽管在动物王国中物种繁多，从无脊椎动物（如章鱼、蜥蜴、海龟和蜜蜂）到哺乳动物（如老鼠、猴子和人类），但社交型玩耍在大脑新皮质（大脑中与高阶脑功能有关的部分）覆盖面更大的动物中更为突出。"

就算孩子们长大了一些，我们也不应该把玩耍排除在他们的生活之外。最近很多人都在呼吁教育体系要培养更多"有创新意识"的公民，如果玩耍能逐渐成为高年级乃至大学教育的一部分，就能更好地实现这一呼吁。托尼·瓦格纳是哈佛大学创新实验室的驻校专家、学习政策研究所的高级研究员，著有获奖图书《创造创新者》。他也提倡在教育中注入更多玩耍、激情和目标。瓦格纳告诉我们："玩耍是我们人性的一部分，也是我们的内在动力。"他指出，"我们生来就有一种好奇心，渴望探索、实验和想象新的可能性，换句话说，就是创新。"孩子们可以通过玩耍来发展这些技能。

哺乳动物尤其喜爱玩耍。为什么这么多年轻的哺乳动物都在玩耍？20世纪初，德国博物学家卡尔·格罗斯提出，玩耍是一种进化机制，使年轻的动物能够实践他们生存所需的行为。这种玩耍的"实践理论"解释了为什么幼年斑马会"演练"跳跃和迂回动作，而狮子幼崽在玩跟踪和追逐游戏。格罗斯将这一理论扩展到人类身上，他指出，孩子们观察成年人，然后将他们所处文化要求的生存技能用作玩耍的素材，如狩猎采集文化中的弓箭狩猎。

从文明伊始，在所有的地域和文化中，玩耍显然都是童年的自然基础。一个可以追溯到公元前440年左右的希腊花瓶展示了一个男孩玩溜溜球的图样。玩耍在许多狩猎采集社会都很常见，美洲原住民文化的特点是经常在崎岖不平的荒野中进行户外游戏。孩子们会模仿成年人的跟踪、狩猎和战斗技能。在澳大利亚的一些地方，孩子们玩一种叫作"袋鼠鼠跳①"或扔棍子的游戏，这种游戏起源于原住民社群的悠久传统。

1560年，荷兰文艺复兴时期的艺术家老皮耶特·布鲁格尔创作了一幅名为《儿童游戏》的画作，画作中描绘了一个中世纪的村庄，这个村庄被许多玩耍的少年儿童占领。这幅画中至少有80种游戏、运动和玩具，包括洋娃娃、面具、整挑圆片、保龄球、拨浪鼓、游泳、博斯球、木马、抽陀螺、演出、踩高跷、撑竿跳、转帽子、掷骰子、秋千、弹球、捉迷藏、投硬币、掷刀和喷水枪……

美国奴隶的孩子找到了自己的玩耍方式，欧洲移民的孩子、美国新城市和郊区的孩子，甚至正在遭受战争的孩子也找到了玩耍的方式。玩耍是人类一生中永恒的伴侣。

---

① 袋鼠鼠跳（weet weet）：一种投掷棒游戏，在澳大利亚一些地区的土著居民中十分流行，他们为此还举行各种比赛。"袋鼠鼠跳"游戏中用于投掷的棒状道具形似一只巨大的蝌蚪，通常被称为"袋鼠鼠（kangaroo rat）"，因为当正确投掷时，棒身的飞行类似于这种小型有袋动物的跳跃动作。

从婴儿时期开始，孩子就喜欢摆弄物体，根据声音、动作、想法和情绪玩耍，而玩耍的行为可以持续到老年。

如果你问很多经验丰富的儿童成长发育专家、研究人员和教师，孩子最需要学习什么，你可能会听到他们谈及这些主题：孩子需要一所这样的学校——充满温暖及鼓励，积极的探索，丰富的对话及实践活动，积木、颜料、蜡笔、沙盘和水桌，道具服装，可以自由安排的时间，一些根据年龄和特质的引导和指导，老师定期进行形成性评估（即"包含"学习的评估，而不是"只含"学习的评估），大量的户外活动和奔跑，以及强大的学术基础——社会支持、适当的营养补给、心态积极的父母、合格的老师、公平的资源分配，还有通过各种玩耍（包括自由玩耍和指导型玩耍）进行学习。得克萨斯大学奥斯汀分校幼儿教育与指导课程教授克里斯托弗·布朗解释说，当孩子们要求更多的玩耍时间时，他们并不是想逃避学习。"他们知道他们必须在学校学习，"布朗写道，"相反，他们需要的是一个给自己充电的机会。"

什么是玩耍？在英语中，玩耍这个词指的是各种各样的活动，从踢足球到百老汇演出，从击鼓到拉斯维加斯赌博游戏。说到学校里的玩耍，有多少玩耍倡导者就有多少定义，真是数不胜数。当我们谈论玩耍在儿童早期和后续教育中的作用时，经常出现的问题是：玩耍这个词有太多不同的含义。

字典里对玩耍的定义往往不尽如人意，有时被玩耍研究者批评为：矛盾和不准确。国家玩耍研究所的创始人斯图尔特·布朗教授，将游戏描述为"为了自己而自发地做的任何事情"。他写道："玩耍看起来毫无目的，能让人产生快乐和喜悦，并引导人们进入下一个可掌控的阶段。"另一位学者，纽约圣约翰大学的埃文·奥尔特利布教授，将玩耍描述为"一种尽量不照本宣科的、开放式的探索，参与者专注于体验的自发性"。

根据美国儿科学会 2018 年关于玩耍的临床报告：

> 玩耍的定义是难以捉摸的。然而，越来越多的人认为，这是一种内在动机的活动，需要积极参与，并带来快乐的发现。玩耍是自愿的，通常没有外在的目标；它是有趣的，通

常是自发的。人们经常看到孩子积极地参与并热情地投入玩耍中。这会培养他们的执行能力，并有助于他们做好入学准备（无聊的孩子可不行）。玩耍常常创造出一个富有想象力的私人现实，其中包含了一些虚构的元素，而且是非文字的。

2400 年前，柏拉图倡导为 3 到 6 岁儿童提供"游戏圣地"的理念，他将儿童的自由玩耍描述为一种自然的行动过程："当孩子们聚在一起时，他们或多或少会自发地发现在那个年龄段自然而然会有的游戏。"

试图定义"玩耍"就像寻找人们对"爱"的定义——当我们看到或感觉到它时，就知道它是什么；但你越是试图定义它，它就显得越难以捉摸。我们通过观察孩子们玩耍的样子就知道他们是在玩；我们看到公园里的两个人拥抱时，就能看出他们之间的爱。一群十几岁的孩子在沙滩上堆沙堡，小学生在操场上跳绳，一个孩子用木块建造一座塔，或者一个哥哥带着蹒跚学步的弟弟一起在地板上开玩具车，这些都是玩耍的场景。在学校，玩耍可以包括以下各种活动：

一个幼儿园的孩子通过唱歌来学习 ABC。

一名一年级的学生和同学用积木设计和建造了一个摩天大楼。

一部四年级的班级戏剧——新闻记者穿越了时光，采访历史上的伟大人物，如爱因斯坦、孔子和马丁·路德·金。

一位充满激情的老师教授高中生物课时，用动手实验、意想不到的失败和错误的转向来讲解如何运用科学方法。

操场上挤满了在新鲜空气中奔跑的孩子，没有大人的干扰。

一个八年级的学生在每周的自由时间里全神贯注于一个自选自导的课堂"趣味项目"，进行独立探索发现。

三年级学生玩一个有趣的数学游戏，并在老师的温和指导下朝着一个学习目标前进。

一个儿童爵士乐队在正式音乐课后用多种乐器即兴演奏 30 分钟。

一位老师感觉到自己的课堂很无聊，就停下来，用最大的嗓门唱起了她最喜欢的抒情摇滚。

一位八年级的代数老师，其课堂活力与激情引起了学生们的浓厚兴趣，让学生们无比快乐。

对不同的人来说，玩耍意味着许多不同的东西。例如：在芬兰语和瑞典语中，学校里的动词"玩耍"（leikkiä 和 leka），指的是无组织的、富有想象力的和令人愉快的内在动机活动，而不是有组织的球类游戏或指导下的乐器演奏。在芬兰语中，实质性游戏（leikki），翻译过来就是"为乐趣而做的动作，特别是对孩子来说"。在芬兰语中，也有不同的词汇用于踢足球（pelata jalkapalloa）和弹钢琴（soitta pianoa）。

由于语言的多样性，"玩耍"这个词在不同的语言中有着不同的内涵。2002 年，英国一个名为"汉普郡玩耍政策论坛"的倡导团体试图给玩耍下一个定义："一系列能满足孩子、为孩子创造和由孩子自由选择的活动和行为。"19 世纪的德国教育家弗里德里希·弗罗贝尔是"幼儿园""儿童花园"的概念之父，他写道："玩耍是人类在儿童时期成长发育的最高体现，因为只有玩耍才是儿童灵魂的自由表达。"

对我们来说，在儿童教育中定义玩耍的一个好方法是引导型活动（包括由成年人引导和孩子自我引导），这些活动能让孩子在过程中运用自己的创造力、好奇心和想象力，对智力和身体发育都大有裨益。另一种定义的方式是定期给予大脑和身体自由、选择、创造和有趣的教学和学习机会，无论是指导型的还是非指导型的，无论是室内还是室外的，都不用害怕失败或惩罚。从最广泛的意义上讲，学校内的玩耍甚至可以被视为"所有在孩子身上产生兴趣和快乐情绪的教育活动"。玩耍是孩子人生的彩排。玩耍是人类普遍的状态。

我们将学校内的玩耍定义为儿童的"自由玩耍"和成人为儿童提供的"引导型玩耍"，包括身体上和智力上，以及室内和室外的玩耍。玩耍倡导者和研究者通常将玩耍分为五种类型：运动类玩耍、实物玩耍、象征式玩耍、假装或社会扮演式玩耍和规则性玩耍。老师和家长都应该明白，玩耍不是一种产品，而是一个过程。"美国文化中有一种众所周知的清教徒倾向，"加州大学伯克利分校心理学教授艾莉森·戈普尼克指出，"我们有一个习惯，就是把其他文化中简单的快乐——从食物到散步，再到性——转化为繁重的任务。因此，美国父母常常表现得好像玩耍只有在能产生可预测的结果时才有价值。"童年时期的玩耍通常不需要有可衡可测的、由成人界定的"产出"；玩耍本身就提供了益处和学习机会。

玩耍的教育意义是多方面的，但孩子通常是为了好玩而玩耍，是出于自己内在的兴趣和动机。在不懂其原理的成年人看来，一个玩耍中的孩子很可能只是无所事事，浪费时间；但对一个孩子来说，玩耍似乎是人生中最美好的事情，也是成为孩子的真正原因。因此，对孩子来说，如果能够正确地理解和运用玩耍，那么它就是一种自然和高效的学习方式。

基本属性：		具体划分：	示例：
运动类玩耍：	粗大运动	建造 / 破坏	搭积木 / 粘土 / 沙子 / 木头
	精细运动	操控 / 协调	联锁式装置游戏 / 乐器演奏
	精神运动	冒险精神 / 创造性运动 感官探索 / 实物游戏	攀爬 / 舞蹈 / 垃圾分类 "找不同"游戏
智力类玩耍：	语言类	交流 / 运作 / 解释 / 获取	听 / 讲故事
	科学类	探索 / 调查 / 问题解决	玩水 / 烹饪
	符号 / 数学类	表现 / 假装 / 微观世界	玩具屋 / 玩具之家 / 戏剧 / 数字游戏
	创新类	美学 / 想象 / 幻想 / 发明	绘画 / 美术 / 模型 / 设计
社会 / 情感类玩耍：	治疗类	攻击性 / 复原放松 / 独处平行游戏	木头 / 泥巴 / 音乐
	语言类	交流 / 沟通 / 合作	木偶 / 电话
	重复类	掌控 / 控制	任何东西
	移情类	同情 / 感性	宠物 / 其他孩子
	自我概念类	角色 / 模拟 / 道德 / 种族认同	同学会 / 服务型商店 / 讨论
	博弈类	比赛 / 规则	词汇 / 数字游戏

图 1. 儿童早期玩耍举例

该图已获珍妮特·莫伊尔斯《只是玩游戏而已？玩耍在幼儿教育中的作用和地位》（米尔顿·凯恩斯：开放大学出版社，1989）许可授权转载。

想让你的孩子在学校和生活中茁壮成长吗？

那就让他们玩耍吧，确保孩子的学校也让他们玩。世界各地的研究、实验和现实学校体验表明，各种形式的玩耍都对孩子有若干好处（图2）。这些好处体现在：认知发展、社会情感、身体健康、注意力改善、应对方式、记忆力、洞察力、合作、谈判、帮助、分享、解决问题、处理创伤、计划能力、决策技能、学习动机、建立友谊、入学准备、分享的社交技能和态度、轮替、自我约束、团队协作和与他人相处、创造力和发散性思维（产生多种解决问题的办法）、大脑健康发展、稳定和调整情绪、移情、幸福感、运动技能、接受不同观点、早期识字和语言发展、自我调节、亲子依恋、科学和数学学习，以及执行力的改善。

体能发展
强壮、健康的身体
良好、较强的运动技能
压力管理
协调
身体自信
敏捷

认知发展
科学、数学思维
研究、探究技能
独立思考
语言技能
识字能力

玩耍通过四个方面培养孩子

社会化发展
合作
谈判
协助
社会化
形成规则
解决冲突

情感发展
快乐
同理心
适应力
坚持不懈
自我调节
自信
冲动控制

图2. 科学研究告诉我们：玩耍是怎样帮助孩子们学习和成长的。

儿童早期的玩要可以带来可观的长期益处，对那些天生就要面临更多挑战的孩子也是如此。这是"牙买加研究"的发现，该研究是一名社区卫生保健工作者在牙买加的长期成果分析，这名工作者持续记录对生长迟缓的新生儿母亲们的探访。在两年的时间里，医护人员每周探望母亲和孩子 1 小时，并向母亲传授育儿技能，包括定期与孩子玩要。这项研究的追踪期是从幼儿到童年，研究发现，对于那些接受探访的母亲，她们的孩子在认知发展、心理健康和社会行为方面赶上了处于优势地位的同龄人，并且在进入成年阶段后的长时间内，表现出较少的抑郁和暴力倾向，以及更高的教育素养。

想让你的孩子在 STEM 学科领域有长远发展吗？那就让你的孩子玩要吧。

物品、图案、积木、沙子、球、艺术材料、蜡笔和纸，给孩子们提供了许多机会去体验数学和科学的基本概念，如计数、计算、方向、距离、测量、排序、物理和建筑。研究已经将早期的实物玩要与科学和数学的积极成果联系起来。其中一项研究跟踪了 37 名 16 岁以上的儿童，发现他们 4 岁时玩积木游戏的复杂性与他们在初高中期间的数学成绩有着显著的关系，即便详细划分了性别和智商值后结果也是如此。"尽管没有具体的成人指导，"儿童心理学家雷切尔·怀特博士写道，"孩子的自由玩要中也充斥着 STEM 课程。"好奇心是 STEM 学习的一个组成部分，通过独立玩要和协作玩要而蓬勃发展。

根据剑桥大学心理学和教育学研究员大卫·怀特布雷德博士 2016 年的分析：

> 神经科学研究表明，愉快的活动会使突触生长，特别是在额叶皮层，大脑中负责人类独特的高级心理功能的部分。在我自己的实验和发展心理学领域，研究发现也不断地表明，儿童学习的优势和动机来自于玩要，而不是指导性的学习。假装游戏比直接教学法更能促进儿童象征式表达的早期发展

（包括识字技能）。

　　运动型、结构性和社会化的玩耍赋予儿童智力和情感的"自我调节"能力，这些技能已被证实对早期学习和发育至关重要。

　　越来越多的证据表明，体育锻炼和体育活动能提高学习成绩。2013 年，久负盛名的美国国家科学院发表了一份临床报告，报告宣称"学校一天中专门用于课间休息、体育课和课堂活动的时间也可能有助于提高学习成绩"，特别是在数学和阅读方面。报告称，"这都要取决于高效和有效的执行功能，而执行功能与体育活动和身体健康有关"。报告接着指出，"执行功能和大脑健康是学习成绩的基础。与注意力和记忆相关的基本认知功能有助于学习，而这些功能通过体育活动和更高阶的有氧健身得到增强"。

　　执行功能被看作学业和职业成功的早期标志，玩耍和体育活动的潜在益处对执行功能尤其重要。执行功能包括一系列更高层次的认知过程，如计划和决策、记忆中的信息管理、控制消极情绪和行为以及从一项任务到另一项任务的平稳转移。例如：来自动物研究的证据表明，"打闹"经历有利于前额叶皮层（大脑中影响执行功能的区域）的突触生长和发育。美国儿科学会在 2018 年发布的关于儿童玩耍的临床报告指出：

　　　　执行功能有助于孩子们完成任务转换，比如从用蜡笔画画切换到穿衣上学。前额叶皮层和执行功能平衡并缓和了杏仁核（与情绪相关的大脑区域）的冲动性、情绪性和攻击性。在童年的逆境中，玩耍的作用变得更加重要，因为父母和孩子在玩耍过程中可体验到的共同喜悦和协调性降低了身体的压力反应。因此，玩耍可能是一种有效的解药，可以改变杏仁核的大小以及冲动性、攻击性和失控的情绪，这些情绪是由童年的严重逆境和毒性压力造成的。

　　一些父母给孩子的日程安排，塞满了高度结构化、程序化的活动。可能会让他们感到惊讶的是，实际上，执行功能的另一个作用是相反的——使结构化程度降低。在 2014 年出版的《心理学前沿》杂志上，科罗拉多大学和丹佛大学的一个研究小组对 70 名 6 岁和 7 岁的郊区儿童进行了一项研究，他们发现"孩子们花在不太有条理的活动上的时间越多（如自由玩耍、与家人和朋友在一起、观光和参观动物园和博物馆），他们的自主化执行功能越好。相反，结构化活动（如足球练习、钢琴课、辅导和家庭作业）则预示着较差的自主化执行功能，因为在这种情况下，成年人可以提供外部线索和提醒，告诉孩子应该发生什么，什么时候发生"。换句话说，玩耍可以让你孩子的执行功能得到锻炼和加强。

"执行功能对儿童极其重要，"该研究报告的作者之一，科罗拉多大学博尔德分校心理学和神经科学教授宗像裕子解释说，"在孩子的日常生活中，以各种方式帮助他们。从灵活地在不同的活动之间切换，避免孩子陷入同一件事，到阻止孩子在生气时大喊大叫，再到延迟满足。儿童时期的执行功能也能预测一些重要的结果，如几年甚至几十年后的学习成绩、健康、财富和犯罪。"美国儿科学会 2018 年的临床报告指出："玩耍并不是无所事事，它能增强大脑的结构和功能，促进执行功能（即学习的过程，而不是内容）。这让我们在追求目标时，能忽略外界的干扰。"

跨国玩具公司乐高基金会的研究人员，在梳理了有关玩耍的研究文献后，确定了玩耍的五个关键特征：

1. 当活动体验为快乐；
2. 帮助孩子在他们所做或所学的事情中找到意义；
3. 涉及到积极、投入、专注的思考；
4. 涉及到反复思考（实验、假设检验等）；
5. 涉及到社会互动时，通过玩耍进行学习的行为就达成了。

这五个特征随着孩子们在玩耍中学习而不断变化，并不是所有的特征都是必须的。但是，随着时间的推移，孩子们会体验到快乐和惊喜的时刻，会体会到一种有意义的联系，会变得活跃和专注，会不断与他人接触。

在对玩耍研究的分析中，我们发现不同形式的玩耍活动是以玩耍质量为特征的。自我导向、内在动机、积极情绪、过程导向和想象力的运用是高层次、高质量玩耍的关键要素。老师和家长可以通过关注我们在第 7 章所讨论的"更深层次的玩耍"的五个维度，来增强孩子在校内和家中玩耍的积极体验和整体感受。

美国儿科学会在 2007 年的报告中强调了玩耍在儿童早期校园生活中的重要性，指出"玩耍是学习环境不可或缺的一部分"。报告还指出，"研究表明，玩耍有助于儿童适应学校环境，甚至可以提高儿童的学习意愿、学习行为和解决问题的能力。当孩子们掌控了自己的世界，玩耍就可以帮助他们培养新的能力，从而增强他们面对未来挑战所需的信心和韧性"。

伦敦大学和牛津大学的研究人员在 2004 年出版了一项为期 5 年的纵向研究，该项目由英国教育部资助，是一项针对 3000 名 3 至 7 岁儿童的大规模调查。结果发现，长时间的高质量、富于玩耍的学前教育，对小学阶段的学习质量和幸福感有显著影响，包括对弱势群体儿童也有积极影响。研究人员发现："可供孩子自由选择的玩耍活动通常为成年人提供了扩展儿童思维的最佳机会。"研究人员建议，儿童早期环境"应当努力在儿童和成年人发起的活动中取得平衡"。

30 多年来，加拿大阿尔伯塔省莱斯布里奇大学的塞尔吉奥·佩里斯教授一直在研究简单哺乳动物（主要是大鼠和小鼠）的玩耍神经科学，并在动物中进行了玩耍剥夺效应的实验，特别是"追逐打闹"及玩弄物体的实验。佩里斯告诉我们："基于自由玩耍对老鼠和猴子社交技能发展的影响，我怀疑对于许多孩子来说，以玩耍的方式与同龄人互动是社交技能的重要来源，而社交技能是由额叶前皮层介导的。玩耍的参与使社交能力得到提高，由此带来的友谊增进也会使校园生活更丰富多彩（如果和同龄人疏远，谁会有好心情学习呢？）。此外，更成熟的前额叶皮层产生的执行功能（如注意力、冲动控制、情绪调节、决策能力）的改善，也会普遍提高孩子的学术能力。"

另一位进行玩耍实验研究的先驱是斯蒂·M. 西维，他目前是葛底斯堡学院的心理学教授。近几十年来，他与华盛顿州立大学的行为神经科学家贾克·潘克塞普一起，就这一课题进行了一些开创性的动物研究。"孩子们玩的积极性很高。"他告诉我们。基于对动物的观察，西维教授认为，当玩耍被禁止时，就像在学校经常做的那样，会发生两件事：玩耍的欲望不断增加，而在课堂上集中注意力与认知需求的能力下降了。他认为，不让孩子玩耍也会对孩子的社会性发展不利。

你希望你的孩子在学校和生活中茁壮成长吗？

让他们出去玩吧。英属哥伦比亚大学和英属哥伦比亚儿童医院儿童与家庭研究所的研究人员于 2015 年在《国际环境研究与公共卫生杂志》上发表的一份报告中指出，"危险的"户外玩耍培养创造力、适应力和社交技能。参加诸如攀爬和跳跃、追逐打闹以及独自探索等体育活动的儿童，可以展示出更优秀的身体和社会健康状况。这项研究的主要作者、英属哥伦比亚大学人口与公共卫生学院和儿科系助理教授玛丽安娜·布鲁索尼说："这些积极的成果反映了支持儿童进行户外冒险游戏的重要性，这是促进儿童健康发育和培养乐观积极生活方式的一种手段。"

孩子们为什么要走出门，冒着风险，在校内外进行大量自由且无组织的户外活动？花时间和大自然相处似乎为孩子们带来了额外的好处，比如提升了孩子们的发明和创造能力、风险管理能力以及享受发现和激动人心事物的可能性。联合国儿童基金会的报告《2012 年世界儿童状况：城市中的儿童》称：接触树木、水和自然景观"对儿童的身心、社交和精神健康有积极影响"，并且"可以恢复儿童的专注力，这是改善基础认知和心理健康的基础"。

2015 年，一个由 20 名加拿大公共卫生研究人员组成的团队公布了一项关于户外活动对儿童有益的重要分析成果。他们的发现包括以下几点：

在自然和户外进行积极的玩耍——并承担其风险——是儿童健康发展的必要条件。我们建议增加孩子在家里、学校、托儿所、社区和自然环境中进行户外自主玩耍的机会。

当孩子们在户外活动时，他们会动得更多，坐得更少，玩得更久——这与胆固醇水平、血压、身体成分、骨密度、心肺和肌肉骨骼健康，以及心理、社交和环境健康等方面的改善有关。

户外玩耍比你想象的要安全。风险往往被理解为一件坏事，但暴露在风险中已被证明是儿童健康发展的必要条件。

不幸的是，骨折和头部受伤确实会发生，但严重创伤并不见。

大多数与户外运动有关的伤害都很轻。

把孩子关在家里是有后果的——这真的会更安全吗？当孩子们花更多的时间在屏幕前时，他们更容易接触到网络隐患和暴力信息，同时摄入不健康的零食。

室内空气质量通常比室外差，增加了对常见过敏原（如灰尘、霉菌、宠物皮屑）和传染病的接触，并可能导致慢性病。

长期来看，久坐和不运动会增加患慢性病的几率，包括心脏病、II型糖尿病、某些癌症和心理健康问题。

过度养育会限制身体活动，损害心理健康。

当孩子们在外面受到严密的监督时，他们就不那么活跃了。

与预制的游戏结构相比，孩子们对自然空间更加好奇，更感兴趣。

在自然环境中进行户外活动的儿童表现出适应力和自我调节能力，并在以后的生活中发展应对压力的技能。

在结构简单、自由和无障碍的环境中进行的户外游戏，有助于与同伴、社区和社会化环境接触，减少孤立感，培养人际交往技能，促进健康发展。

更多的户外活动时间能提高孩子的执行能力吗？挪威的研究人员是这么认为的。2017年，一项对挪威28个早教中心562名学生进行的为期4年的纵向研究发现，在早教阶段，有大量时间进行户外活动的儿童，其注意力和短期记忆等执行功能的水平始终较高，在4-7岁时出现注意力分散和多动症的几率少于户外活动时间较少的孩子。因此，研究人员得出结论："儿童早期的户外活动时间可以培养儿童的专注力，预防注意力分散和多动症。"还提出，"将早教中心开设在植被茂密的地区，并给孩子提供更多的户外活动时间，支持和提高儿童自我调节能力和认知能力的发展，可能是一种高效且环保的方式。"

对学龄儿童来说，户外活动的另一个好处是有利于眼睛健康。例如：近视在亚洲部分地区已经成为流行。目前还没有有效的干预措施来预防近视，但最近的几项研究表明，户外游戏时间可能会带来真正的曙光。2015年公布的《广州户外活动纵向研究》是一项针对中国广州12所小学近2000名一年级学生的随机实验。研究结果发现，在学校增加40分钟的户外活动，可在未来3年内降低近视的发病率。《悉尼近视研究》在 2003 至 2005 年对 4000 多名 6 岁到 12 岁的儿童进行的研究中也发现了类似的结果。

孩子的玩耍越自由，无组织性程度越高，其好处就越大。这是研究人员得出的结论，他们断言：玩耍越缺乏组织性和监督，越涉及风险、挑战和冒险等，孩子们在身体、认知、社交和情感方面的收益就越大。宾夕法尼亚州布卢姆斯堡大学教育学教授迈克尔·帕特认为，无组织玩耍是孩子们梦寐以求的，有利于孩子的全面发展，具有广泛的优势和长处：

为儿童提供了以自己的方式掌握世界方方面面的机会。

培养了自主决策、自尊和自我调节的能力——这些都是情感发展的重要因素。

培养社会能力，让孩子尊重规则、自律、控制自己的攻击性，同时培养解决问题的能力，促进领导力发展、解决冲突和遵守规则。

能刺激感官，让孩子们发现世界上不同的纹理和元素。

为创造力和想象力提供了肥沃的土壤。

增强认知理解。

能增强力量、协调性和心血管健康，缓解儿童肥胖及其相关的健康并发症。

把无聊看作孩子们创造自己的工具。

带来快乐，提高创造力，培养自立能力。

休息是每个孩子的权利

每个孩子在学校的经历必须包含两件事：每天的课间休息和定期的体育锻炼。

这是两件不同的事情——用美国疾病控制和预防中心（CDC）的话来说，课间休息应该是"在学校日的一天内，定期安排时间，进行无组织的体育活动和玩耍"；而体育教育应在体育专业人员的指导下进行中等强度的体育活动和有组织的教学。两者对儿童的健康发展和学业成就都至关重要（图 3）。

```
┌──────────┐      ┌──────────┐      ┌──────────┐
│  体育活动  │ ───→ │  认知功能  │ ───→ │  学业成就  │
└──────────┘      └──────────┘      └──────────┘

┌ ─ ─ ─ ─ ─ ┐      ┌ ─ ─ ─ ─ ─ ┐      ┌ ─ ─ ─ ─ ─ ┐
   锻炼                执行功能              课堂成绩
└ ─ ─ ─ ─ ─ ┘      └ ─ ─ ─ ─ ─ ┘      └ ─ ─ ─ ─ ─ ┘

┌ ─ ─ ─ ─ ─ ┐      ┌ ─ ─ ─ ─ ─ ┐      ┌ ─ ─ ─ ─ ─ ┐
   体育活动              注意力             标准化测验
└ ─ ─ ─ ─ ─ ┘      └ ─ ─ ─ ─ ─ ┘      └ ─ ─ ─ ─ ─ ┘

┌ ─ ─ ─ ─ ─ ┐      ┌ ─ ─ ─ ─ ─ ┐      ┌ ─ ─ ─ ─ ─ ┐
   体育运动              记忆力              课堂表现
└ ─ ─ ─ ─ ─ ┘      └ ─ ─ ─ ─ ─ ┘      └ ─ ─ ─ ─ ─ ┘

                   ┌ ─ ─ ─ ─ ─ ┐
                       智商
                   └ ─ ─ ─ ─ ─ ┘
```

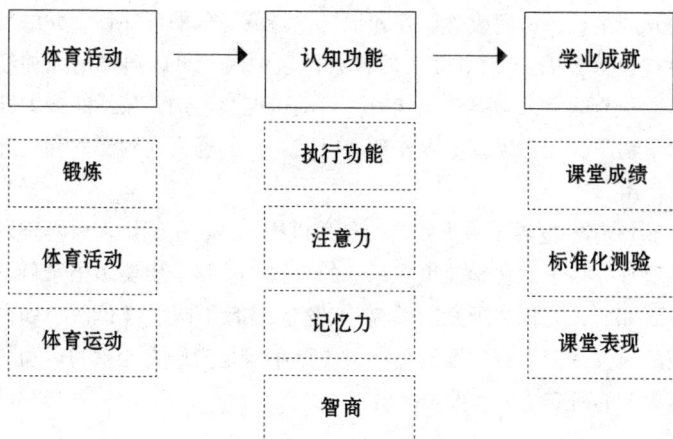

图 3. 体育活动如何助力学业成就

该图经艾琳·豪伊和拉塞尔·帕特《儿童的体育活动和学业成就：一种历史观点》（选自《体育与健康科学杂志》1(3)，160-169）授权转载。

我们是怎么知道的呢？事实上，我们对于玩耍如何影响学习的认知还存在很大空白，这一领域的许多研究都是新的或是不全面的。众所周知，由于伦理的问题，对儿童进行研究是极为困难的。在相当长一段时间内，纵向进行的随机对照实验——这些研究很少是"黄金准则"类型的，即最可靠的。你不能简单地"随机化"成百上千的小学生，禁止他们中的一半在 10 年内经常运动，并且在大学和成年后跟踪这两个群体来比较他们的结果。但是，当你把所有已完成的研究拼凑起来，一个非常有说服力的理论出现了——要想在学校和生活中取得成功，孩子们就必须动起来。

经常运动，会给孩子们带来许多好处。研究表明，儿童时期的日常体育活动与心血管和代谢疾病风险状况的改善、成年期心血管疾病风险的降低、童年和成年期 II 型糖尿病风险的降低、骨骼健康和发育的改善有关，并且能改善心理健康，提升幸福感，提高认知和学习成绩，增强运动控制能力和身体机能。人们认为，体育活动可以刺激新神经元的生长，从而改善认知和记忆，降低抑郁的可能性，并触发脑源性神经营养因子（BDNF）的释放，这种因子可以通过增强神经元之间的交流能力来增强认知能力。运动可能会增加儿茶酚胺或大脑中的化学物质，如去甲肾上腺素和多巴胺，它们通常起到激发和提升情绪的作用。

2013 年，世界上最负盛名的科学机构之一，美国国家科学院发表了一篇呼吁孩子们在学校里多运动的报告。该报告由美国国家科学院医学研究所（现称"国家医学院"）发布，介绍了由 14 位医学和科学领域的顶尖专家组成的委员会小组（该小组是为研究儿童和运动科学而召集）的研究结果。报告指出：

> 大量的科学证据表明，经常进行体育活动可以促进青少年的成长和发育，对身心健康和认知健康有多种益处。体育活动与降低体脂、增强肌肉力量、强健骨骼、改善心血管和代谢健康有关，也与减少和预防焦虑、抑郁等疾病，同时增强自尊、改善心理健康有关。

报告估计，只有大约一半的青少年符合现行的《美国人体育活动指南》给出的建议，即每天至少进行 60 分钟剧烈或中等强度的体育活动。报告还建议，学校的职责是通过课间休息、体育课和课堂活动，使儿童每日在校期间的体育活动时间达到这项建议里的一半以上。

报告强调了在校期间的运动，蕴含了能帮助孩子提高学习力的潜能，并指出越来越多的证据表明，剧烈和中等强度的体育活动与大脑的结构和功能之间存在联系。报告发现："较活跃的孩子表现出更强大的注意力、更快的认知处理速度，在标准化学业测验中的表现比不那么活跃的孩子更好。"

美国儿科学会 2018 年的临床报告指出，"相比结构化的体育课，孩子们在自由玩耍的课间结束后上课注意力更加集中。那些提供更多课间休息的国家，他们的孩子在成长过程中也取得了更优异的学术成就，这一点也不奇怪"。此外，根据儿童医生组织的说法，体育活动能够"减少压力、疲劳、损伤和抑郁，扩大运动范围，提高敏捷性、协调性、平衡性和灵活性"，而且玩耍被公认为能"改善执行功能、语言能力、早期的数学技能（数字和空间概念），促进社会性发展、同伴关系、身体发育和健康，以及增强自我管理意识。"

2010 年的一项盖洛普调查中，近 2000 名小学校长被问及关于课间休息的问题，这在美国范围内尚属首次。其结果是惊人的：

4/5 的校长表示，课间休息对学业成绩有积极影响。

2/3 的校长表示，学生们在课间休息后听课的效果更好，在课堂上更加专注。

几乎所有校长都认为课间休息对儿童的社会性发展（96%）和总体幸福感（97%）有积极影响。

2009 年，伊利诺伊大学发表的一项针对一组 9 岁到 10 岁儿童的体育活动研究显示，在一次 20 分钟的中等强度步行之后，孩子们专注于一项任务的能力明显提高。研究人员通过孩子们头上的"电极帽"来测量大脑中的神经电活动，得出了一个有趣的发现：经过一段时间的身体活动后，一种被认为与执行功能有关的神经电模式（也就是所谓的"P3"），在执行"不协调"或更复杂的任务时，其强度明显高于未进行步行的对照组。2013 年，同一研究小组的成员进行了一项后续研究，结果显示，体育活动对健康儿童和被诊断为注意力缺陷以及多动障碍的儿童，在数学和阅读表现方面的帮助是相似的。

根据美国疾病控制和预防中心（CDC）的研究，积极锻炼身体的学生往往有更好的成绩、出勤率和课堂行为。此外，课间休息和 5 到 10 分钟的短暂课堂休息都与学生的认知表现（如注意力和专注力）、更好的任务行为和学习效果（如阅读理解）有关。作为一项长期的益处，儿童时期经常参加体育活动可降低青年和成年阶段患心血管疾病的风险。

体育活动是如何提升孩子在校行为表现的？有一些理论指出，适当的生理、神经、心理和社会因素能增强大脑的某项功能，提高学术成就。体育活动还有改善大脑功能的作用，如促进血液和氧气流向大脑，增加减少压力和改善情绪的去甲肾上腺素和内啡肽的水平，增加神经电活动，增加有助于生长新神经细胞和支持突触可塑性的生长因子改善学习和记忆力。2012 年，南卡罗来纳大学运动科学系的研究人员艾琳·豪伊和拉塞尔·帕特发表在《体育与健康科学杂志》上的一篇文章强调："执行功能（EF）是一致性程度最高也是最常见的研究，特别是对抑制和工作记忆而言。"研究人员表示，"执行功能显示出对学习成绩的高度预测性，对执行功能的早期评估可以预测后期的学业成就"，包括组织能力、优先事项排序能力、计划能力，以及在不同活动之间快速转换的能力。

由美国疾病控制和预防中心及美国健康与体育教育协会联合发布的一份报告显示，课间休息可以帮助学生：

提高记忆力、注意力和专注力。

保持课堂学习的状态。

减少课堂上的干扰行为。

改善社交和情感发展（如学习如何分享和谈判）。

报告称，课间休息是"学生校园生活的重要组成部分，有助于他们的正常成长和发育"，有助于学生锻炼社交技能（如合作、遵守规则、解决问题、谈判、分享和沟通），富有成效地参与课堂活动（如在课堂上专注学习任务，而不是捣乱），并提高认知能力、注意力和记忆力。如果这些好处对你来说还不够的话，那么还有这个——课间休息不仅有助于学生锻炼身体，而且可以提高他们在课堂上的行为和注意力水平，减少学生之间的欺凌和排斥行为，让学生获得安全感，从而更多地参与课堂活动，加深更高层次的归属感，使学校氛围更加融洽。所有的这些都有利于学生的出勤率、参与度和学业成绩。虽然大部分科学证据都集中在小学，但报告指出，除了体育教育和体育课活动，以体育活动为主的课间休息也能使中学生受益。

玩耍和体育活动很可能是孩子社交、情感和学业成就最坚实的基础之一。

玩耍是"21 世纪技能"的终极助推器

你的孩子需要什么才能成功？

没人知道。

世界上到处都充斥着关于"21世纪技能"的预言，但有一件事是肯定的，那就是没有人知道未来会是什么样。

但是，在正被自动化、数字化、机器人技术和人工智能迅速重塑的世界经济中，有一系列越发重要的知识和技能是被雇主们和研究人员所看重的。这些能力在现有的学校制度下并没有得到最好的培养，与之相反，玩耍被淘汰，照本宣科式教学和标准化测验成了教育的主导机制。这在很大程度上反映了美国的教育现状。

换言之，我们给孩子提供的教育很可能与他们将来最需要的东西大相径庭：一个能激发他们好奇心、合作探索和想象力的机会，酝酿新想法、为这个世界增添真正价值的机会。

毫无疑问，孩子们需要学习基础技能和内容知识，他们需要学习数学、语文、科学和艺术等基础科目，但他们也需要学习如何将这些知识应用到新的组合、模式、见解、情景和愿景中，并与其他人（如领导者、同龄人和队友）进行广泛的合作。《公司》杂志2017年的一篇文章报道称："机器人的崛起可能意味着正是这些东西让你体现身为人的价值——你愿意替照顾生病母亲的同事完成工作；你想帮助两个风格截然不同的成员进行团队合作；你衷心感谢某位为你提供支持的经理——这些都将使你成为最有价值的人。"

在我们正在进行的"第四次工业革命"中，最需要的知识技能可能不是被谷歌做到极致的内容知识记忆能力，而是更复杂的人类技能，如批判性思维、创造力、解决问题的能力、人员管理能力和社交技能——这些都是通过校内外各种更深层次的玩耍培养起来的。正如牛津大学全球化与发展教授、牛津马丁科技与经济变革项目主任伊恩·戈尔丁告诉我们的那样："在这个瞬息万变、不可预测的时代，在这个充满惊喜和不确定性，充满变数、风险和冲击的时代，当你鼓励孩子玩耍的时候，就是在让他们为现实世界的运转做好准备。玩耍能够培养人的韧性、适应能力和即兴发挥能力，还有灵活性和敏捷性，以及在逆境中调整航向、恢复元气的能力。玩耍还能让人们相互鼓励，给彼此希望和勇气，让世界变得更好。"

2018年，天普大学心理学教授凯西·赫什-帕塞克在《纽约时报》

上发表的一篇文章指出："我们正在努力训练孩子成为更好的计算机，但我们的孩子永远不会比计算机更好。"她认为，我们不应该只教孩子内容，而应该通过玩耍来加强他们的创造力、探索力和创新能力，来作为他们未来工作的早期准备和实践。"这些都是人类比电脑更有优势的部分，"她说，"这些都要拜玩耍所赐。"

此外，赫什-帕塞克教授告诉我们："大多数教育部门和教育体制出错的地方在于他们对成功的定义。如果你仅仅把成功定义为一个狭义测验的结果，那么根据测验进行教学就可以了。但是，在21世纪的全球化经济中，你不需要这些知识，而是需要知道如何运用你所拥有的知识，并乐于接受一系列广泛的技能方法，以及对成功更多样化的定义。"

世界上的商界领袖也对此表示赞同。2016年，由商界领袖和决策者组成的全球非盈利组织世界经济论坛对全球15个最大经济体内9个行业的350名高管进行了调查，以判断2020年最受欢迎的技能有哪些。排名前十的技能包括：复杂问题的解决能力、批判性思维能力、创造力、人事管理能力、与他人协调合作的能力、情商、判断力、决策力、服务导向能力、谈判能力和认知灵活性。可能在不久的将来会体现出其价值的其他技能包括：冲突解决、发散思维、自我倡导、失败管理、压力管理、热情、同情心和自我反省。

根据赫什-帕塞克教授和她的同事罗伯塔·米奇尼克·戈林科夫的说法，所有的这些关键技能都可以通过玩耍来培养。他们写道：

> 从K-12教育体系毕业的孩子基本上对职场挑战毫无准备。世界各地的首席执行官们都在寻找优秀的沟通者、创新者和问题解决专家。然而，正规学校仍然狭隘地把重点放在成功的定义上——只包括阅读、写作和算术方面的成果，而很少关注商业界提出的需求。
>
> 美国的教育体系必须从更传统的成功定义——阅读、写作和数学（还有少量的科学和社会学内容）上的优异成绩——转变为培养孩子成为有竞争力的商业领袖、企业家和科学领域先驱。对成功最好的评判标准应该是培养快乐、健

康、有思想、有爱心和会社交的孩子，他们将成为善于合作、充满创造力、有能力和负责任的公民。

除了少数例外，各国都在为孩子们做准备，让他们在那些无法预测人生成功与否的考试中取得好成绩。事实上，最近台北有学者提出质疑：中国大陆和台湾地区正在改变其教育方式，他们摒弃死记硬背的教育方式，转而培养孩子成为创新型人才，而美国的教育体系为何还在坚持追求狭义的教学成果？

玩耍是校园生活的必需品这一观点，看起来像是一个违反直觉的惊人概念。

我们都希望自己的孩子聪明且成功。世界是一个充满艰辛和不确定性的地方，人们有理由认为，可以通过尽量减少在校期间的玩耍，让孩子们真正努力地学习，从而取得成功。特别是当他们属于贫困、少数民族、移民人口的群体或处于其他不利环境的群体时，这种想法会更明显。

不久前的一天，我们在一个学术会议上吃早餐，准备做一个关于通过玩耍学习的演讲。房间里挤满了教授和研究人员。大家喝着咖啡，畅所欲言。我们桌上的一个人听到了大家正在谈论的话题，便从餐盘里抬起头，自然而然地开始了批判。他不是一位儿童教育者，而是一位有所成就的科学家，来自一个以严苛的纪律、高度竞争的学习环境和长时间的校内外学习而闻名的国家。

"孩子们不应该在学校里玩耍，"他对我们说，"他们上学是为了学习，而学习是很辛苦的。"

他宣称："在学校玩是浪费时间，我小时候在学校必须努力学习。我利用晚上和周末来做作业和准备测验。我就是因为这样的学习才到达现在的位置。我的一个朋友雇了一个数学家教，从他儿子 6 岁起，这位老师每天早上都会在六点半辅导孩子学习。现在这个孩子在大学学工科，成绩名列前茅。你看美国或芬兰的学校，它们很有趣；在亚洲，学校是很严肃的，也必须严肃起来。孩子们需要严谨，需要不断练习，需要家庭作业，而不是玩耍。

"这是一个很艰难、竞争激烈的世界，"他继续说，"也许你可以在挪威、瑞典或芬兰放空自己，但那是因为他们是斯堪的纳维亚人，有着完全不同的文化。我的建议是不要浪费时间在学校里玩。在大多数文化中，更多的玩耍对孩子们来说是行不通的。这不是孩子们需要的，也不是父母，尤其是亚洲父母想要的。"

我们写这本书是为了他，以及和他持有相同意见的人。我们很理解这种观念。我们为家长和成人写了这本书，他们和我们一样相信，学校是一个非常严肃的地方，孩子们应该勤奋、努力和聪明，应该学到很多知识，接受挑战和困难，学会自律，并发挥他们的最大潜力。

但实际上，这一切都可以落实，也应当通过学校开展合理且规律的智力和体育活动（包括自由玩耍和指导式玩耍）来加强，而且世界各地正在进行的广泛研究和实验也都支持这一观点。我们相信，这是一个比让孩子承受繁重的学业和压力更好的方法——一种通过玩耍进行学习、以快乐和满足为导向、创造更好结果的教学方法。

我们反对这样一种观点，即某些国家由于"文化差异"而无法通过玩耍来提高孩子的学习能力，这是一种危险的谬论。全世界的孩子都是孩子，为了学习，孩子们需要玩耍。玩耍有助于提高世界范围内儿童的学习能力。

目前，在中国，一个名为"安吉游戏"的以游戏为基础的全新幼儿园试点项目在一个省取得了巨大成功。这个项目正在被广泛推广，并成为全国幼儿教育的典范。

新加坡——一个由高成就人士组成的国家，正在从童年压力、学术排名和繁重考试，转向一个新的愿景——童年时期的探索、实验和发现。

在得克萨斯州北部和俄克拉荷马州，成千上万的中低收入家庭的孩子现在每天不管天气如何，都有 4 次 15 分钟的户外自由玩耍时间。当地领导和校长们表示，通过这个"LiiNK 项目"，学生在学习成绩和行为方面都有了显著改善。在纽约长岛郊区，一个与此类似的新玩耍干预项目——"PEAS 计划"——在一个有 8000 多名学童的地区也取得了同样显著的效果，这些学童中的大多数在经济上处于不利地位。

在芬兰，孩子在 7 岁之前不能上小学，政府要求所有的孩子都必须有机会玩耍，在学习什么和如何学习方面也要有发言权。除了体育课，孩子每天必须至少有 1 小时的体育活动时间，这些活动主要是在户外。

在苏格兰，一个名为"活力苏格兰"的项目中，定期的户外活动正在彻底改变学校制度，也在改变孩子、老师和家长的生活，并为英国其他地区和整个世界提供了灵感。

在肯尼亚、乌干达、坦桑尼亚和孟加拉国，世界上最大、最受尊敬的非政府组织 BRAC 正在开展一项通过玩耍进行早期学习的试点实验。该实验取得了令人印象深刻的成果，强有力地表明了对发展中国家的儿童而言，玩耍是学习的关键。

我们并不是说学校教育的主要目的是为了好玩，或者说如果学校不好玩，孩子们就不会学习；我们并不是反对所有的家庭作业，也不是反对在小学里对孩子进行直接教育；我们不反对勤奋和实践，也不反对中小学生的数学练习和作业表。我们并不赞成 100% 以玩耍为内容的学校。

我们认为，在许多国家，儿童时期的高压力、繁重课业和过度的标准化测验适得其反，并且正在排挤玩耍式学习，劫持儿童教育，并造成大规模的低效率学习以及精力和金钱浪费，从而破坏儿童早期教育。

这本书的重点是玩耍——包括玩耍性的教学和学习、由老师指导的游戏，以及主要由孩子自己进行的自由玩耍——是地球上每一个孩子学习的重要及必要组成部分。

作为父母、教师和公民，让孩子们玩耍是我们的工作。

两个父亲之间的调侃式模拟辩论

我们在意大利伦巴第山区写了这本书的部分内容，那里是地球上最美丽的工作和娱乐场所之一。

我们来自两个有着截然不同的文化的国家，这本书的中心主题也存在着非常不同的含义和表现形式。一起写书是一段旅程，而学习和妥协往往是携手并进的。

经过几个月的研究、采访、实地考察、写作、交谈，以及在意大利山区吃饭和散步时的辩论，我们决定坐下来喝杯咖啡，思考读者可能会提出的关于孩子和玩耍的问题。这就是我们把下午休息时间演变为辩论的契机。

问题：我打算让我的孩子进入常春藤盟校。他们越早步入正轨越好。这有什么问题吗？他们为什么要浪费时间玩呢？

回答：我最近在常春藤盟校任教，我可以告诉你一件事：这些学校也在改变。虽然进展缓慢，但对"聪明学生"的新期望已经出现。如果你不能跳出思维定式思考，不能在一群你不认识的人面前解决真正的问题，或者当你在努力实现目标时非常害怕犯错误，那么你在任何一所顶尖的大学或学院都很难再取得成功。这正是你的孩子在学校内外通过更深层次的玩耍来探索世界时所培养的品质。我相信，当你的孩子上高中的时候，他们在玩耍中学到的东西会使他们成为大学招生市场和就业市场的抢手货。

把玩耍看作是孩子的终极竞争优势，也是合作意识和同情心带来的终极优势。

问题：让我们现实一点。我们现在谈论的可是孩子。户外活动很危险！你为什么要提倡让孩子去做容易受伤的事？

回答：对他们的健康和长期发展来说，更大风险是将他们关在室内。我们应当理解父母对孩子安全的担忧，也应该倾听他们的意见。许多地方不安全，不能让你的孩子一个人闲逛。但在大多数城镇，公园和游乐场中都有安全的地方，你可以和孩子一起玩，也可以在远处看看报纸，让他们自己去玩沙盒，结交新朋友甚至倒着玩滑梯。危险是有害的，但风险却是好的。

我们必须改变关于户外活动的观念。污垢、泥泞、危险和不断的运动是孩子生活中自然存在的特征。为了避免接触细菌或擦伤膝盖而将他们囚禁在室内是不正常的。正如英国玩耍倡导者尼尔·科尔曼所说："许多学校会故意把孩子们'圈'在一小块地方，在冬天，阻止他们进入操场；比起孩子的身体健康，更关注衣服脏不脏的问题。这就增加了孩子出现消极行为和久坐习惯的可能性，而防止孩子接触不卫生的泥土或弄脏衣服则成了荒谬的借口。"

孩子们跑步或爬树时会摔倒。他们可能会被球击中。他们需要学会理解与其他孩子一起玩耍时所面临的危险和风险。当然，我们成年人需要为他们提供所有我们认为必要的安全保护，但我们不应该为了保护他们而面面俱到。从犯错中学习，包括时不时地受到一点伤害，是成长的重要组成部分。我们从童年时代就记得，最好的教训往往来自意外发生的时候，比如爬树时弄伤了腿。

问题：每一位政治家、官员、智囊团成员和技术推销员都说，他们正在建设学校，并进行教育改革，以提供"21 世纪技能"。这有什么不对吗？

回答："21 世纪技能"这个说法更像是一个营销口号。许多所谓的"改革"都是由营利性的经营者或由他们资助的政治利益集团发起的。生活和职业技能、学习和创新技能，以及构成"21 世纪技能"的信息、媒体和科学技术技能都源自于传统的教育观。这是一套复杂的技能，以至于当这些技能转化为学校"传授"的标准时，许多教学艺能就会消失。很多老师都知道，学习这些技能和其他基本知识技能的最佳方法之一，是让孩子们有更多的时间在校内校外进行高质量的玩耍。

问题：你是否主张 100% 以玩耍为主导的学校教育？这种教育简直就是胡闹！

回答：不，我们主张在玩耍和更正式的教学方法之间取得平衡。显然，在学校里，有许多东西很难通过纯粹的玩耍来学习，特别是在早教的后期阶段。例如：数学和科学、语言艺术和社会科学中有许多组成部分，只需要教师直接传授，孩子在学校和家中进行练习。

我们想看到的是——从幼儿园到高中——所有的学校都能通过自由玩耍、有趣的发现、指导式的游戏、实验和探索、试错的自由，以及充满娱乐精神和合作学习的校园氛围，帮助孩子们学习和成长。给每个孩子的学习埋下"种子"——系统化的探索、实验和发现。每天至少给孩子 1 小时的户外自由活动时间，并留出 20% 的室内活动时间，让孩子进行自由玩耍和自选自导的"趣味项目"。

学校的学习往往被老师过度控制，以至于孩子们觉得自己是学习机器，无法掌控自己的教育路径。太多的孩子在学校感到无所事事，因此失去了学习的兴趣和动力。如果他们认为自己对自身所受的教育有发言权和影响力，他们就会努力在学校里做到最好。

我们可以通过观察孩子们的玩耍过程来了解他们是如何学习的，特别是当游戏是无组织的、成年人的干预最小化的时候。如果我们大人放手让孩子们去做，他们自然而然会为自己的行为负责，包括玩耍和学习。

问题：芬兰、新加坡、苏格兰和美国是完全不同的文化，他们觉得孩子在学校里玩没什么，但是在我们这里行不通。文化是不能改变的，你还不明白吗？

回答：我们是不同的，但也有很多可以互相学习的地方。全世界的孩子都是孩子，世界范围内的许多父母、研究人员、医生和教育工作者都知道孩子需要玩耍。

学校必须考虑到文化现实。在芬兰看来是好主意，但在美国或新加坡实践起来未必容易或适合。有趣的是，当看到教育理念是如何从一个国家传播到另一个国家时，我们会注意到，在过去的一个世纪里，美国对于幼儿教育、课堂教学或学校领导的研究、实践和创新，激励了世界许多地区的教育者和决策者。一些美国的教育模式更是被别的国家所采用，但许多美国的决策者和一些教育工作者不愿或不能更仔细地审视那些更成功的教育体系所倡导的东西。这显示出的是成人对新事物的学习出现了问题，而不是两国之间的文化鸿沟。

问题：没有测验的话，你如何衡量学校教育的成功与否？

回答：我们支持高质量的测验——由课堂上的教师设计和管理的那种，而不是由远程的、以盈利为目标的第三方公司提供的低质量、标准化测验。除了教师设计的评估和测验，还有许多其他高敏感度和高准确性的、由教师主导的儿童学习和发展的评估方法，如学习记录、实验室项目、论文、档案袋、成果取样系统、基于绩效的学习任务、项目和小组合作；还可以以圆桌会议的形式向评审团展示学生作品，甚至可以由学生进行自我评估及同伴评估。一个训练有素的老师知道，如何利用这些评估来帮助孩子们学习和玩耍。教师的培训和专业发展应得到改善，还应包括对玩耍相关技能的持续性评估。从学校制度层面来看，学校确实需要一些高质量、低风险、基于样本的进度指标来监测趋势，这只需要对较少的孩子进行测试。我们不需要对所有孩子进行惩罚性、高风险的标准化测验。它无助于孩子进行真实的学习，扭曲了教育体验，浪费了数十亿美元，这些钱本可以用于更紧迫的教育类优先事项。学校的政策应该是"数据知情"，而不是"数据驱动"。教育者及家长的价值观和判断始终是至关重要的，并且应该把重点放在不断形成的"学习评估"上。

衡量学校的成功与否有点儿像检查自己的健康状况，你需要采取多种措施：你需要和你的医生谈谈，那个医生需要有充分的准备和经验来理解什么是健康；同样的，学校也需要有不同的方法来衡量他们所做的事情。学生在语言艺术和数学方面的成就只是其中一个值得关注的领域。健康、幸福、参与度、出勤率、行为，以及学生、教师和家长的意见是学校成功的其他重要方面。

教师应该对学生的进步状况进行评估，而不是用标准化测验一刀切。我们很难将教育中最重要的东西——如同情心、好奇心、团队合作、失败中的坚持、学习热情、批判性思维、创业技能、灵活性、表达能力、领导力、高阶思维、自我调节力、问题解决能力、社交和情感能力、想象力、主动性、论文写作能力，还有玩耍——用"大数据"或数据表衡量。

问题：这出关于玩耍的大戏不就是北欧那些社会主义国家的乌托邦嬉皮士派的想法吗？你凭什么认为它能在别的地方起作用呢？

回答：那就不要相信我们说的话。问问美国儿科学会的 67000 名医生，他们强烈支持孩子在学校里玩耍，包括那些来自贫困地区的学校；问问美国国家科学院和疾病控制中心的科学家和研究人员，他们都坚定地支持在校内和校外玩耍；问问童年教育者协会吧，这是世界上最大的儿童教育工作者联盟，他们认为玩耍是学校教育的重要基础。

玩耍并不是中国、新加坡、苏格兰或北欧国家独有的文化怪癖。它就像苹果派和棒球一样具有美国特色，就像我们呼吸的空气一样是全球性的。

各地的文化是非常不同的。你不能"一口气"把芬兰、中国、美国或法国的教育实践出口到全世界，但我们可以从彼此身上学到很多东西，也可以从彼此身上得到很多启发。别忘了，文化也是一直在变的。例如：美国在短短一代人，也就是 20 年的时间里，从一个尊师重教的国家，变成了一个在标准化测验的基础上妖魔化、羞辱和惩罚教师的国家，他们错误地将大都市世代延续的，由充斥着贫困、忽视和种族隔离的学校所造成的人间惨剧归咎于教师。

顺便说一下，北欧国家是世界上最具竞争力的自由市场经济体之一，它们成功地在资本主义和强大的社会安全网、包括儿童教育在内的优秀的公共服务之间找到了平衡。

问题：你不相信学校做出的选择和承担的责任吗？

回答：当然相信。我们认为，政治家应该负起责任，让所有的家长和孩子选择优质的学校。这些学校应当没有毒性压力和恐惧，应当安全，而且资源充足，由专业的教育工作者管理。这些教育工作者根据相关研究结果和实证给孩子们提供高质量的教育，帮助他们定期进行玩耍和体育活动，让孩子在健康、幸福和快乐中学习。

孩子们应该玩耍，因为这是人性不可分割的一部分。玩耍是每个孩子的权利。玩耍对儿童的幸福感、身体健康、社会性发展、自尊心、同理心和学术进步有着至关重要的益处，现在这是有坚实的证据基础支持的。世界各地的玩耍实验表明，玩耍以及与之相关的价值观、习惯和原则，可以让学校生活变得更高效。

玩耍对学校也有益处，因为它对玩耍者的健康、幸福和快乐有积极的影响。当孩子们在学校里玩得更多时，也体现出校方开放的价值观、规范和期望。在一个组织中，娱乐性常常与冒险精神、创造力联系在一起。例如：企业领导人说他们希望从员工那里感受到更多的冒险精神、创造力。

在正在进行的公共教育改革的运动中，玩具应该占据中心地位。例如：在美国和英国，公立学校必须遵循一定的标准，在给定的资源条件下，这些标准往往不是所有学校都能达到的。如果不能达到这些标准，将导致学校私有化，甚至这些"失败"的学校将面临关停的命运。如果用包括快乐、健康、参与度和幸福感在内的指标对公立学校进行评估，那么现在许多被贴上低绩效标签的公立学校在教育方面的表现会更好。因此，玩耍、体育活动和人格塑造可以作为加强公共教育的有效手段。

问题：孩子们在玩耍过程中会被欺负，会发生冲突。为什么你还想让他们有更多的课间休息呢？

回答：孩子在教室和食堂也会被欺负，没有人建议我们取消午餐，或者关闭教室。在休息期间，训练有素的成年人应随时在场，提供安全保障，并在必要时化解冲突或欺凌。

问题：在教育上更严谨一点会怎么样？

回答：这取决于你所说的"严谨"是什么意思。教师应该在研究型大学接受实践培训，应具有所教授学科专业的研究生教育水平，有丰富的指导性课堂经验，并对教育研究有扎实的理解。换句话说，我们相信要像对待科学家、工程师、航空公司飞行员、医生和其他专业人员那样，对教师进行严格的培训，就像新加坡、加拿大和芬兰对教师的培训一样。我们也相信领导的严谨性，这要求学校校长应该是有领导能力、经验丰富的教师。教育体制的领导者必须在学校教学和领导方面有深厚的经验。这些就是应该"严谨"的地方。

这种教育上的"严谨"将有助于使教师受到尊重，让专业人士得到奖赏。他们应该与家长和社区合作管理我们的学校，尽量不受政客、官僚和技术供应商的干扰。这将有助于恢复教师这一职业路径的高度竞争性和优胜劣汰性，这是所有国家都应该做的。训练有素的儿童教育专业人员，深谙在学校玩耍的重要性。这种对玩耍的标准和严格程度是对儿童教育专业人员的最低要求，任何利于改善学校的行为，都必须基于此。

问题：无论我多么努力，都无法理解，本应用来学习和做作业的时间，为什么要用来在校内和家中玩耍。对此，你有什么建议吗？

回答：不要把它当成玩耍，要把它看作种子（SEED），即系统性的探索、实验和发现。把它看作给孩子的大脑和身体提供营养的食物。

这是我们能给孩子们最棒的礼物之一——他们也能回报给我们。

医生的呼吁：孩子们必须玩耍

现在——让我们听听美国儿童医生怎么说。

美国儿科学会是美国领先的儿童医生专业组织，约由 67000 名医生组成。该组织制定了一系列针对儿童健康问题的儿科政策，如免疫接种、电子设备使用时间、汽车安全和母乳喂养。

与其他医生一样，儿科医生在开始他们的医疗生涯时，也会宣读希波克拉底氏誓言："我以自身能力和判断，发誓履行这一誓约：我将尊重前辈医生来之不易的科学成果，愿意将我的知识传授给未来的医生。"

在 2007 年至 2018 年间，美国儿科学会发布了一系列具有里程碑意义的临床研究报告，报告强烈建议：为了更好的学习，孩子们必须在学校、家里和社区进行充足的玩耍。医生们强调，这些建议同样适用于来自贫困家庭的儿童，因为他们在学校和社会中经常是玩耍剥夺的受害者。我们感谢美国儿科学会允许我们从他们的历史性临床报告中总结出这些要点。我们敦促读者阅读完整的原始报告，并与老师、行政人员、政治家和其他家长分享和讨论。

以下是美国儿科医生对于学习和玩耍的看法：

玩耍是儿童教育的一个组成部分。对于家长、学校和社区组织来说，玩耍时间对孩子的重要性再怎么强调也不为过。

各种形式的玩耍对儿童来说都是理想的教育和成长环境。

玩耍的好处是广泛的，也是有据可查的，包括增强执行功能、语言能力，早期的数学技能（数字和空间概念），促进社会性、同伴关系、身体发育和健康的发展，增强自我管理意识。

玩耍为成年人提供了大量的机会来培养儿童的能动性、社交情感、语言能力、执行功能、数学能力和自我调节能力，这些都是在日益复杂和重协作的世界中取得成功所必需的。

当孩子们在想象中的环境，以虚构的角色进行合作时，假装游戏会培养自我调节能力，从而提高他们对假设事件的推理能力。

玩耍剥夺是实质性的，因为玩耍对儿童的社会性、情感能力、认知能力和身体健康至关重要，从幼儿时期就开始了。

对父母来说，想让孩子将来过上幸福、成功的成年生活，最有效的方法不是让孩子在无数的活动之间穿梭转换，或是安排多个课外或学术活动，而是表现出无条件的爱：与孩子一起度过愉快的时光，一起玩耍，倾听、关心、交谈，甚至在孩子们很小的时候就给他们读故事，通过有效且长远的引导来影响他们。

帮孩子做好学前准备工作最高效的方法也许只需要很低的成本——那就是花时间和孩子一起阅读。

最基础、便宜的玩具就可以增强孩子们的创造力和想象力，如积木、球、水桶、跳绳、洋娃娃和美术用品。昂贵的玩具也可能导致玩耍变得更被动，更少涉及身体的参与。

自由玩耍是童年必不可少的一部分。所有的孩子都应该放下电子设备，留出充沛的时间进行自由玩耍，去创造、反思，培养韧性，释放压力。很多玩耍不应在成人的指导下进行，而应该由儿童主导；应主张积极的玩耍，而不是像电视和电脑游戏那样的被动娱乐。

即使孩子一开始失败了，父母也应该用爱和理解来鼓励孩子们再次尝试。当孩子们独自玩耍或与他人一起玩耍时，积极的作用要远大于消极的反馈。

在户外的自然环境中无拘无束地玩耍——与泥土、树木、草地、石头、花朵和昆虫交流——给孩子们带来创造性的灵感和身心上的益处。

孩子们应该根据自己独特的需求和技能制定一个富有挑战性和平衡性的学习计划，而不依靠压力过大、竞争激烈的一般标准，也不应把获得大学入学机会作为唯一考量。儿童保育和教育项目应提供的不仅仅是"学术准备"，还应培养社交和情感技能。

比起像考试成绩这样的外在动机，应该通过玩耍促进孩子的内在动机，这样可以更好地助力早期阶段的学习。

最有效的教育模式是让学生提升最近发展区[①]内的技能，而不是靠死记硬背和被动的机械学习，而是通过自由玩耍、指导式的游戏、对话、引导、主动参与和愉快的探索来实现。

课间休息能优化孩子的社交、情感、身体和认知能力，因此是必

[①] 最近发展区内的技能：心理学家列夫·维果茨基提出的一个概念，指学生的现实发展水平（视独立解决问题的能力而定）和潜在发展水平（通过在成人指导下解决问题，或与更有能力的同龄人合作解决问题）之间的距离。

要的。课间休息是孩子的私人时间，不应因为学业或惩罚性原因而被剥夺。课间永远不应成为惩罚孩子的牺牲品，因为它是孩子成长和社交互动的基本组成部分。减少或取消课间休息会对学习成绩产生负面影响。

课间休息是对体育课的补充，但不是体育课的替代品。只有课间，特别是无组织的课间，才能提供创造性、社交性和情感上的益处。

课间休息是校园生活的基础，能培养受用一生的沟通、谈判、合作、分享和解决问题的能力。

对孩子或对青少年来说，课间休息后，他们会更加专心并且能够更好地进行认知活动。

较少的体育活动可能对男孩有更大的影响。久坐不动的学校环境可能会使男孩更难取得成功，并可能导致男孩和女孩的学习成绩出现差距。

孩子们在课间休息后比在体育课（更具组织性）后更注重学习。

学习和认知表现取决于课后的固定休息，这同样适用于年龄较小的儿童和青少年。休息的频率和持续时间应足够让学生的精神压力得到缓解。

对于经济上处于不利地位的儿童，必须保障和支持他们在学校、社区和家庭中的玩耍。

学校应该是能让孩子们感到安全和愉快的地方。为了减少学校体验不佳而导致的抑郁、犯罪和长期的贫困，学校应通过推行玩耍、创造性艺术、体育、社会和情感学习来吸引学生。

我们应该思考，童年和青少年早期阶段发生的日益严重的心理问题（如焦虑、压力和抑郁），是否能和其对日后成功与否的过早担忧建立起联系。

学校应该是儿童和青少年向往的地方。所有的孩子，包括低收入家庭的孩子，都应该享有课间休息、体育课和艺术教育，这样他们才能在认知、身体和社会性发展方面发挥最大的潜力——这也是他们会喜欢上学的原因。

也就是说，美国的儿科医生告诉我们：我们应当为孩子们提供的学校和家庭环境，与我们现在给他们的完全不符！

当涉及儿童体检、药物和流感疫苗注射时，我们听取儿科医生的意见。

当涉及孩子在学校里的学习、情感、心理和身体健康状况时，我们为什么不听从他们的指导呢？

是什么赋予了政客或学校无视美国儿科医生的明确建议的权利？

现在，是时候让我们重新规划学校的课程安排、情感支持和健康环境了，是时候不完全依赖于政治家、官僚和技术供应商的想法了，我们应该从家长、教师、儿科医生和儿童自身的观点和愿景出发。

儿童学校生活中的玩耍阶段

这张图展示了玩耍是如何在孩子上学的各个阶段有效促进孩子学习的。但在今天的许多学校里，这张图还是一张白纸。

年龄（岁）	4	5	6	7	8	9	10	11	12	13	14	15	16-17
沙子/水类	X	X	X	X	X								
装扮类	X	X	X	X	X	X	（向戏剧类过渡）						
物品类	X	X	X	X	X	X	X	X		（向STEM①过渡）			
音乐类	X	X	X	X	X	X	X	X		（向课程过渡）			
自由艺术创作类	X	X	X	X	X	X	X	X	X				
自由玩耍类	X	X	X	X	X	X	X	X	X	（向专长过渡）		X	X
指导式游戏类②	X	X	X	X	X	X	X	X	X		X	X	X
深层次玩耍③	X	X	X	X	X	X	X	X	X	X	X	X	X

① 由科学（Science）、技术（Technology）、工程（Engineering）、数学（Mathematics）四门学科的英文首字母缩写组成。STEM 课程的重点是加强对学生在上述四个方面的教育。

② 有趣的教学，发现和实验，并在成人的指导下进行。

③ 定期进行自由玩耍、自主选择和趣味项目，可培养自我管理、内在动机、积极情绪，过程导向和想象力的运用。

第四章

玩耍的天敌——
GERM（全球教育改革运动）

THE GERM
THAT
KILLS PLAY

玩耍时间对孩子的重要性再怎么强调也不为过。

——美国儿科学会 2018 年

世界正处于一场反对玩耍的战争中。

对于在政府的高压下以标准化测验为目标的学校和孩子来说，玩耍及许多其他的重要基础学科（如艺术和体育），被视为一种可舍弃、不必要的奢侈品。

玩耍正从儿童教育中消失。

在美国和世界各地的学校里，童年时期的玩耍正在减少、贬值、被淘汰、被遗忘。玩耍正被不正确、适得其反的教育实践所取代，这些做法可能导致孩子压力过大、逃学、害怕失败、缺乏学习动力，并导致了全世界数百万儿童的幸福感和生活满意度的下降。

本应属于四五岁孩子的探索和交流，正被不适合其年龄的指导方针和任务表所取代。托儿所和幼儿园教室里的动手游戏减少了，积木、道具服装和沙盘也所剩无几。孩子们每天的课间休息被剥夺了，有时甚至连上厕所的时间都不够。电子屏幕正在取代合格的真人教师。这些训练有素的教师本可以施行人性化教学，却正在被"临时工"教师所取代，后者被要求进行照本宣科式的教学。学校正在沦为"压力工厂"。

纽约大学应用心理学副教授约书亚·阿伦森是一位教育家，他正在就如何帮助文化弱势群体学生这一问题进行研究。作为研究的一部分，他与数百所学校进行了合作。他在课堂上看到的情况令他感到震惊。他告诉我们："组织性和无组织性的玩耍对健康发育和学习都至关重要。但我认为最大的问题在于，学校总是优先采取那种要求学生坐在课桌前不动的学习方式。"

阿伦森说，学校里的玩耍现状是"糟糕透顶的，我们应该早点注意到的"。他接着说："当我坐在美国的教室里，我看到被剥夺了体育锻炼的孩子们。为了让他们集中注意力上课，完成作业，他们被训斥、哄骗、威胁甚至滥用药物。孩子们中有相当一部分身材肥胖，而且他们的身体也明显不健康。他们需要比现在多 500% 左右的玩耍和奔跑时间。我一直怀疑，未来总有一天，当我们回顾是如何以学业成就的名义，剥夺了这一代孩子的权利时，我们会为自己的行为感到羞愧。

"在观察了各类学校的孩子们后，我认为校园里玩耍时间的缺乏程度是可怕的，而且这是本可以避免的。我还了解到，美国的孩子并没有'利他林缺乏症'。他们缺乏的是接触自然、玩耍和自由的机会，而这些机会，正是他们狩猎采集文化的祖先所拥有并享受的。大多数校长都应该知道，玩耍和锻炼可以明显提高学习成绩。但这一点他们却无视了。"

许多学校对玩耍的态度已经沦为完全的敌视，用错误的二分法将儿童的玩耍和学习定义为两个独立的存在。教育心理学家、亚利桑那州立大学国家教育政策中心的吉恩·格拉斯教授告诉我们："关于玩耍这个词，清教徒式的态度在我们周围广泛存在的。这不仅不利于学校的教育，还损害了孩子们的生活。如果用这种思维方式思考，那几乎每件事都是错的。玩耍可以促进多种认知发展，但对玩耍的偏见贯穿了整个教育体系，而且这种偏见正变得越来越严重。"

国家教育学院院长、威斯康星大学麦迪逊分校荣誉教授格罗瑞娅·拉德森-比林斯告诉我们："玩耍给孩子们提供了塑造、想象、扮演角色的机会，并让他们从本质上成为完整的人。大多数美国学校不理解玩耍的重要性。我们花了大量的时间让孩子在这些学校里适应其规则和体制，这是很失败的。我们在学校里做了太多让人头脑麻木的事。"

葛底斯堡学院的心理学教授斯蒂芬·西维曾协助过一些重大的关于玩耍主题的动物研究，84 岁的他同样对学校里缺乏玩耍感到惊讶。他告诉我们，他认为：充分的自由玩耍机会应被视为儿童早期课程不可分割的一部分。并指出：

"看到玩耍的现状，尤其是玩耍在小学甚至幼儿园中的地位，简直是不可理喻。教育工作者和管理者对学科测验的成绩如此重视，以至于他们有计划地从孩子在学校的一天中，取消了越来越多的课间休息。我有一个上小学的孙子，听说他所在学校的一年级学生每天只有一次 30 分钟的课间休息，这让我很震惊！更疯狂的是，学校把取消课间休息，作为对课堂上不良行为的惩罚。所以，如果一个 7 岁的孩子在课堂上走神，可能只是因为他们真的需要跑出去玩一段时间了。然而，学校解决走神问题的方法居然是剥夺他们出去玩的机会。因此，这个问题会变得越来越糟。"

对玩耍的剥夺可能会直接导致孩子辍学，特别是来自贫困家庭的孩子。这是加州大学洛杉矶分校教育学教授佩德罗·诺格拉的观点，他向我们解释道："太多的学校剥夺了孩子们的休息时间，和通过玩耍进行学习的机会。对于贫困的孩子来说尤其如此，他们经常被剥夺玩耍的时间，因为人们认为玩耍是在牺牲用以提高成绩的学习时间为代价的。"他对玩耍的看法解释了许多孩子对学校的疏远感。

在儿童教育中，玩耍正在成为一个濒危概念，佛蒙特大学的教育研究员珍妮·戈德哈伯教授认同这一说法，并表示："我花了很多年观察儿童早期教育项目、幼儿园和小学各年级，我看到玩耍正在儿童教育生活中缓慢消亡。孩子们的一天被分割成任意的课程段，虽然每天有 6 至 10 门课，但留给孩子们探索、发明和互动的时间很小。"

对于纽约大学著名教育史学家和研究教授黛安·拉维奇来说，玩耍剥夺问题是政府管理不善的一个典型表现。她告诉我们：

"我们今天的教育体系是在非常糟糕的联邦法律指导下形成的，该法律强制规定将标准化测验作为衡量儿童、教师和学校的标准，希望孩子们掌握不适合其年龄的学习目标。我们当今的政策和法律对儿童充满敌意。我们不鼓励孩子玩耍，所以完全不给孩子留出玩耍时间——虽然孩子们需要时间发泄情绪。在玩耍中，他们可以发展自己的思维力、探索力、创造力和想象力。如果大家能普遍认识到玩耍的重要性，那这对所有年龄段的人来说都是一件好事。"

GERM 时代的曙光

反对玩耍的战争在很大程度上是一种无能的政治企图带来的意外后果——通过增加"严谨性"和强迫低龄儿童学习来"提高标准"和"缩小成绩差距"。这是一场由政治家、管理者和空想家组成的联盟所发动的战争，他们中的许多人都有一个明显的共同弱点——他们对孩子们实际上是如何学习的所知甚少，甚至一无所知。事实上，这是一场由无知、错误政策和错误信息造就的阴谋。

你可以像我们一样将其称为"全球教育改革运动"或"GERM"。这项运动取代了已被证实行之有效的全球最佳实践，如教师专业精神、教育研究、全系统协作、资源公平、"全儿童"方针、体育活动和通过玩耍进行学习，正在把失败的教育政策推向我们的学校。这些措施包括让学校在达尔文式的竞赛中互相竞争，争取更高的标准化测验分数；一刀切地教学，对儿童进行普遍的标准化测验，根据测验数据惩罚学校和教师；迫使幼儿过早地吸收学术知识而牺牲其他重要学科（如艺术和体育活动）；取消颁发教师资格证书，正如对玩耍的排挤和剔除那样。所有的这些都在美国成为流行。

换句话说，"GERM"是一种在世界各地传播的病毒，正在感染着学校系统，扼杀着学校里的玩耍。

长期来看，教育过度规范化不利于教师和学生的发展。这方面的一个主要例子来自英国的教育改革史：英国于1988年启动了一项覆盖全系统的教育改革——首次对公立学校教师的教学内容和教学方式进行了严格的外部控制。这项改革基于这样一种假设，即家长的"择校"像在市场上进行买卖交易那样，并将通过提高质量和降低成本来提高效率。这带来了教育服务的标准化。经常性的标准化测验数据为家长提供了择校时所需的信息，他们据此来为孩子选择最好的学校。研究证据表明：这种逻辑并没有提高英国公立学校教育的质量或公平性，与外部强制性教学策略和标准化测验分数密切相关的学校监测反而削弱了过去为了孩子茁壮成长，学校和教师需要进行策略选择的自由。

把学校建立在高压标准化教学和高风险标准化测验为基础的教育下的危险在于，它们违背了儿童的本质，特别是低龄儿童学习的本质。每个孩子都是独一无二的。"孩子们在不同的时间、不同的速度和不同的步伐中学习技能和概念。"倡导组织"捍卫童年"在2014年《华盛顿邮报》发表的一篇评论中如是说：

"每个孩子都有自己独特的个性、气质、家庭关系和文化背景；每个孩子都有不同的兴趣、经历和学习方法；每个孩子对世界的感知和看法都是不同的，常常为了达到相同的目的而采取不同的路线。因此，所有孩子都需要的学习经验，是能考虑、支持并建立在他们作为个体基础上的经验。"

对教育来说，标准化不等同于高标准。正如飞机、医院和餐馆都是在严格的标准下运作一样，我们的学校也需要标准。

20世纪90年代，"以标准为基础"的教育运动在全世界英语国家和地区中风行一时，这一运动首先基于优先考虑学习（成果）而不是教学（投入）。这是有道理的。因此，这些改革旨在更加重视学校的绩效表现，而不是仅仅审查学校的内容和结构。在今天的教育界中，对学校、教师和学生提出明确和足够高的绩效标准，是提高教学质量和改善学校的先决条件，这一点仍然是不容置疑的。然而，强制实施外部标准化课程、教学大纲以及用于标准判断的统一测验规程，显然是这些基于标准化的教育政策的产物。

严格的标准化限制了学校和课堂的自由和灵活性，限制了一些真正有意义的事情，如尝试新的想法，或者让孩子通过玩耍学习。它还限制了教师进行本土实验，减少替代方法的使用，并限制了学校和课堂承担风险的责任。其结果是，学校的教学越规范，老师和孩子们就越不愿意冒险，越不愿意创造性地思考。

尽管许多研究人员、儿科医生和教师都普遍赞成通过玩耍来学习，但作为全球最大的"GERM"受害者，美国正将世界带入一个剥夺儿童玩耍的黑暗教育时代。

事实上，如果你问那些支持GERM的普通美国政治家、政策制定者、管理者和那些自诩的教育改革者，他们认为孩子们需要什么才能更好地学习，他们的答案不外乎这些主题：孩子和学校应该是"数据驱动"的，不断地对其进行计算机测量和评估；教学应是标准化的；对未达到任何数据目标的儿童和学校应予以教训、惩罚并重新进行测验。所有4岁、5岁、8岁和12岁的孩子都将做好上学的准备，进入大学，然后开始职业生涯，他们可以获得在世界经济中竞争所必需的技能。仿佛只有这样，才没有一个孩子会落在后面，确保每个学生都会成功。美国也可以争得头筹，成为世界第一。也就是说，仿佛孩子们听了这堆充满了营销话术的没有任何依据的陈词滥调，就能掌握学习精髓了。GERM 是一个融合了自 1980 年代以来，所有已经失败了的教育改革主张的集大成想法，包括与标准化测验数据相关的惩罚性问责措施。有证据表明，没有一个成功的国家使用与 GERM 有关的政策，来实现其学校制度的重大改进。

世界许多地区的教育政策，已经将重点转移到更多地使用普遍性的标准化测验中，投资于教育技术，寻找更有效的衡量方法，以及向学生提供教学。有时，这些改革是根据其他国家的解决方案设计的，偶尔也会用国际发展组织的教育方针。跨国界教育解决方案的转移是如此频繁，以至于现在已经成了一个全球性的运动。这项运动的一些成果使学校受益，如对成绩差距和不平等现象的关注增加。但另有一些后果并没有给教师或学生带来好处。例如：对课程的关注范围缩小，对测验分数的过度依赖，以及学校内玩耍的减少。

使用"全球教育改革运动"一词来指代这些趋势，最早是在 2006 年的一篇关于教育改革以提高经济竞争力的期刊文章中出现的。最初的想法是受到波士顿学院研究教授安迪·哈格里夫斯的启发，以及他关于"基于标准化的改革"如何影响 20 世纪 90 年代学校教师工作的研究。当时，"基于标准化的改革"运动在国际政策制定者中颇为流行。此后，在美国、英国和澳大利亚等深受"GERM"影响的教育体系中，对儿童进行大规模标准化测验所得出的数据成为教育的全部内容，成为衡量学校、教师和孩子们成败的"标杆"。GERM 不仅仅是高风险的标准化测验，它还是一种智力和政治范式，是全球化竞争的产物，以不正当的方式体现在政策和实践中。

GERM 在不同教育体系中的表现形式也不尽相同。第一个，或许也是最明显的共同特征，是学校之间在招生方面的竞争加剧。经济合作与发展组织（OECD）是一个由 36 个国家组成的政府间组织，其内部的许多教育系统都加强了要求学校在其地理区域内与其他学校竞争的机制。20 世纪 80 年代智利的择校实验、90 年代瑞典的教育券制度、美国 2000 年后的特许学校以及英国最近的中学学院，都说明了市场竞争被认为是改进全系统教育的引擎，但几乎没有证据表明其有效性。

GERM 的第二个特点是学校教学的规范化。20 世纪 90 年代，教育的重心从投入转移到产出，导致了"基于标准"的教育政策的流行，特别是在英语国家和地区。这些改革最初旨在更加重视学习成果和学校表现，而不是教育的内容和结构。美国的《共同核心州立标准》、英格兰的《国家课程》、苏格兰的《卓越课程》、德国的《新国家教育标准》、《澳大利亚课程》和《新西兰课程》都是竭力使教育体系内所有学校教学标准化的例子。同样，几乎没有证据表明这些形式的标准化提高了国家教育体系的绩效。相比之下，有两种形式的标准化可以在公共教育中发挥高效作用：新加坡将教师培训的标准化质量和强度设置到极高；芬兰将学校资金标准化，以便资源公平地分配给每个儿童和每个学校。

GERM 的第三个共同特征是教师职业和学校领导的非专业化。人们错误地认为，任何人只要了解有效教学的程序或脚本，或任何刚从顶尖大学毕业的人，都可以在学校任教，只要参加为期 7 周的培训课程，然后他们就能被任命为"教师"。各种非学术性的快速通道和"速成"班为成为教师提供了多种途径，大学和学院通常提供教师教育学位课程。同样，在许多美国学区，公立学校的领导层职位也向任何有管理或领导经验的人开放申请。

事情彻底变得怪异起来，许多美国学校现在越来越多地由非教师和非教育工作者——那些没有教育专业任教资格的人——来管理和教学。这就类似于我们国家的医学、法律、建筑学、会计学、航空学、工程学和航空航天专业的从业人员都没有相关的专业资格证明。

GERM 的第四个全球化趋势，是对四五岁的儿童进行大规模高利害标准化测验。这是一轮数据收集浪潮，可以推测，教师和学校要为学生的成绩负责。学校绩效以标准化测验数据形式指导着学校和教师的评价、监督和奖惩过程。

绩效工资、教师休息室的数据墙和报纸上刊登的学校分数都体现了问责机制的施行，这些机制通常主要从外部标准化的学生测验和教师评估中获取数据。当学校的责任感依赖于学校的高利害数据，而学生的低利害依赖于低质量的标准化测验时，责任就变成了摆设。也就是说，加强对学生成绩的责任感会削弱学生对自己学习的责任感，缩小真实学习和玩耍学习之间的缝隙。

GERM 的第五个趋势，是公共教育以市场为导向的私有化。诺贝尔经济学奖得主米尔顿·弗里德曼在 20 世纪 50 年代提出的一个理论认为：应该给予父母选择子女教育的自由，从而鼓励学校之间的健康竞争，以便他们更好地满足家庭的多样化需求。学校自主招生和优惠政策往往有助于家长的选择，通过私立学校、各类特许学校（美国）、学院（英国）以及世界各地的免费学校（瑞典）使公立教育私有化。择校理念认为：父母应该能够利用为子女教育预留的资金，选择对子女最有利的公立或私立学校。然而，在这一点上，几乎没有任何客观证据可以表明：以市场为导向的私有化能够全面改善教育体系，甚至对其所服务的学生来说也是如此。虽然教育体系的表现与市场不太一样，但这一点也不奇怪。因为企业的主要组织原则是通过最大化销售、利润和市场份额为所有者和股东创造利润和投资回报，通常是以牺牲竞争对手为代价的。与之形成鲜明对比的是，公共教育体系的组织原则，是向所有学校的所有学生提供高质量的教育。此外，大多数教师的主要动机并不是利益或奖金的驱动，而是公民义务、职业自豪感和对于帮助儿童学习的热爱。

事实上，大量的证据表明，任何教育政策框架以 GERM 占主导地位的地方，都没有成功地改善学生的学习和幸福感。相反，以合作、创造力、专业精神、信任和公平作为教育政策优先考虑的因素，支撑着新加坡、加拿大和芬兰等国成功的教育体系。

究竟谁是 GERM 的幕后黑手，谁才是反对玩耍的斗士？令人难以置信的是，在乔治·W.布什、巴拉克·奥巴马和唐纳德·特朗普执政美国的时代，这些反对玩耍的人包括了三届政府的所有领导层、民主党和共和党的参议员和美国代表、国家和州选举产生的官员与两党的决策者、几个自由派和保守派的智囊团，以及几家近年来在教育问题讨论中占据主导地位的大型慈善机构。他们通过对儿童进行大规模的标准化测验，努力让学校"提高标准，设立问责制，高度严格化"。但这些做法对改善学校几乎没有任何作用，并且在很大程度上将儿童教育中的玩耍排挤了出去。他们似乎并没有故意把破坏学校中的玩耍作为一个明确的政策目标，但实际效果是一样的。为了给考试和备考腾出空间，为了给越来越小的孩子施加不适合其年龄的学业压力，一场没有硝烟的战争爆发了。

2001 年，《不让任何一个孩子掉队法案》在共和党总统乔治·W.布什、民主党参议员爱德华·肯尼迪和其他美国政界人士的支持下诞生，该法案让学校不得不接受大规模、高利害、强制性的儿童标准化测验的评估。这些测验不是由课堂教师设计和运行的，而是远程测验公司。仅仅 10 年，该法案就被普遍认为是一次失败的尝试。它曝光了教育体系中的问题，却对解决这些问题无能为力。

随后，美国总统巴拉克·奥巴马在两党的广泛支持下，通过倡导"共同核心"课程标准和大规模的"力争上游"联邦竞赛，获得了超过 40 亿美元的拨款，继续对儿童施加大规模、高利害的标准化测验压力，同时直接忽略了教育问题的许多根本原因，如贫困、资金不公平、教师培训和教学质量参差不齐等。这些联邦教育计划，无论其用意如何，结果让人大失所望。所有的这些尝试都没有对美国儿童的学习成绩，以及缩小成绩差距产生显著的积极影响。事实上，他们的所作所为恰恰加剧了美国学校中的玩耍之战。

在玩耍之战中，我们的孩子是受害者。他们正在失去童年，正在失去真正的学习时间；他们失去了快乐、探索和实验的机会，失去了为未来技能打下坚实基础的机会。这场战争除了带来童年压力、学校的低效以及数十亿纳税人宝贵资金的浪费外，没有取得任何有价值的成果。这是一场让一些孩子讨厌学校、逃避在学校中学习的战争。因此，这是一场威胁到我们社会未来的战争。

了解教育问题的本质是解决问题的必要条件。大多数学校的改革尝试都是针对症状，而没有对准教育问题的根源。"经过多年对教育界和教育工作者的报道，"前美国公共广播公司（PBS）教育记者约翰·梅罗写道，"我确信，我们国家对有希望能迅速解决深层次系统性问题的方法'上瘾'了。"我们需要了解这些基本问题。这本书解决的教育问题并不是孩子们没有足够的时间在学校玩耍。它远远不是我们面临的唯一的教育问题，它只是一种症状，是困扰世界各地教育体系的深层次问题所产生的结果。

简单地说，美国的问题就是几十年来的忽视、种族和经济隔离、贫困和政治管理不善，而摧毁了许多学校，特别是内城区和贫困地区的学校。为了解决这个问题，错误的教育政策正在把所有公立学校变成标准化的测验工厂。玩耍和其他重要的校园生活组成部分正在被移除——为测验留出空间。儿童教育的一个重要基础正在被破坏，整个结构都在面临倒塌的危险。

反玩耍斗士们认为，为了"赶上"那些在国际基准测验中，取得更高分数的国家，为孩子们提供未来劳动力和个人职业成功所必需的"21 世纪技能"，美国 4 岁的孩子们需要在教室里静坐不动。玩耍几乎被彻底剥夺，孩子们要接受持续的直接教学、不断的练习。一旦测验成绩不理想，就要被惩罚，还要经历耗时过长的大量家庭作业和长期睡眠不足的情况。反玩耍的斗士们宣称"为了让孩子们在 21 世纪的大学里和事业上走上正轨，学术上的严谨是必要的"。相比之下，儿童发展专家则认为这属于"培养不当""教育上的玩忽职守"，甚至是"徘徊在虐待儿童的边缘"。

得克萨斯大学名誉教授、玩耍史学家乔·弗罗斯特指出，尽管有如此多的前车之鉴，但痴迷于测验文化的教育官员仍在致力于剔除学校中的玩耍、课间休息、体育和艺术，而家长们已经允许这种情况发生了。他写道："担心孩子标准化测验不及格、被留级、不能上大学的家长们，心甘情愿地接受这种荒谬的做法。所有的事情——成人的焦虑、有限的运动、电子游戏和高利害测验——或通力合作、或单枪匹马地剥夺了孩子在自然环境中专心于自由玩耍的机会，并对他们的身心健康造成了负面影响。"

正如《多伦多星报》的教育记者安德里亚·戈登在 2014 年写的那样：

> 玩耍中的孩子们总是喜欢做这样的事：比赛，攀爬，摔跤，悬挂，投掷，保持平衡，用棍子围篱笆，从高处跳下，被尖锐的物体吸引。理想的状态都是在没有成年人看管的时候。
>
> 现在的孩子们还没进入玩耍状态，就会听到这样的话：慢点，趴下，放下，不要扔东西，不要碰棍子，不要从那里跳下去，别碰，太危险了，小心点……

不幸的是，无论是美国、英国和其他地方，成年人都已经形成了一种错误的共识，用弗罗斯特的话来说，就是"必须以某种方式保护儿童免受一切伤害"。现实世界中，生活充满了风险，财务、身体、情感、社会——合理的风险对儿童的健康发展至关重要。

与正式教学之间保持平衡的学习包括：玩耍、户外课间休息、与高水平教师进行词汇量丰富的对话、亲身探索和发现。美国的孩子们并没有经历过这些，他们被囚禁在室内，一天中几乎没有课间休息或可自由支配的课外活动时间。他们为在电脑上进行的测验和分数评估做准备，同时承受压力，改变行为，死记硬背，并早他人一步做好学术比拼准备。放学后，那些本应在外面玩耍、探索、享受自主支配时间、和家人相处的孩子，反而被束缚在数小时的家庭作业还有越来越多的基于电子设备的学习和娱乐中。根据最近的一项评估显示，美国年轻人平均每天花 6 到 9 个小时上网，45% 的美国青少年表示自己"基本上一直在上网"。

耶鲁大学的杰罗姆·辛格和多萝西·辛格在 2008 年发表了一项针对 16 个国家的 2400 名母亲的跨文化研究报告，结果发现 72% 的人认为孩子"长得太快了"。在美国，这一数字更是达到了 95%，是所有被研究国家中最高的。最近的一项全球调查表明，有 54% 的母亲说孩子在操场或公园里玩会更开心，41% 的母亲认为看电视节目和视频更让孩子开心。另一项由宜家公司发起的全球调查，发现超过 80% 的 7 至 12 岁孩子宁愿和朋友一起玩，也不愿看电视或上网。

玩耍，曾经是美国早期教育的一个重要基础，可如今正在被扼杀。数以百万计的美国儿童正在遭受不友好，甚至敌对的校园环境，这与许多家长、教师和儿童发展专家的建议背道而驰。佛罗里达州的一位母亲最近震惊地得知，女儿上幼儿园的第一天，就上了小学的入门课。对一个孩子来说，这本应该是充满欢乐和惊奇的一天，可现在几乎完全用在了测验上。五个不同的陌生人，要求这个女孩完成任务，并对其进行评估。"当我把她抱起来的时候，"这位母亲说，"她不想谈论她在学校做的事情，但她说她不想回去。她不知道老师们的名字。她没有交任何朋友。那天下午晚些时候，当她在房间里和小动物们玩耍时，我无意中听到她在教它们算数和拼单词。"

政客们正迫使中小学生，特别是生活在贫困和少数族裔社区的学生，进入"没有借口"的新兵训练营式学校。在那里，他们承受严酷的任务负担，无情的标准化备考和电子教学、测验和分数都很残酷。新泽西州的儿科医生劳伦斯·罗森博士说，在整个春季即标准化测验期间，来他办公室的孩子经常出现与压力有关的头痛、胃痛和其他症状，数量比一年中的任何时候都多。"我的患者中，最小的孩子才上一二年级，他们都在接受这些测验。他们患有偏头痛和溃疡，而且胃口不好，"他介绍说，"以至于家长们真的在考虑让他们的孩子这一周不要去学校，然后说'够了，这件事我们不做了'。"

政客们通常把这些政策强加给别人的孩子，而不是他们自己的孩子。"这些官员甚至不把他们的孩子送到公立学校，"时任纽约公立城堡桥小学家长会联合主席的道·特兰说，"他们令我们的孩子失望，还要求老师对孩子们的标准化测验分数负责。一直以来，他们都把自己的孩子送去那些没有这些测验的学校，那些学校的班级规模很小，而且是以项目为基础、实践性、艺术性的学习——这正是我们希望自己的孩子所拥有的啊！"例如：为了吸引纽约市特权阶级家庭的孩子入学，许多优秀的私立幼儿园都强调他们以玩耍和研究为基础的教学理念，这些学校每年的学费高达 25000 美元甚至更多。

正如康科迪亚大学副教授伊莎贝尔·努内斯所说的："让非教育工作者管理我们的学区和学校，最具破坏性的后果之一就是：我们忘记了人类发展的基本原则。任何一位发展心理学家都会告诉你，孩子是通过玩耍来学习的。在这个学科中这一点是毋庸置疑的。（教育工作者）玛丽亚·蒙特梭利、约翰·佩斯塔洛齐和弗里德里希·弗罗贝尔都是科学家。他们认为教育是建立在研究的基础上的，而不是因为孩子们喜欢玩就凭直觉随意让他们玩。早期教育的玩耍课程是适合儿童成长发育的，因为玩耍是孩子们学习的方式。"

前美国公共广播公司（PBS）教育记者约翰·梅罗认为：不精通儿童发展的非教育工作者不应该决定 3 到 4 岁的儿童如何生活。不管在什么情况下，这些孩子的生活中都不应该有测验。他补充道，"儿童早期教育和幼儿园是为了孩子的成长、探索、文化适应和乐趣而存在的。老师应该观察孩子，了解他们，帮助他们成长。在早期教育阶段不应该有标准化的、机械化评分的测验。不幸的是，许多教育政策制定者看重的是他们自己知道如何衡量的东西。这也许是因为我们没有阐明我们觉得重要的东西——我们到底重视什么。"

2009 到 2015 年间，《共同核心州立标准》一直被美国联邦政府和一些慈善机构所推行，直到其突然成为政治毒药，并被广泛（通常只是美化）"重新包装"。这显然是一些没有幼儿园老师或教育专家为其出谋划策的产物。"这项标准的倡导者声称，它们是基于研究的成果制定的，"《华盛顿邮报》2013 年发表的一篇评论文章中，南希·卡尔松-佩奇教授和爱德华·米勒教授如此断言，"但它们不是。例如：没有令人信服的研究表明，如果在幼儿园阶段掌握了某些技能或知识（如数到 100 或能够阅读一定数量的单词），那么以后将会在学校中取得成功。"

用非营利组织"捍卫童年"的儿童发展专家的话说，这一结果导致了后续一系列的教育标准"列出了与儿童早期发展、思考或学习方式不匹配的离散技能、事实和知识；要求儿童学习他们尚未准备好接受的事实和技能；由教师主导的教学取代了儿童所需要的体验性、游戏性的活动和学习；贬低了儿童全面发展以及社会情感发展、玩耍、艺术、音乐、科学和身体发育的重要性。"一刀切的标准与学校和教师的惩罚措施都忽视了一个事实，那就是孩子的成长速度是不一样的。一个孩子可能在 5 岁时就"破译"了阅读的基本技能，另一个孩子可能要等到 7 岁时才会达到这一水平。这是一个自然的、正常的童年现实。

拜"反玩耍斗士们"所赐，如今，在美国和其他几个国家的若干学校中，五六岁的孩子几乎没有时间自然地活动和探索，每天被迫忍受长达 6 到 8 小时的"死记硬背"的时间。这远远超出了孩子们能接受的最大强度，也让真正的学习收益大打折扣。他们很少有短暂的休息或用来过渡的时间，很少或根本没有课间休息来让他们活动身体。

冷酷的统计数字还原了美国儿童被残酷折磨的场景。这是一部真实、有血有肉、慢镜头的恐怖电影，多年来影响着数百万的男孩和女孩。美国儿科学会 2018 年发布了一份关于玩耍的临床报告，"由于学习压力增加，美国 30% 的幼儿园儿童不再有课间休息时间"，这是一个令人震惊的统计数字。2016 年，《华盛顿邮报》报道说，华盛顿特区只有 5% 的公立学校和特许学校为孩子提供了所需的体育教育。尽管看起来不可思议，但在芝加哥这个巨大的学区，安全和后勤问题使得学校管理者在至少长达七年的时间里，不允许大多数孩子拥有课间休息。直到愤怒的家长和老师最终在 21 世纪 10 年代中期进行反抗，课间休息才回到孩子们的学校生活中。

哥伦比亚大学和马里兰大学的乔迪·罗斯及其同事发布于 2003 年的一项研究报告表明，在美国，83% 生活在贫困线以上的儿童有课间休息，但只有 56% 生活在贫困线以下的儿童有课间休息。据报道，白人和黑人儿童之间也存在类似的差距。在课间休息方面，贫困学生和少数族裔学生受到了两种诅咒——他们的学校更有可能拥有不安全或不合格的体育活动设施；为了追求更好的标准化测验数据，政治家和管理者更有可能将课间休息视为可舍弃的奢侈品。

2015 年，新泽西州议会通过了一项法律，要求公立学校每天最少给孩子们 20 分钟的户外休息时间。这在美国是极为罕见的两党共同支持课间休息的举措。随后，这项法案被提交到州长克里斯·克里斯蒂的办公桌上。他否决了这项法案，并将其称之为典型的"失心疯政府的胡作非为"。他没有引用任何研究数据、教育或科学依据来否决这项法案。"作为州长，我的部分工作就是否决那些愚蠢的法案，"他宣称，"那是一个愚蠢的法案，我否决了它。"他对一个搬运工说，"我们还有很多其他的问题要处理，而我的立法机构却在担心幼儿园到五年级孩子们的课间休息？" 2018 年，克里斯蒂卸任后，新泽西州立法机关最终通过了一项法案，要求幼儿园儿童每天休息 20 分钟，在可行的情况下，户外优先，并于 2019 年实施该项法案。

当今许多美国学校里，玩耍是一种濒危物种，而且经常灭绝。一名芝加哥公立学校的家长，卡西·克雷斯韦尔女士说："玩耍的缺乏只会让原本狭窄的学术聚焦状况变得更糟。人们过分强调阅读和数学技能，在幼儿园甚至托儿所就开始对孩子进行严格训练，而很少有其他技能可与之媲美。今年，我女儿的班级将有 7 次标准化测验，在这一学年总共有 20 次。简直是疯了。"

联合国人权标准建议囚犯每天至少有 1 小时的户外活动。但我们却不给自己的孩子同样的权利。2016年的美国，50个州中只有5个州有课间休息的政策，只有8个州有对学校开展一般体育活动的要求。

音乐、艺术、金属和木工课程、外语，甚至历史和社会研究等，都曾经是美国小学标准课程科目，如今都被挤出课程表，以便为标准化测验的操练腾出空间。"这种趋势的实际影响之一是，学生在上学期间用于其他学科以及课间休息、创造性艺术和体育的时间减少，"美国儿科学会于2007年发布的临床报告指出，"这一趋势可能对儿童和青少年的社会和情感发展产生影响。此外，许多课后保育项目优先考虑学习和家庭作业的完成，而不是有组织的游戏、自由玩耍和体育活动。"当学习变成将掌握的知识通过标准化测验时，玩耍将会减少，因为每天的在校时间是有限的。如果对孩子们学习的"更高期望"不包括冒险、创造力、解决问题和团队合作，那么玩耍在学校的日程安排中就没有多少地位了。

测验——由孩子班级的老师设计和管理——是跟踪孩子在学校所学科目上进步程度的一种必要方式，并与其他评估方法相结合。对有代表性的小样本量的学生进行标准化"抽样"测验，可以作为一个学校或地区的重要统计辅助诊断工具，用以标示趋势和监测整体进展。

但是，一些学科普遍进行强制性的高利害标准化测验，所面向的孩子年龄越来越小，而且还用最后的数据奖惩学校和老师。这是一种毫无必要、无效且过时、适得其反又极其昂贵的过程。在美国，每年花费在标准化测验的钱，可能达到了数百亿美元。澳大利亚版本的国家测验系统，简称"NAPLAN"，或国家评估计划——识字和算术，是一系列的年度标准化测验，侧重识字和数学方面的基本学术技能。据估计，NAPLAN每年的总花费为1亿澳元。许多教育工作者和政治家都质疑这些钱是否花得值。

标准化测验是一个巨大的时间浪费和能量转移器。标准化，顾名思义，也与学校中的冒险力、创造力、想象力和创新力相悖，而这些正是教育应该提倡的特质。标准化过分强调全班直接教学法，而不强调小组学习和自主学习。它优先以同样的方式教授所有的学生，同时粉碎创造力、个人表达、多样化的才能和想象力。标准化保证了效率，前提是当教学过程标准化时，它们可以用较低的成本重复进行。标准化测验中未列出的课程，就是不必要的课程。而玩耍，出现的次数越来越少，也不再是美国学校的常见科目，就像公民学和艺术一样。

2015 年的一项分析显示，在美国一个大型城市学区，每个学生从幼儿园到毕业平均参加了 112 次标准化、往往也是高利害的测验；而在几十年前，这样的测验屈指可数。据一些老师说，为了腾出时间来准备测验，他们留出了很多周的上课时间。斯坦福大学教育学荣誉教授琳达·达林-哈蒙德写道："有一种说法是，美国学生是世界上被测验最多、被观察最少的学生。我们对美国学生的测验远远超过其他任何一个国家，因为我们错误地认为测验能产生更好的学习效果。"这样的结果就是，根据一项调查，早在 2007 年，就有 44% 的学区削减了用于社会研究、音乐、体育、科学、艺术、课间休息甚至吃午饭的时间，这样他们就可以增加花在测验科目上的时间了。"标准化测验产生的结果是标准化的钟形曲线，"历史学家黛安·拉维奇解释说，"聚集在钟形曲线下半部分的学生主要是贫困儿童、残疾儿童和有色人种儿童。按设计来看，钟形曲线永远不会闭合。这就是为什么用一种有利于最富裕人群的方法来给学生、教师和学校排名是根本错误的。"标准化测验只是揭示了部分学生在学校里所学的知识，并把宝贵的课堂时间从学习转移到了应对测验上，课堂上的内容几乎都是测验日常知识和记忆，而不是更深入的理解学习。标准化测验并不衡量雇主和社会最看重的技能和未来技能，如批判性思维、团队合作、同理心和同情心、自信心、领导力和沟通能力、表达能力、对歧义的容忍度，以及全球公民意识。

学校的标准化和过度测验已经影响到许多国家和地区的公共教育政策和实践。国际学生评估，特别是经济合作与发展组织（OECD）的国际学生评估计划（PISA），已经在很大程度上推动了全球教育改革的讨论。虽然这些测试在某种意义上是有帮助的，因为它们为国家决策者提供了一些学校科目的基准，并能标记出一些总体趋势，但它们在定义教育成功与否方面比重过大。学生们一直是失败者，常常被迫接受令人头脑麻木的学校教育。随着可比照的国际标准化测试加大了政策制定者提高本国分数的压力，儿童教育的关键部分也随之被排挤。那些悉心钻研教学手段的老师也成了牺牲品。

美国国家研究委员会于 2011 年发表的一项为期 9 年的研究发现，针对儿童的国家级大规模标准化测验项目，几乎没有对学习产生任何帮助。测验结果的相关性和有效性值得怀疑，特别是对年龄较小的儿童而言。例如：幼儿园的学生是不可靠的应试者；三年级以下的孩子的分数变化很大，而且不稳定，要取决于测验发生在一周中的哪一天，因为他们的成绩可以在标准化测试的 99 分和 65 分之间任意游走。

更糟糕的是，如果目的是真实评估个别儿童的学习情况，那么标准化测验在很大程度上是无效的。而且除了标准化测验准备过程中的指导，标准化测验并不能反映教学质量。"事实上，我们的（研究）结果表明，标准化测验并不能衡量学生的学习程度、教师的教学水平和学校领导的绩效水平。"塞顿霍尔大学教育管理与政策学副教授，克里斯托弗·蒂恩肯进一步补充说，"这些测验是很生硬的，对于校外因素非常敏感。尽管一些标准化评估的支持者声称分数可以用来衡量进步程度，但我们发现干扰因素实在太多了。测验成绩逐年变化可归因于学年内的成绩正常增长，无论学生是否度过了糟糕的一天，是否感到恶心和疲倦，是否遭遇电脑故障或其他无关因素。"

蒂恩肯认为，这些测验只是整个系统的监控设备，并不是为了诊断孩子的个人学习情况而设计的，老师所做的评估比标准化测验更能衡量学生的成绩。他指出："基于课堂评估的高中 GPA（平均成绩点）比 SAT（一种广泛使用的大学入学考试）更能预测学生在大学第一年能否顺利度过。"

尽管 2015 年的联邦《每个学生成功法案》（ESSA）做出了一些修订，但从三年级开始就对儿童进行普遍的高利害标准化测验，仍然是美国联邦和州公共教育政策的重要基础。它影响着许多州的政策、资金决策，以及教师的奖惩。对于一些测试公司来说，这也已经成了一个巨大、有利可图的业务。"这个测验的本来目的是了解孩子们的表现，"教育记者约翰·梅罗在 2017 年表示，"在这个国家，我们通过测验来了解老师的表现，并惩罚他们。"

标准化测验已经成为美国大部分公立学校生活的重要组成部分，影响范围覆盖到三年级甚至更小的学生。老师和孩子们每年要花很多周的时间准备和参加测试。老师训练孩子们如何对多项选择题作答，并练习策略，让正确答案的数量最大化。这与孩子们今天在学校里应该学什么没有多大关系。美国、澳大利亚和英格兰是世界上测验最多的学校体系之一，但这些国家的孩子并没有比那些测试少得多、学生评估由教师设计的国家的孩子学得更好。

国际儿童教育协会（ACEI）2007年的行动报告呼吁全面禁止在入学初期进行标准化测验，并指出"随着标准化测验越来越多样，在美国，这已经成为一场噩梦"。用这些专家的话来说，对这项研究的调查表明，"虽然当权者会让我们相信，增加的（标准化）测验会激励孩子们学到更多知识，但研究表明，这种相关性的影响是微弱，甚至不存在的。实际上，（标准化）测验对促进或提高学生的学习毫无帮助"。

另外也有很多专家群体警告过学校不要滥用标准化测试，其中包括美国教育研究协会、全国幼儿教育协会、国际阅读协会、全国英语教师协会、美国评估协会、国际儿童教育协会、全国家长教师协会、美国心理协会、美国统计协会等。

但是，教育弊端依然存在，而且还在不断地增长中。根据纽约州立大学教育学教授林赛·鲁索的提议，你可以选择任意一天，随便走进纽约市的一间教室后就会发现，你不知道自己是在幼儿园还是在一年级的教室里。"我曾体验过这样的课堂环境：5岁的孩子们排成一排坐着完成作业，而他们的老师则在投影仪上展示书法技巧。教室里根本没有地毯，没有戏剧表演区存在的迹象。而这两个地方都是幼儿园教室的主要组成部分。在当代照本宣科的课堂中，孩子们必须遵循高度组织化的程序，即课程与衡量孩子学习知识和技能的标准化测验挂钩。"

在由标准化测验主导的学校体系中，孩子们很可能在没有"玩耍技能"的紧张学习中，陷入一种恶性循环。"我们让孩子多加训练他们的注意力。但他们不能集中注意力的原因，就是他们没有形成玩耍技能，所以我们只能多加训练他们的玩耍技能。这真可悲。"丹佛大都会州立大学的心理学教授埃琳娜·博德罗娃解释道。有时，训练和评估几乎毫无意义。正如让微软创始人比尔·盖茨在2015年所惊讶的那样："举个例子，在美国中西部的一个州，一份长达166页的体育教育评估工具，要求教师负责确保学生达到本州制定的体育目标，其中不断地展示了'正确的跳跃技术和流畅、轻松的节奏'以及'用球拍持续地将球击向目标区域，并保持准确和良好的技术'。这可不是我瞎编的！"

美国有大约 10 万所学校和近 400 万教师，拥有自己的文化、传统和做事方式。但是大多数学者都认为，学习是一个主动的过程，在其中扮演着关键角色的是学习者（孩子），而不是教师。我们也知道，学生之间的社会互动是使学习富有成效的强大推力。此外，我们也知道，情绪对于促进儿童在校学习方面有着非常重要的作用。此外，体育活动、玩耍都与孩子积极的学习经历和结果有关。

除了过度的标准化测验，影响孩子生活的各种社会趋势，也加剧了玩耍之战。历史学家霍华德·丘达科夫认为：20 世纪上半叶是"北美无组织玩耍的黄金时代"，那时是儿童自由玩耍蓬勃发展的时期。当时的孩子们，经常在空闲时间里进行自主选择和自我指导的小组游戏、独自玩耍、在自家后院和社区里到处乱跑，以及组织户外游戏。而对今天的孩子们来说，拥有任何空闲时间都是幸运的。

家长过度介入、过度保护和对孩子过度规划的文化正在助长玩耍之战。发表在《儿科和青少年医学档案》上的一项研究发现，儿童的自由玩耍时间在 1981 年和 1997 年之间就减少了 1/4，"这一变化似乎是由儿童在有组织的活动中花费的时间增加造成的"。一名来自科罗拉多的母亲乔尔·维斯勒，在著名育儿网站"可怕的妈妈"上发表的一篇文章中写道："我们确实在安排他们的生活，我们为他们报名参加足球、音乐、空手道和西班牙语课程，以及其他所有令人抓狂的事情，因为我们真的认为这些事情很重要。我有罪。我们都有罪。而且，我们不仅把孩子真正的生活安排没了，还让他们在电子产品上花费了太多的时间。"

第五章

为什么孩子们
不再在学校玩耍了？

WHY
DON'T
CHILDREN
PLAY IN SCHOOL
ANYMORE?

> 玩耍不是一种奢侈，而是各个年龄层身体、智力和社会情感健康发展的关键动力。
>
> ——大卫·埃尔金德

孩子越早开始阅读越好。

谁有时间玩？

孩子们必须从幼儿园或学前班就学习阅读，否则他们将被落在后面，永远赶不上同龄人，并承受随之而来的后果。

这是许多成年人的想法。"压力是显而易见的，"幼儿教育家埃里卡·克里斯塔基斯写道，"如果选择了'错误的'学前教育，或者放松了在家的拼读练习，你的孩子就可能考不上大学，找不到工作，也可能连小学一年级都上不了！"

我们成年人常常认为，今天的孩子需要更多的优质教育，才能在人生中取得成功。因此，我们认为阅读、写作和数学的教学必须比我们年轻时更早开始。自由玩耍和户外体育活动似乎不太适合这个新的教育议程。对于今天的许多家长来说，他们最关心的一个问题是：在哪里可以找到一个早教方案——保证孩子能上一个好的幼儿园，然后进入一所好的小学？如果负担得起，有些父母会不惜一切代价，只给孩子提供"最好"的教育，也可以被理解为最早、最学术密集的教育。

越来越多的人认为，这些想法是基本的、显而易见的人生真理。不仅是政治家，许多家长也渴望通过"学术性"的幼儿园、学前班、学习软件、教育性的游戏、丰富的课堂和有趣的老师，在孩子年幼时就释放他们的语言解码技能，让孩子赢在起跑线。然而，事实可能要复杂得多。倡导组织"捍卫童年"宣称："许多幼儿在成长过程中还没有准备好在幼儿园阅读。也没有研究支持幼儿园开展阅读教学。而且，根本没有研究表明，5岁时阅读比6岁或7岁时阅读更具长期优势。"南希·卡尔松-佩奇教授说："这项研究的结果很明确。在早期教育方面，并不是越快越好；幼儿需要玩耍和实践互动，才能真正进行学习。"

一项耐人寻味的国际研究表明，对于许多儿童来说，"越早越好"或"施压"的早期学习策略是没有必要的，甚至适得其反。为了适应4到7岁儿童的正规学术教学，剥夺玩耍可能会产生"适得其反的效果"。一些研究表明，阅读和其他领域的早期教育可能对一些学生有所帮助，但这些好处似乎是暂时的，到了四五年级就会失效。

2015年发表的一项研究发现，延长入学年龄对心理健康有很大的益处，而且还可能带来学术回报。这项研究题为《时间的礼物？入学年龄与心理健康》，由斯坦福大学教育研究生院教授托马斯·迪和丹麦国家社会研究中心的汉斯·亨里克·西弗特森撰写，美国国家经济研究局出版。这项研究使用了丹麦和其他国家成千上万名学生的数据。研究发现，儿童在7岁开始进入注意力缺陷以及多动障碍高发阶段。注意力缺陷和多动障碍是一种自我调节能力的衡量标准，与学习成绩呈负相关。研究人员报告说："我们发现，推迟一年上学的普通儿童，注意力缺陷和多动障碍的发生率降低了73%。这实际上消除了这个年龄段儿童在注意力缺陷和多动障碍的行为测试中出现'异常'或高于正常水平的可能性。"

2009年，德国教育研究和发展心理学家塞巴斯蒂安·萨格盖特对50多个国家的40万15岁儿童进行了一项研究，发现了提早入学并没有长期的优势。

萨格盖特在2013年发表了另一项由他和萨格盖特共同撰写的研究，其中对300多名学生进行了长达几年的观察。他们得出了一个反直觉的初步结论，即"尽管阅读教学推迟了近两年，比如从5岁推迟到7岁，但依旧可以获得同等甚至更高的长期阅读成绩"。在两个讲英语的10岁学生样本中，从7岁开始学习阅读的孩子赶上了从5岁开始学习的孩子。此外，后起之秀在（语言）解码和阅读流畅性方面没有长期的劣势。而且不知出于什么原因，后起之秀的阅读理解能力会稍好一些。

萨格盖特认为，没有研究明确表明，早期阅读教学能使孩子在阅读或整体学术成就方面具有长期优势。他说："不管这项研究是使用国际数据，还是着眼于不同的方法，如玩耍的幼儿园、蒙台梭利或施泰纳式幼儿园，数据的平衡度清晰地表明了，早期阅读的优势在小学一年级就消失了。"他补充道,"当然,一般来说,在幼儿园学习阅读的孩子,以后可能会有一些优势,但这不太可能是因为他们更早学会了阅读。相反,他们似乎享受运用天生的能力,或者他们可能身处于一个教育氛围浓厚的家庭环境。因为这些因素在整个童年时期都存在,所以并不是早期阅读产生了优势,而是这些因素促使了孩子的成功。"此外,萨格盖特还警告道:"决策者可能会过分强调学术技能,从而参与一场'关于儿童未来的危险游戏'。但实际上,玩耍式学习对身体、语言、社交、能动性、探索性、认知性和智力发展都是必不可少的。"

一项关于学前课程的长期纵向比较研究发现,61 名低收入家庭的儿童,正在接受玩耍式的早期教育,而不是更正式和"学术"的早期教育时,其生活体验明显更好。在另一项分析中,北佛罗里达大学心理学教授丽贝卡·A. 马可研究了 343 名儿童,他们的早教课程分别是"以学业为导向"、鼓励"孩子自主"学习,以及介于这两种方法之间的。马可说:"我们在现有的和正在进行的研究中发现,与在更注重学术研究或更中庸的课程中学习的孩子相比,那些在(以玩耍为基础的)学前课程中学习的孩子,在所有学科中的成绩更优秀。"这些发现与美国儿科学会在其 2018 年关于儿童与玩耍的临床报告中所表达的立场一致。儿科医生们表示:"事实已经证明,玩玩具的孩子就像科学家一样,通过观察和倾听周围的人来学习。"他在报告中继续写道:

> 然而,事无巨细的指导性教学限制了孩子的创造力,有人认为我们应该让孩子通过观察和主动参与来学习,而不是被动记忆或直接教学。学龄前儿童确实从学习内容中受益,但与 20 年前相比,这些课程包含了更多的说教内容。成功的课程是那些鼓励孩子们积极参与有意义的探索发现,以及好玩的课程。

为什么学校不给孩子们时间来进行智力上和身体上的玩耍,以此来促进他们的健康成长和学习呢?

　　这主要有四个相互关联的问题，它们都含有 GERM 的特点：标准化测验的滥用和过度使用，一刀切的教学，狭隘的课程设置和学习观念，以及通过妖魔化失败来寻求成功。所有这些问题都必须被理解、正视和解决，以便让玩耍释放其学习效用，拯救我们的学校，帮助儿童茁壮成长。

问题 1：标准化测验的滥用和过度使用

　　在美国和其他的一些国家，儿童的标准化测验已经成为学校体系的管理机制，测验数据经常被用来惩罚、关闭学校，奖励以及惩罚教师。这意味着标准化测验被滥用，其破坏性后果之一是排挤不进行测验的关键学科，并剥夺学生课间休息和玩耍时间。

　　教育中的标准化测验是满足两个标准的评估：

　　1. 所有学生以相同的方式回答相同的问题——或者从公共题库中选出的一部分问题；

　　2. 学生的答案以一致或标准化的方式被评分。标准化测验的目的是：衡量学生在某一学科中的知识基础（通常仅限于阅读和数学），这些数据可用于比较个别的学生或学生群体的相对成绩。教育测验公司目前正在推销针对学龄前儿童和幼儿园儿童的标准化测验，承诺将帮助儿童更好地做好入学准备。

　　标准化测验可以是基于人口普查的，测验所有的学生；也可以是基于样本的，只测验随机抽取的具有代表性的学生样本。测验成绩被用来"要求教师和学校对学生在学校的进步负责"，是定期对所有儿童进行测验的理由。因此，在当今的许多教育体系中，对儿童进行大规模、高利害的标准化测验所获得的数据已成为衡量成绩的唯一标准。过度和不适当地使用标准化测验增加了准备这些测验的时间，让学校和教师之间产生了适得其反的竞争，课程范围缩小，学校的教与学脱节。所有这些后果加在一起，严重阻碍了玩耍在学校中的开展。"不测验的就是不重要的"，换言之，不参与测验学生的则不用教。

　　标准化测验在许多国家仍然是一个极具争议的话题。支持者声称，标准化的测量是最好的——对许多人来说也是唯一的方法——客观地确定孩子们是否在学校学到他们应该学习的东西。反对者则认为，标准化测验只部分地反映了学生在学校里学习的内容，浪费了大量的时间和金钱，只注重衡量常规知识和记忆力，而不是更深层次的理解。最糟糕的是，它扭曲和腐蚀了整个教育体系，却收效甚微。

关于标准化测验的争论，主要在于如何处理这些测验生成的数据。政策制定者和政界人士被这些数据所吸引，因为他们相信这是控制公共教育体系绩效的有效途径。

滥用标准化测验可能对儿童及其学习产生负面影响。最常见的消极影响包括：学生成绩压力大，为了测验而进行教学，缩小课程范围，增加腐败的可能性。没有强有力的证据支持这样一种说法：使用普遍的高利害（意味着它们与潜在的严厉惩罚和奖赏有关），标准化测验与提高学习成绩，学生幸福感或整体教育质量呈正相关。自 20 世纪90 年代，标准化测验文化风靡美国学校体系以来，美国学者在广泛的教育研究基础上得出了类似的结论。

就像世界上许多地方的情况一样，当测验的利害性越来越高，那些通过测验来衡量的学术科目被重视的程度也越来越高。对成功的痴迷和对失败的逃避成为教育的代名词，意味着留给玩耍的时间和空间所剩无几。

问题 2：一刀切的教学

许多国家的共同教育目标是"让学生为全球经济做好准备"。这导致政府规定课程的采用，这些课程被认为是"与全球标准保持一致"的；高度脚本化和僵化的教学方法直接与标准化测试数据生成挂钩，并用于官僚审查和分析。这种将教学标准化为"一刀切"的趋势，一路深入到学前教育阶段，正在逐渐显现出来，而其中一个净效应就是学校中玩耍的消失。

全球化在许多方面影响了教育。一个主要的趋势是，国际学术评估，如经济合作与发展组织（OECD）的 PISA 测试，被世界上越来越多的国家用作衡量教育质量的主要指标。这些全球测试为管理者和教育领导者提供教育政策和改革的指导。它们还被用作全球衡量标准，以应对教育体系之间日益激烈的竞争——旨在成为世界上最好的教育体系。随着各国调整自己的政策和实践，使之接近全球考试"计分卡"中的佼佼者，各国学校所教授的学科层次结构正趋于一致。排在最前面的是语言艺术和数学，然后是自然科学和技术，排在最后的是社会科学、艺术、音乐和体育活动。在那些旨在提供"世界一流教育"的教育政策中，玩耍甚至鲜少被提及。

标准化（使用标准化的学生评估，将学校的分数与地区或全国分数，还有与其他学校的分数进行比较）已成为解决问题的普遍方法。当政府官员以教育的经济效益为目标时，他们认为按照类似惯例和程序安排授课方案，会使教学和监督成本降低——这在汽车制造等工业生产中当然是正确的。

在儿童教育方面，详细的国家性课程规划、教师证明手册和指导方针以及控制结果的标准化评估，正在成为世界各地教育体系的共同要素。在美国，许多教师被要求根据预先确定的"剧本"进行教学，以保证学校教育的"产品"尽可能相似；在一些被西方营利性教育公司用作大规模社会实验基地的非洲国家，低成本的私立学校承诺，通过任何人都可以提供的基于平板电脑的课程计划实现高质量的学习——据说这样并不需要训练有素的合格教师。标准化，顾名思义，是一种不利于在学校中进行冒险、培养创造力和创新能力。更讽刺的是，即使是在高度标准化的行业，如今天的汽车行业，也正在根据客户的需求进行定制。但是，儿童教育却朝着过时的工业实践方向倒退。

过度的标准化，限制了学校和课堂做一些对孩子真正有意义的事情的自由性和灵活性，如尝试新的想法或通过玩耍学习。阻止教师进行实验，减少替代方法的使用。限制学校和课堂承担一定的风险。这样做的结果是，学校的教学越规范，老师和孩子们就越不愿意冒险、创造性地思考和通过玩耍来学习。

问题 3：狭隘的课程设置和学习观念

学习上的科学性，改变了我们对孩子学习方式的理解。三十年的系统研究表明，高效的学习往往是建设性的、有累积和情境的、合作的、自我调节的和以目标为导向的。这些学习特征也出现在当代许多学习理论中。注重提高公共教育系统效率和问责制的标准化运动，在很大程度上忽视了这些研究结果，转而接受了机械式或工具化的学习观。这种学习观通常意味着信息的线性传递、知识的孤立及其外显动机的同化。所有的这些后果加在一起，严重阻碍了学校内真正的学习和玩耍。

在美国和其他国家，由 CERM 推动的学校改革造成的最严重的负面后果，可能就是使人们坚信孩子需要花更多的时间在学业指导、完成指定任务和家庭作业上。许多州和地区减少或取消了学校课表上的课间休息，越来越多的学校要求孩子们在晚间也要学习数小时，但几乎没有证据表明，这些坚持和做法真的有利于儿童的学习和健康。

问题 4：通过妖魔化失败来寻求成功

所谓的"试错"策略是工程、创新、研究、科学、艺术和现实生活的基本组成部分。这也是我们所有人在很小的时候就拥有的一种天赋技能。

但在许多地方，孩子一上学，甚至刚开始接受学前教育，就会学习（或者说接受灌输）如何避免失败，如何追求成功。失败被妖魔化了。孩子们很早就课堂上或通过标准化测验意识到，失败是最糟糕的事情之一。这就产生了这样一种感觉，失败和成功是连续体的极端对立：你离失败越远，你离成功就越近。然而，在现实生活中，失败往往先于或伴随着成功。换句话说，失败和成功是紧密相连的，而不是对立的。在高利害标准化测验的推动下，现在很多学校的文化更倾向于安全和"注重结果"的教学实践，这种实践妖魔化了试错，贬低了新的学习方式或解决问题的方法。上述这些都在为阻碍儿童教育中的玩耍推波助澜。

学龄儿童应该学会如何失败，如何犯错，以及如何"很好地失败"——如何把失败和错误转化为学习的机会。在现实生活中，在家里，在工作场所，敢于失败并从失败中吸取教训是一种宝贵的财富。成功往往是"好的失败"的结果，而"好的失败"则成为学习经验、尝试和成功的基石。

综上所述，GERM推动的教学标准化趋势，为确认这些标准是否已经达成而频繁进行的标准化测验、狭隘的学习观念和对失败的妖魔化共同阻挠了玩耍在学校中的开展（见图4和表1）。

图4.是什么阻挠了学校中的玩耍？

资料来源：作者

表 1. 是什么阻挡了学校中的玩要？

	我们都知道什么？	我们是如何知道的？	这对玩要有何影响？	解决办法
高利害标准化测验的误用和滥用	不恰当地使用标准化测验会增加同应试教学之间的竞争，导致课程范围的缩小、学校教学与学的脱节。	研究表明，如果孩子们花更多的时间准备和参加标准化测验，那么前期准备和测验本身的费用也增加。	许多学校已经削减或直接取消了课间休息，以便增加应试科目的授课时间。因此，点用于音乐、艺术和玩要的时间减少了。	让老师负责对每个学生进行单独测验，用抽样测验取代一测验的高利害，不必要的高利害，标准化统一测验，以监整体趋势和质量。让孩子们玩要吧。
教学标准化	教学标准化提供了外部设计的"脚本"，决定了教学的内容和方法。与小组学习相比，它独立于学业相比，对全班进行直接教学。	有证据表明，直接教学已经逐步成为主流，也就是将重点放在识字和算术上，并减少了由儿童自主发起的活动。	标准化的运用限制了教师和学校教学的自由度和灵活性。学生缺乏机会去做个性化和有意义的事情，如尝试新的想法、包造性地解决问题以及在玩要中学习。	给孩子学业专业化的灵活性和创新自由。比起过度的紧迫感，压力和恐惧，要通过温暖、鼓励和专业精神来教育孩子。让孩子们玩要吧。
学习范围狭隘	我们知道儿童学习的基本原则，然而对于世界各地的教师如何在学校教学，我们并不太了解。	与以往相比，教师在应试能上投入了更多的时间，更经常地按照严格本章科的单一课程计划进行教学，而日学生在校的空闲时间也有所减少。	如果我们想让所有的孩子有更多的时间在校内外玩要，有一个办法，就是要确保学校内的教学方式是根据孩子们如何学习而制定的。狭隘的学习观念会导致过度的直接教学和玩要边缘化。	给孩子们提供丰富的课程，包括艺术、科学、数学、语言、实践活动、公民学、生活技能和体育活动……让孩子们玩要吧。
通过妖魔化失败来寻求成功	过分依赖没有经历过失败的成功，会导致孩子不去尝试以不同的方法解决问题，并通过自己去做试着进行学习。	来自世界各地学校体系的证据表明，学校教学的主要目的是让学生只为那些"重要"的考试做准备，从中找到正确答案。	为了在测验和考试中取得成功，备考和练习占用了更多用于玩要的时间。关于玩要在学习成长中的作用的错误观念也阻碍了玩要式学习的开展。	我们不仅要教会孩子如何成功，也要教会他们如何尝试、创新、提问和从失败中学习，这是通往成功的道路。所以，让孩子们玩要吧。

学校是如何变成玩耍缺失的压力工厂的，以及这对我们的孩子造成的伤害

不久前，美国的幼儿园还是充满欢声笑语、玩耍和发现的地方，老师们通过对话、游戏、歌曲和对儿童友好的集体活动，温柔地迎接年幼的孩子们进入教育的世界，这为之后正式的小学学习奠定了基础。

今天，许多幼儿园已经变成了孩子们的压力工厂。根据早期儿童教育学家埃里卡·克里斯塔基斯的说法，如果你窥视当今美国普通的幼儿园教室，你很可能会看到"到处都贴着字母表、条形图、文字墙、教学海报、课堂规则、日程表和老掉牙的励志标语——4岁的孩子很难'解读（decode）'，这个词如今的意思等同于我们熟悉的'阅读'"。她写道，在过去的20年里，学生每天的大部分时间都在进行"静坐学习"和管理严格的脚本化"直接教学"，这种教学方法过去主要用于高年级。

莱斯利大学儿童发展专家和教育学荣誉教授南希·卡尔松-佩吉是研究性学习方法的主要倡导者（同时也是演员马特·达蒙的母亲）。不久前，她拜访了迈阿密北部一个低收入社区的幼儿园和学前班。她发现那对孩子来说完全是一场"乌托邦式"的噩梦。

"有10间教室，"她描述道，"这个项目的经费取决于测验成绩，所以毫不奇怪，老师们上课就是为了测验。有人告诉那些分数低的孩子，他们得在阅读和数学方面多加努力才行，艺术课就不用上了。他们用电脑程序教四五岁的孩子如何"填写答题卡"（将答案填入测验中答题用的空白格）。一位老师向我抱怨道：有些孩子都把答案写到框外了。"

卡尔松-佩吉教授参观过一所幼儿园，教室的墙上是空荡荡的。黑板上写着奥威尔式的命令："不许讲话。坐在你的座位上。手放在自己身上。"班上那些看起来惊慌失措的孩子正在桌上抄写着什么。一个小男孩坐在一旁，啜泣着。在房间的一边，一名正在电脑前对一个男孩进行测验的老师喊道："安静！不许说话！"卡尔松-佩吉说，她永远忘不了看到孩子们在这样一个"与他们的需求严重不匹配"的环境中"受罪"时的感觉，她解释说："像这样的低收入、资源不足的社

区，孩子们最容易在老师的管教下接受大量的训练和测验。"卡尔松-佩吉补充道："许多智力正常的孩子直到 7 岁才被允许自己看书。当我们要求所有孩子同时学习同样的技能时，就忽略了幼儿教育的一个基本概念——幼儿时期的学习进度可能差别非常大，但这都是正常的。"例如：在学习走路的问题上，一个孩子可能在 9 个月大时就掌握了，而另一个孩子可能在 14 个月大时才掌握，但是大多数孩子最后都走得一样好。

根据 2016 年由弗吉尼亚大学教育和公共政策学助理教授达夫纳·巴索克合著的题为《幼儿园是新时代的小学一年级吗？》的研究报告指出：在 1998 年到 2010 年的几年中，希望孩子们在年底前学会阅读的幼儿教师比例从 31% 上升到了 80%，这一转变可能因为政策制定者和家长双方的压力。与此同时，幼儿园课程范围缩小，玩耍也被稳步淘汰。

"在这段时间里，"巴索克指出，"我们研究的每方面，几乎都发生了重大转变：更加注重学术，尤其是更加注重教授读写能力；在读写方面，又着重教授比以前更高阶的技能。"巴索克和她的同事发现，虽然在美国幼儿园的课堂上，花在读写上的时间增加了，但花在艺术、音乐和儿童自主活动（如课间）上的时间却显著减少。教师主导的教学也有所增加，这就揭示了巴索克所说的"教学评估大幅度增加"这一研究。

研究人员对 12 年来幼儿园做出的巨大变化感到惊讶："我们的研究结果显示，总体上，在 90 年代后期，幼儿园的课程结构和侧重点越来越类似于典型的小学一年级，但一年级的课程也已经从艺术、音乐和科学教学转移，并且更加重视评估。最后，我们的研究结果表明，尽管幼儿园的变化无处不在，但在低收入和非白人儿童所占比例较高的学校中，这种变化尤为明显。"

研究报告称：这些变化对儿童学习的影响尚不明确，因为一些专家认为这些变化有助于缩小成绩差距，而另一些专家则认为这些变化"可能有害"。

根据一项广泛使用的、基于从幼儿园到十二年级的美国学生样本的"创造力测试"——托伦斯创造性思维测试，在经历了几十年的玩要匮乏，当然，还有教育和社会的其他重大转变后，美国儿童的创造力下降趋势惊人。

2011 年，威廉玛丽学院创意与创新教授金敬熙发表了她对 30 万儿童和成人的托伦斯分数的评估报告，指出从 20 世纪 80 年代开始，此前一直不断上升的创意分数开始稳步下降，这一趋势在幼儿园到六年级的儿童中尤为突出。金在 2011 年 11 月发表在《创造力研究期刊》上的文章《创造力危机》中写道："孩子们变得越来越缺乏情绪表达能力和活力，他们不健谈，语言表达能力下降，缺乏幽默感和想象力、对新奇事物的尝试，以及活力和激情，而且他们的洞察力不足，不太容易把看似不相关的事物联系起来，还缺乏总结概括的能力，也不太擅长从不同的角度看问题。"

鉴于许多研究人员强调创造力和创新是 21 世纪的关键技能，儿童和青年的创造力的下降显得令人震惊的研究结果。世界各地的雇主都在寻找能够创造性地思考并与他人一起提出新想法的人。许多创造力专家认为："我们不能传授创造力本身，但我们可以创造条件，让孩子养成创造性思维和行动所必需的思维习惯和技能；玩耍是一种自然而有效的方法。"

现在，孩子们承受的学业压力之大，可能会让一些家长感到震惊。

莱斯利·麦金农，一位来自波士顿的母亲。她有两个在公立学校上学的孩子。在谈到正上幼儿园的 5 岁儿子时，她说到："他太累了。今年是他过得最糟糕的一年。他每天晚上都背着一个装满作业的大书包回家。不是我逼他这么做的。我觉得这只会增加他在学校的纪律问题。他才 5 岁，正是该到处走动、做美术手工和玩积木的年纪。"另一位波士顿地区的家长，詹妮弗·德宾也看到了类似的学业压力正在她儿子的幼儿园班级上演。"在旁听的过程中，我被吓到了。任务表和时间表无处不在，而且都是由老师主导的。"德宾在作为家长志愿者参加完旁听后表示，"在一个本该让孩子们为第一次踏入校园而兴奋的地方，几乎看不到学习的乐趣、欢声笑语，还有你所期待的喧哗和嬉戏。"

2012 年至 2014 年，加利福尼亚州斯托克顿的林肯联合学区启动了一项不同寻常的幼儿园实验。这个大型多种族学区的政府人员，决定将玩耍作为课程的核心组成部分，在上午和下午各增加一小时由儿童主导的开放式"自由玩耍"。也就是说，幼儿园没有变成小学一二年级模式，相反，他们正着手让幼儿园回到延续了几十年的正轨上，像世界上大部分地方那样，为孩子打好正确的玩耍式学习基础。

2013 至 2014 学年，该学区 71.4% 的学生都有资格享受免费以及降价后的午餐，49% 的学生在家中使用英语以外的语言。该学区所在的城市是加州乃至全国暴力现象最严重的城区之一，许多学生亲眼目睹过他们社区的暴力事件。老师们曾说，玩耍干预的实验结果令人印象深刻。孩子们在实验中表现得更好。他们表现出更好的"自我调节"能力，而这种能力被认为是预测未来学术成就的关键因素。他们的学术水平和社会情感发展水平都得到了提升。但在 2014 年，针对该地区的资助重点发生了变化，这项实验也随之停止。

那时，玩耍已经绝迹于许多美国公立学校的课堂。这一变化，在低收入家庭和有色人种儿童的所在地区尤为突出。实际上，美国进行了一场不受控制的大规模玩耍剥夺实验，影响了数千万儿童。

尽管关联性并不能保证因果关系，但一些专家认为，在过去的几十年中，玩耍的急剧减少可能是导致年轻人出现多种心理健康问题的因素之一，除此之外还有社交孤立和经济压力等其他因素。波士顿学院研究教授、心理学家，著名游戏研究者和倡导者彼得·格雷指出："在过去的半个世纪，美国和其他发达国家儿童的自由玩耍急剧减少。在同一时期，儿童、青少年和年轻人的焦虑、抑郁、自杀、无助感和自恋急剧增加。"

例如：自 20 世纪 50 年代以来，美国 15 岁以下儿童的自杀率翻了两番；如今，被诊断为广泛性焦虑症和严重抑郁症的儿童比率则高出 5 至 8 倍。

据儿童联盟的一份报告称：截至 2009 年，越来越多的研究表明，幼儿园儿童压力过大容易引发行为问题，包括无法控制的愤怒和攻击性，他们甚至有可能因此被开除学籍，这一问题在男童身上尤为严重。根据最近对各大学咨询中心的一项全国性调查，94% 的咨询主任说他们看到越来越多的学生有严重的心理障碍。

2008 年至 2015 年几年间，因想过或尝试过自杀而前往儿童医院和急诊室寻求救助的 5 至 17 岁的儿童和青少年人数几乎翻了一番。一项备受瞩目的研究显示，多年间，医院访问量总在春季中期和秋季中期达到顶峰，在夏季跌至最低。田纳西州纳什维尔市范德堡大学的儿科医生格雷戈里·普莱蒙斯告诉美国国家公共广播电台："我们知道这和学校的学期安排有关系，但事实上，看到这种联系是令人惊讶的。"格伦奥克斯祖克山医院儿童和青少年精神病学副主任罗伯特·迪克博士表示："这确实说明了来自学校的压力之重。"他补充说，"孩子们似乎还面临着更大的学业压力。"

圣路易斯大学医学院教授、儿科医生斯图尔特·斯莱文对此表示赞同："我个人的感觉是，我们正在对整整一代美国儿童进行一次史无前例的大规模社会实验，大量证据表明这对青少年心理健康产生了负面影响。""正如维姬·阿贝莱斯在《不可估量》一书中所引述的那样，青少年时期的心理健康问题，更容易导致成年后的心理健康问题，这种情况尤其令人不安；当完全没有证据表明这种教育方法实际上会带来更好的教育结果时，就更加令人不安了"。

你可能会想：是什么原因导致人们普遍执迷于将幼儿教育过度学术化，从而减少了孩子们在学校和家里玩耍的时间呢？其实，一个显而易见的原因是：越来越多的人认为，提前开始正式的学术学习，会在学校里获得更好的成绩，成年后就会获得更高收入的工作。但是，尽管许多政策制定者和家长对此深信不疑，但几乎没有令人信服的证据来支持这一理论。

你或许不相信，一个新的全球性测验竞赛，将在全球面向 5 岁儿童开展。经济合作与发展组织（OECD）提出了一个新的全球测试工具，该工具将统计了 5 岁儿童在读写和计算方面取得进步的数据。国际早期学习和儿童福利研究（IELS）是一项试点测验，可以通俗地称为"婴儿版 PISA"。经济合作与发展组织声称，"婴儿版 PISA"将"通过包括认知和社会情感发展在内的广泛领域，提供关于儿童早期学习的可靠实证数据"。同时，它创建了另一个标准化全球学习指标，最终将根据 5 岁儿童为小学阅读和数学方面的准备程度，对各国数据进行排名。

"婴儿版 PISA"可能会加速国际教育"竞赛"，各国之间就更早期的教育进行比拼，争取更高的考试分数。随着赌注越来越大，正如"原版"PISA 对 15 岁儿童进行测验那样，这项运动开始了新一轮的读写和数学超龄辅导，并且剥夺了孩子的玩耍机会。这将影响到全世界数以千万计的儿童。国际儿童教育协会虽然乐于接纳更多的比较研究，以了解儿童发展和学习的重要性，但仍对国际早期学习和儿童福利研究有所担心："幼儿早期教育学者和从业者最关心的是，各国对幼儿的标准化评估将如何考虑其文化和历史背景。"这对儿童的影响可能是灾难性的：幼儿教育可能缩减到可衡量的范围——读写和计算能力。当政府迫使家长让孩子在更小的时候开始接受教育，用不适合孩子年龄的家庭作业、读写和算术练习取代玩耍时，更多的玩耍将从孩子们的学校和家庭生活中消失。

一项备受争议的理论称，标准化测验和学校压力的增加，与玩耍剥夺的流行同步发生，甚至可能引发注意力缺陷和多动障碍（ADHD）诊断的增加，这是一种儿童过度活跃、难以集中注意力和控制行为的状态。

近年来，注意力缺陷和多动障碍诊断和用药儿童数量急剧上升，这可能是由于人们重视程度的加强和疾病检测水平的提高。但问题是，是否可能由于儿童学业压力过大和玩耍缺失引发的过度诊断呢？令人震惊的是，现在已有 600 万美国学生被贴上了注意力缺陷和多动障碍的标签，约占所有儿童总数的 15%，。其中男孩群体中的患病数量达到 20%。"我们几乎可以肯定，被误诊为注意力缺陷和多动障碍的儿童数量，超过了那些有普通临床问题的儿童。这让该症状变得混乱，以至于没有人完全知道它是怎么回事儿。"针对该问题撰写重要调查报告的《纽约时报》记者阿兰·施瓦兹说。

加州大学伯克利分校心理学教授、《心理学公报》编辑斯蒂芬·辛肖研究了 2001 年颁布的《不让任何一个孩子掉队法案》的影响。该法案奖励那些在标准化测验中得分较高的州。他发现，患有注意力缺陷和多动障碍的孩子通常需要花更多的时间完成测验。在一些学校，这些孩子的分数不被计算在总平均分之内。"也就是说，"辛肖说，"被诊断为注意力缺陷和多动障碍的孩子，不会降低学区总成绩排名。"而这一过程可能会导致对注意力缺陷和多动障碍儿童的过度诊断。

2003 至 2007 年间,一项针对《不让任何一个孩子掉队法案》早期实施阶段的研究显示,8 至 13 岁儿童的注意力缺陷和多动障碍诊断率从 10% 跃升至 15.3%,仅 4 年就跃升了 53%。到了 2011 年,20%的高中男生被诊断出患有这种疾病。2015 年发表在《精神病学服务》学术期刊上的一项研究发现,在《不让任何一个孩子掉队法案》问世后的几年里,将奖惩与标准化测验分数挂钩的州内,来自低收入家庭的小学和初中生的注意力缺陷和多动障碍诊断率上升尤其明显。研究人员总结说,这些测验"为教师解决和推荐有学习困难的儿童接受注意力缺陷和多动障碍治疗提供了激励"。

杜克大学医学院名誉教授、前精神科主席艾伦·弗朗西斯博士认为:注意力缺陷和多动障碍是一个真正值得关注的问题,但由于过度诊断过多,其本身的定义"在应用过程中被淡化了很多,以至于现在它包含了许多成长发育各异,或不成熟的孩子"。他说:"这是一种叫作'童年'的疾病。"

2010 年发表于《健康经济学期刊》的一篇文章中,一组研究人员分析了几个主要的健康问题和治疗数据库后发现,年龄比同班同学大的幼儿园学生,与在(幼儿园接收年龄)截止日期前出生的类似儿童相比,注意力缺陷和多动障碍的诊断和治疗发生率显著降低。从而,研究人员推断出,由于注意力缺陷和多动障碍是一种生理状态,其发病率在一个出生日期到下一个出生日期之间不应该有如此大的变化。他们的发现表明,一个孩子在班级中的相对年龄及年龄差异导致的行为差异,直接影响到这个孩子被诊断为注意力缺陷和多动障碍,并接受治疗的概率。换句话说,一些注意力缺陷和多动障碍的错误诊断可能是由孩子对不适当的学习压力的自然反应所引起的。

正如行为神经学家贾克·潘克塞普颇有争议性的推测:"尽管少数儿童存在更严重的问题,但大多数被诊断为注意力缺陷和多动障碍的儿童并没有临床相关的脑部疾病。当他们玩耍的欲望受到阻碍时,许多人只是出现了社会服从行为方面的问题。"潘克塞普写道,"对于幼儿园高年级的学生来说,至少每天的第一堂课应该是休息时间。利用那段休息时间,鼓励他们进行愉快的体育活动和积极的社交。"他解释说,我们身处的后现代社会已经从孩子那里偷走了自然的玩耍,取而代之的常常是在严格控制下进行的活动，和减少孩子们玩耍欲望的药物。临床前的证据表明，如果我们能以崭新的创造性的方式，让玩耍重新为学龄前儿童的教育注入能量，那么我们就可能大幅扭转注意力缺陷和多动障碍的蔓延速度。2003 年发表在《学校心理学季刊》上的一项研究进一步支持了这一理论，该研究发现，"在参与者没有休息的日子里，不适当行为的水平一直较高"，而课间休息"可能会通过改善课堂行为或提高学术投入时间来潜在地促进学业成就"。

我们中的一人曾亲眼目睹注意力缺陷和多动障碍是多么常见，多么容易被误判。当时，帕西正带着妻子还有两岁的儿子参加新英格兰的一个教育会议。那是一个爽朗的八月早晨，帕西参加会议时，他的妻子和儿子与一位协助帕西的美国心理学家和教育专家散步。午饭时，她小心翼翼地走近帕西，她表情严肃地问："你知道你儿子可能患有注意力缺陷和多动障碍吗？"

帕西被她问得一愣，紧接着追问她在说什么。

她解释说，整个上午，她都注意到他儿子站不住或坐不下来。她描述道："他疯狂地到处乱跑，根本不专注于任何一件事。"

"但他只是个两岁的孩子啊，"帕西想，"他就该是这样的！"

"如果他是我的儿子，"心理学家说，"我会马上带他去看医生，看看是否有注意力缺陷和多动障碍的早期症状。"

"在芬兰的时候，他也有注意力缺陷和多动障碍，"帕西说，"但我们通常有不同的叫法。"

"你们叫什么？"心理学家问。

"我们称之为'童年'，"帕西说，"当孩子们 18 岁左右时，这种症状就消失了，尽管对一些人来说，这种症状会持续更长时间。"

如果诊断正确，注意力缺陷和多动障碍是一个严重的问题，需要专业的医疗干预。但根据哈佛医学院 2017 年的一份报告显示：注意力缺陷和多动障碍被过度诊断了。作者指出：相关专家估计，5% 是实际患有注意力缺陷和多动障碍儿童的数量上限。但在美国许多地区，多达 33% 的白人男孩被诊断为患有注意力缺陷和多动障碍。据几个州的统计，截止到 2011 年，有超过 13% 的男孩和女孩都被诊断为患有这种疾病。

我们有理由提出这样的问题：在某些确诊病例中，是否有孩子承受了过早和过度的学习压力？他们的学校是否缺乏足够的玩耍、课间休息和体育活动？这是否可能导致注意力缺陷和多动障碍的误诊？如果美国儿童玩得更多，我们相信他们很有可能比现在少一些焦虑和注意力方面的缺陷。

在美国各地，许多天资过人、经验丰富的幼儿教师，在经历过学术浪潮的洗礼、过早施加于孩子身上的学术压力、频繁的标准化测验和游戏匮乏之后，绝望地放弃了挣扎。"他们正在离开这个行业，"耶鲁大学儿童研究中心的卡拉·霍维茨博士说，"因为他们再也不能确保孩子们以最广泛、最深入的方式学习和成长。"

2015 年发表在《玩耍期刊》上的一篇关于教师在线讨论会的评论中，一位教师将部分原因归结于家长的错误期望。"为了招生，很多幼儿园都在大肆炒作自己的学术水平，给父母提供错误的信息。当孩子进入幼儿园时，家长们看到有专门的厨房区域就会很困惑。"老师总结道，"家长们认为如果孩子不用纸和笔做作业，他们就不会学习。"

令人遗憾的是，一些教师和校长正采取这种"推倒式"策略，对年幼的孩子施加越来越多的学术要求和压力，越来越多的人期望四五岁的孩子在进入幼儿园时已经具备学术、社交和自我调节能力。在政治家和决策者要求提高标准化测验分数的压力下，许多幼儿园教师和管理者放弃了让孩子们玩耍。那些没有接受过幼儿教育培训的校长，也给教学施加了压力，教师往往感到无力反击。一位老师感叹道："通常那些最有能力影响你教学的人，根本不知道什么是恰当的最佳实践。"

校长有时也是问题之一。用一位幼儿园老师的话说，一位美国校长看到幼儿园的家政中心和不同活动区设置时"感到震惊"。幼儿园老师表示："我遇到了麻烦，因为我在开学第六天，就要完成强制性的个人测验，为此不得不让孩子们用 20 分钟来算数。"老师感叹道："我觉得我班里的孩子没有时间进行社会性发展，我当然也一点都不了解他们。我班上有测验成绩不及格的孩子，但他们没有错。要求所有的孩子在 5 岁的时候掌握读写是不现实的，告诉学生及其家长他们的不及格是因为他们能力不足，这是不公平的。"

有些老师甚至因为允许孩子在学校玩耍而受到惩罚。2015年《玩耍期刊》上的一篇文章，描述了教师们因允许孩子在课堂上玩耍而受到管理者处罚的事情。那天，一所学校的一群孩子围坐在地板上唱着《戴尔的农夫》，一名校监走过来说："你们得停下来，别唱了，要开始上课了，对吧？"据报道，老师们接到"教育系统"的命令，要求取消课堂上的自由玩耍，因为"所有的玩耍活动背后都需要有一个明确的目的"。

这些在幕后指点的人，显然不知道在学校玩能带来的广泛好处，包括创造力、自我调节能力、协作能力、识字能力和交流能力——这只是其中几个例子。剑桥大学心理学家戴维·怀特布雷德教授数十年来一直在研究这一课题，他指出："玩耍通常被认为是不会带来任何成就的不成熟行为。但这对孩子的发展至关重要。"正如怀特布雷德所说，孩子们需要学会持之以恒，控制自己的注意力和情绪，他们通过玩耍来学习这些东西。

课堂上的老师反应道："一些小学校长没有儿童早期教育背景，而是中学或高中教学背景，甚至根本没有教学经验，因此他们可能对儿童，特别是低龄儿童的学习方式，几乎没有甚至根本没有真正的了解。"一位校长对一位老师直言不讳地说："孩子们不能在幼儿园里画画和玩耍。"另一位老师震惊而极度沮丧地发现，她整个以玩耍为主导的幼儿教学用品，已经在校长的命令下被扔进了垃圾桶。

甚至连孩子们的零食时间也遭遇了"入侵"。一位老师透露："这些活动至少需要10分钟，而我们新的数学课程每天占70分钟，根本没有时间做这些和'玩耍'相关的事。"另一位老师坦言，她担心零食时间会影响自己的工作评估，她说："他们来评估我的工作时，会认为这是不必要的，而且会占用我的教学时间。"老师们感叹道："没有更多的时间来做展示和讲解，没有时间去休假，没有时间开展特别的手工作品项目，也没有足够的时间来进行日常的音乐活动和运动。没有时间做的事情太多了。"另一位老师写道："我们甚至再也没有家政区域和其他活动区了。因为我们根本没时间做那些事！"在康涅狄格州，一位有着三十多年教学经验的老师感叹道："所有的教学都在向越来越小的孩子开展。看到他们给年轻学生施加的压力，真是令人害怕。"

2014年，苏珊·斯鲁伊特，一位有25年以上工作经验的教师，辞去了在马萨诸塞州剑桥公立学校学前教育和幼儿园的教师工作，并公开发表了辞职信。在这封信和其他公开声明中，斯鲁伊特描述了一个令人不安的"测验、数据收集、竞争和惩罚"的时代，这个时代正以一连串的，带有小学一二年级味道的新的学术要求，冲击着幼儿园的学生，而且这些要求并不像是幼儿园和学前教育阶段的要求。她总结说，这些不适当和不事先告知的压力，对她班上4至6岁的幼童产生了影响，导致孩子们经常出现极端行为，包括"发脾气、爆粗口、扔东西、乱动、自残、陷入悲伤和无精打采"。斯鲁伊特回忆了很久之前——她职业生涯早期的一段时光。那时候，实践活动、探索发现、快乐氛围和对学习的热爱是幼儿课堂的特点，她解释道："当成年人迫使孩子在学习阅读和写作的过程中忙得焦头烂额，过早地增加额外的挑战和压力时，许多孩子开始感到无能和沮丧。他们不明白，并且觉得自己很蠢。于是，快乐便消失了。"

在美国，标准化测验的过度使用确实让我们的孩子生病了。马萨诸塞州朗梅多市的一名在小学工作的护士凯西·范尼尼表示，在这个令人生厌的春季考试季，"我的办公室每天都挤满了头痛和胃痛的孩子"。她说，这次考试"大大增加了他们的焦虑程度"。2013年，纽约一些重点学校的校长给家长们写了一封公开信，他们表示对学生压力的激增感到非常震惊："我们知道，很多孩子在测验期间或之后会哭，还有一些孩子会呕吐，甚至失去了对肠胃或膀胱的控制。其他人干脆放弃了。一位老师反映说，有一名学生一直把头撞往桌子上撞，他的试题册上写着'这太难了'，'我做不到'。"

到2007年，美国标准化测验狂热的噩梦已经达到了这样的程度——俄亥俄州为8岁和9岁的三年级学生提供了官方指导，要求他们接受强制性的标准化阅读测验："如果一个学生生病了，吐在自己的试题册上，但能够继续进行测验，那么应该给她或他提供一套全新的试题册，以便她或他能继续测验。之后，学生的答案和个人信息必须转录到新的试题册中，这将是要评分的测验副本。弄脏的手册应放在一个拉链袋中，并连同未使用的材料返给学校测试协调员（STC）。请提醒协调员注意这种情况，以便她或他能将其记录在学区/学校的安全检查表上。"换句话说，不惜一切代价保护的珍贵物品，不是不得不忍受痛苦的生病的孩子，而是测验数据。官方指导中没有提到对受挫儿童的医疗或情感帮助。

在佛罗里达州，一个9岁的男孩以一分之差未能通过该州的综合评估测验，之后又未能通过复测。他的母亲反映说孩子"完全崩溃了"。当她注意到男孩的房间突然一片寂静时，她跑到大厅，用力敲他的门，但没有得到回应。她讲述了接下来发生的事情："我把门推开了。那是我最爱的儿子，9岁的他脸上有点儿雀斑，脖子上挂着一条腰带，另一头系在床铺的柱子上。他眼神呆滞，嘴唇发青，面无表情。我不知道自己是怎么有力气把他拽起来，又把皮带取下来的，但我确实做到了，然后倒在地上，尽可能地把他抱在靠近我心脏的位置。"除了标准化测验和学校压力，还有很多原因可能导致自杀，但我们的高压学术文化正在给年轻的孩子们施加越来越大的压力，有时甚至达到了让孩子难以承受的程度。

2010年，来自密尔沃基的凯利·麦克马洪老师反馈说，她的幼儿园学生接受了至少100种不同的州政府制定的评估，这种超负荷的测验把她的学校和许多其他学校推向了"数据浸入痴迷"的地步。她感叹老师们几乎没有宝贵的时间去激发孩子们对自然世界的好奇心，或开发他们的艺术天分，或激发他们对学习的热爱，或传授一些关键的生活技能，如和他人和睦相处的能力。麦克马洪说："许多情况下，玩耍被学校剔除了，因为只有这样才能腾出空间为更多的测验做准备。其实如果我们还在意孩子的健康成长，就会知道这恰恰是错误的做法。"

低收入家庭的孩子尤其体会到了这种影响。"较贫穷的孩子更有可能参加公共资助的教学项目，但他们所接受的教育从长期发展来看，是更不合适的。"倡导组织"捍卫童年"2013年的报告称：他们很少有时间去探索、玩耍和积极学习，而是把更多的时间花在直接教学和不适当的测验上。简单地说，正是我们最贫穷的孩子、那些参加公共资助项目的孩子，接受的早期教育最不充分。相比之下，上私立幼儿园的孩子，往往更能享以玩耍为基础的学习。

在美国各地，越来越多的教师、早期教育者和家长意识到，我们教育孩子的方式存在着严重的谬误。例如：非裔美国人受贫困的影响尤为严重，在美国公立学校系统和社会中，黑人男孩和女孩的比例似乎过高。美国教育部民权办公室的数据显示，每年有超过 8000 名 4 至 5 岁的黑人被停学。黑人儿童占学龄前儿童入学人数的 18%，但 48% 的学龄前儿童受到过不止一次校外停学的处罚。小学到高中阶段的黑人学生被停学一次及以上的概率，是白人学生的近四倍。这使他们面临着更大的风险，可能会导致他们成绩下降、犯罪、辍学、进入少管所或走上更严重的犯罪道路。

为了提高少数族裔和极端贫困学生的学业成绩，一些美国慈善家，与前总统乔治·W.布什总统和巴拉克·奥巴马等政治家，一同推动了一些招致批评的政策。批评人士谴责这些做法是严厉且带有惩罚性的，而且适得其反——就像"没有借口"的新兵训练营式学校，有着严苛的纪律，为高压的标准化测验做着无休止的准备，进行长时间的练习，很少或根本没有时间休息。这些政策通过"提高标准"，旨在缓解黑人和白人之间的成绩差距，进而提高美国的国际测验成绩。但是，在布什、奥巴马、特朗普政府及其盟友在此类政策上进行了近 15 年的不懈努力之后，美国的国内和国际测验成绩基本保持平稳，成绩差距几乎没有改善。

换言之，在公立学校里度过的童年，是充斥着过度测验、压力过大和玩耍缺失的黑暗时代，最具讽刺意味的是，没有任何证据表明这种方法起了作用，即使是以其拥护者推崇的狭隘标准——标准化测验分数——来衡量，也是如此。

到 2011 年，也就是《不让任何一个孩子掉队法案》及其后继的《力争上游》出台大约 8 年之后，这些联邦计划对通用标准化测验和数据收集的依赖大幅提升。受国会委托，美国国家科学院的一个委员会对美国"基于测验的问责制度"进行评估，得出的结论认为：这些测验没有将学生的成绩提高到足以使美国接近成绩最好的国家的水平。报告的其中一位作者总结了评估结果："这些举措对学生的学习质量和学业进步几乎没有任何积极影响，为了这些测验而进行的教学和练习反映出资源的浪费，显示出绩效衡量标准的偏颇或夸大。"学校管理者协会的执行董事丹尼尔·多梅内克在 2013 年的一篇文章中写道："自

《不让任何一个孩子掉队法案》实施以来，已经过去 12 年了。标准和问责制运动席卷全国，紧随其后的是一项通常由非教育工作者推动的教育改革议程。直到今天，仍然有一半的非裔和拉丁裔学生没能从高中毕业。他们的辍学比例仍然很大。进入大学和能够大学毕业的人数少得可怜。"

宾夕法尼亚州教育心理学家艾丽斯·贝尔纳普和理查德·哈兹在 2014 年 6 月的《心理健康中的创造力期刊》上发表的一篇文章中指出："游戏剥夺对已经遭受歧视、挑战和高压力的人群的潜在影响最大。"文章例举了少数群体、社会经济地位较低和残障儿童面临的风险。

近 15 年的标准化测验教育改革，已经成功地将玩耍从学校中驱逐，但是它的主要目标并没有达到——根据国家教育进步评估（NAEP，一个基于样本的全国学生评估计划，用于监测美国学校系统的绩效表现）所示，消除白人、非裔和西班牙裔学生之间，以及富裕和低收入群体学生之间不光彩的成绩差距。与此同时，根据政府问责办公室 2016 年的一份报告，美国学校的种族隔离现象加剧了。全美范围内的儿童贫困率已经上升到 22%，是发达国家中贫困率最高的国家之一。教师们正纷纷离开这个行业，只有不到一半的教师在职业生涯开始的 5 年后仍留在学校任教。

这些令人沮丧的事实抛出了一个耐人寻味的问题：如果高度贫困学生的境遇是当下最需要被改善的——比如美国的父母争取让自己的孩子进入私立学校，从而接受以丰富玩耍为基础的早期教育——那为什么高度贫困的儿童就不能得到这些呢？至少还有一位经验丰富的教育家，和内城区学校专家坚定地支持着这样的想法。芭芭拉·达里戈是一名特殊教育教师，也是纽约哈莱姆区的 P.S.149 寄居者真理学校的退休校长。该校是一所大型学校，接收学前教育阶段到八年级的学生，学生中黑人群体、有特殊需要的群体、享受"免费和降价午餐"的群体和经济上处于不利地位的群体占比很大。

在达里戈看来，高度贫困儿童在学校需要很多和其他孩子一样的东西，包括玩耍。"所有的孩子都需要有机会成为孩子，"她说，"玩耍是孩子成长的重要组成部分。在儿童上学期间，必须有时间与其他儿童一起玩耍。这包括创造性的自由玩耍和体育活动时间，以及课间休息时间。"对于达里戈来说，融洽的师生关系对于任何学生，特别是那些有额外需求的学生来说都是至关重要的。达里戈继续说道："孩子们必须感到自己处于一个安全有利的环境中。这不仅仅是个人安全的问题。在教育环境中的成年人必须意识到，并接受每个孩子成长过程中的变化。在考虑和评估孩子的社交技能和学习准备时，这是一个关键因素。孩子们必须能'安全'地'犯错误'。重要的是学校里的人是如何看待和处理这些'错误'的，这将对孩子的发展和自尊产生巨大的影响。"

贾马尔·鲍曼是纽约市南布朗克斯区社会行动基石学院的校长，该学院是他于 2009 年创办的一所公立中学，主要为黑人家庭、西班牙裔家庭和低收入家庭的学生服务。他认为，标准化测验是一种"现代奴隶制形式"，旨在继续扩大我们社会中的不平等。他在一篇文章中提出："国家（标准化测验）考试不衡量创造力、语言交流能力、现实世界的问题解决能力、空间智力、协作力、主动性和适应性及其他能力，只有学校能做到这一点。国家（标准化测验）考试忽视了学生的直觉才能，我认为，要把我们的经济和人性从继续助长不平等，以及绝望的旧思维、旧政策的破坏中拯救出来，需要的正是学生们直觉上的才能。"

鲍曼认为，在我们的公立学校里，玩耍是一个关键的缺失因素。他继续说道："难道我们忘记了玩耍是如何促进快乐，快乐又是如何让我们热爱生活的吗？我们玩得越多，压力就越小，感受到的焦虑就越少，愤怒就越能消散，犯下的罪行就越少。想象一下，在一个以玩耍和体育活动为核心的学校体系中，会发生什么？或者至少让它们成为公共教育整体方案的一部分？特殊教育转诊率将会下降，注意力缺陷和多动障碍和抑郁症的诊断也会减少。我认为，如果运动和玩耍成为我们课程的支柱，那么从学校到监狱的孩子，以及大量被安置在特殊教育中和被诊断为注意力缺陷和多动障碍的男孩子将不复存在。为什么公立学校的学生就该落后呢？"

第六章

美国式悲剧
——课间之死

AN AMERICAN TRAGEDY: THE DEATH OF RECESS

经验表明，当孩子们有机会参加体育活动，能够发挥他们天生的冲动时，上学便是一种乐趣，管理不再是一种负担，学习也变得更容易。

——约翰·杜威，《民主与教育》(1916)

想象你是一个孩子。

你和另外 25 个人坐在一张硬靠背的椅子上，身处一个盒子状的房间里，沐浴在荧光灯下，通风系统故障，窗户关着。

这个房间是一个忙碌的地方，在这里你必须把相关信息与那些同时从多个来源爆发出来的干扰区分开来。你必须听老师的话，遵守课堂秩序，专注于一项特定的任务。你必须掌握、回忆和操纵信息，你必须在新奇的信息和以前的经历之间建立联系……

你只是个孩子。在 7 小时的课堂学习中，大部分时间你都要安静地坐着不动，中间有一小段时间休息，吃点东西、喝点水。一整天，你的身体拼命地想要摆动、扭动和伸展，但是你被命令："安静。坐着别动。安静点。坐好了。"

每隔一小时，你和你的同伴们必须像进入第一个房间一样，沿着直线慢慢走到另一个房间。你几乎没有任何过渡时间。如果你想上厕所，你必须得到监督人的许可。如果你幸运的话，在匆忙的午餐之后，你可能会有 15 到 20 分钟的休息时间，但是如果监督人认为你表现不佳或者游手好闲，那休息时间就泡汤了。

如果你是当今美国和全世界数百万孩子中的一员，那么这就是你在学校中的生活：日复一日，月复一月，持续 12 年。

课间休息，曾经是儿童教育的基石，但现在数百万美国儿童的课间已经被慢慢扼杀。据纽约曼哈顿维尔学院的教育学教授朗达·克莱门茨说，直到 20 世纪 80 年代，美国小学生通常每天都有三个 10 到 20 分钟的课间休息。但如今，这已成为"濒危物种"。一些研究表明，全国多达 40% 的学区已经取消或减少了课间休息。根据疾病预防和控制中心的一份报告，约 95% 的幼儿园学生有某种形式的课间休息，但这一数字在提供六年级课程的小学中下降至约 35%。

一些美国教育官员甚至对课间休息表达了极端的敌意。1998 年，《纽约时报》报道说，亚特兰大、纽约、芝加哥、新泽西和康涅狄格州的学区正在清除课间休息，"甚至到了在没有操场的学区建造新学校的地步"。报道援引亚特兰大公立学校的校长本杰·O.嘉拿大（他的继任者，贝弗利·霍尔，因操纵标准化测验成绩而受到敲诈勒索指控，在等待审判期间去世）的话："我们致力于提高学习成绩。你让孩子们去玩单杠可对此毫无帮助。"他新建的学校之一——克利夫兰大道文法学校——没有操场，一个名叫托亚的 5 岁幼儿园的孩子感到奇怪，于是问记者："什么是课间休息？"

成群结队的孩子似乎正在消失于美国的操场上。印第安纳大学教育学副教授杰奎琳·布莱克威尔感叹道："我已经注意到，无论何时开车或步行经过我所在的县或州的中小学，都看不到操场上玩耍的儿童和青少年，也听不到他们嬉戏的声音。""孩子们的欢声笑语、大喊大叫，连同奔跑的脚步声已经彻底从操场中消失了。"宾夕法尼亚州一位名叫迈克尔·帕特的教育家补充道，"我将永远记得孩子们在课间休息时全神贯注地，在无组织的户外玩耍中发出的尖叫声、愉快的面孔和狂野的眼神所展现的纯粹的快乐。如今时常看到的废弃操场，其寂静同样震耳欲聋。"

因为时常要面对被夸大的安全问题，这一趋势直接蔓延到了学校，课间休息被缩短了，为更多的教学腾出了时间。至于教授的科目，则通常以 21 世纪 10 年代席卷全美的标准化测验浪潮为准，那是在联邦政府《不让任何一个孩子掉队法案》和《力争上游》的号召下实施的。国家体育运动协会（NASPE）项目主任弗朗西斯卡·扎瓦茨基表示："课间休息经历了与体育课相似的命运。学校为了获得更高的考试分数而争分夺秒，导致各种体育活动减少。但归根结底是钱在作祟，教育的重点根本没放在学生的全面发展上。"

即使你是一个幸运的美国孩子，可以在户外享受 15 到 20 分钟的休息时光，你的行动也可能会受到全面控制和限制。你会被禁止趴在荡秋千上或转圈，以避免头晕。"想让孩子享受到课间休息的好处，15 分钟远远不够。"纽约曼哈顿维尔教育学院教育学教授、美国儿童玩耍权利协会前主席朗达·克莱门茨表示，"这削弱了他们从身体活动和新鲜氧气中获取益处、活跃头脑的机会。"

并不是只有孩子觉得没有课间休息很荒谬。"成年人在工作中途都有时间喝杯咖啡，却指望孩子们在教室里一坐就是几个小时，"堪萨斯州的体育教师里克·帕帕斯表示，"这太不合理了。"乔治亚州德卡布县的一个母亲贝丝·维德，有一个12岁的儿子，评论道："让那些非常活跃的孩子整天坐着不动是件令人沮丧的事，因为他们最终会把所有的精力花在不乱动上，而不是用在学习上。这样会适得其反的"。在她儿子去年开始上中学后，他一直告诉她自己错过了小学。当她问儿子错过了什么时，男孩满怀渴望地说："课间休息。"当康涅狄格州纽黑文市一位名叫塔尼·穆罕默德的母亲看到儿子哭着说"我讨厌上学"时，她问："怎么哭了？你讨厌学校的什么？"儿子回答说："我们没有课间休息！"

一位名叫希瑟·梅莱特的母亲被告知，她的孩子们在佛罗里达州冬季公园的学校每天不能有超过10分钟的课间休息时。学校解释道，任何更多的课间休息时间都会导致音乐和艺术课被削减。此外，更多的课间休息不是好主意，因为孩子们可能会被欺负。"孩子们在自助餐厅会被欺负吗？有谁不让他们吃东西吗？"这位母亲指出，"一切都源于对（标准化的）测验的追捧，已经开始失控了。"梅莱特和其他几位家长成立了一个由5500多名成员组成的Facebook小组，他们要求让佛罗里达州的所有小学生每天有20分钟的无组织课间休息时间。

"我想知道，如果他们的老板取消了他们的午餐时间，并指点他们如何消磨这段时间，成年人会怎么想。"安娜·门罗·斯托弗说道。她是众多美国教师中的一位，她赞同孩子们迫切需要课间休息的观点，这一点在学者出版社网站上的一场在线讨论中得到了表达。一位名叫布伦达·约翰逊的老师说："我们的孩子需要更多的时间来锻炼身体，呼吸新鲜空气，学习才能更有成效。"三年级的老师丽贝卡·韦伯斯特同意这一观点，她认为："自由玩耍有助于培养解决问题的能力和批判性思维。如果我们把这段时间安排给学生，他们将学会自己做事和独立思考。孩子们需要感受到自己是有一些自主权的，或者说现在的教育带给孩子的体验更像是监狱，而不是一段学习经历。"

"我们需要认识到，孩子们的学习是以运动为基础的，"新泽西州爱默生市的学校负责人布莱恩·盖恩斯表示，"在学校，我们有时要求孩子们一直安静地坐着，这是违背人性的。"他补充道，"我们陷入了这样一个陷阱：如果孩子们低着头坐在课桌旁，保持沉默地写作，我们就会认为他们在学习。但我们发现，用来给大脑注入能量的活跃时间能让所有这些安静学习的时刻变得更富有成效。"

1991年，芝加哥的公立学校发生了一起令人震惊的大规模忽视儿童事件。在经历了几十年的基础设施崩溃、安全和安保问题、人力和学校资源严重匮乏之后，芝加哥公立学校禁止大多数学生进行课间休息，这一举措持续了整整7年。到了2005年，禁令放宽，一项调查显示，芝加哥只有6%的公立学校提供每天20分钟的课间休息。成千上万的芝加哥男孩女孩，很多来自贫困地区，放学后能安全玩耍的机会很少，他们童年的大部分时间都没有经历过课间休息。经过家长、教师工会和社区领袖多年的抗议，芝加哥从幼儿园到八年级的所有学生终于在2012年恢复了每天至少20分钟的课间休息时间。

芝加哥凯撒查韦斯小学的八年级学生阿隆德拉·尼诺对这种改变表示欢迎，他解释说："对我来说，专心学习一直是个问题。如果所有的时间都在学、学、学，那就更难了。"一位名叫何塞的埃米利亚诺扎帕塔学院的四年级学生说："我想要课间休息，是因为我们没有时间玩耍和走动。我们唯一能做的就是去体育馆，而且每周只有一次机会。（现在）我们将有更多的锻炼机会，我们会玩一些捉迷藏之类的游戏。"史蒂文森学院四年级学生朱利奥·梅德拉诺附和道："孩子应该保持健康，应该跑步，应该在学校里做些活跃的事情。"

如今，关于学校课间休息的精确数据很难获得，课间休息地点、提供的活动和持续时间等细节，通常是由当地学校决策层定夺，在书面报告或实践方面几乎没有统一性。但美国疾病预防和控制中心的分析显示，在2011到2012学年中，美国只有22%的学区要求每天进行课间休息，其中要求至少休息20分钟的学区占了不到一半。

另一项研究发现，贫困儿童和城市儿童自由玩耍的机会更少，白天的体育活动也更少，课间休息时间是最少的。体育课也受到了影响——2013年，纽约市公共倡导组织的一项研究发现，57%的受访小学每周只提供一次体育课。这违反了低年级每天要安排体育课的州政策。如果一个孩子是非裔美国人，生活在贫困线以下，或者遇到学业问题，他就不太可能得到休息机会。根据一组非正式调查，在大约一半有课间休息的高度贫困群体的学校，个别儿童，主要是非裔美国男孩和西班牙裔男孩，经常被剥夺课间休息，作为对他们一系列不良行为的惩罚，包括在大厅里吵闹、顶嘴、发脾气、不完成课堂及家庭作业。另一个令人担忧的迹象是，2009 年由罗伯特伍德约翰逊基金会委托进行的盖洛普民意调查发现，77% 的学校校长报告称，剥夺课间休息是对破坏性行为或表现不佳的惩罚。但在同一份报告中，80% 的校长承认，玩耍的时间对提高成绩有"积极影响"；三分之二的校长表示，"学生课间休息后听课效果更好，在课堂上更加专注"。

可以说，把课间休息作为一种惩罚是教育上的渎职行为。疾病控制和预防中心警告不要取消课间休息，并指出："阻挠学生进行体育活动会影响其健康成长。"美国儿科学会也警告不要取消课间休息："课间是一天中必要的休息时间，可以优化孩子的社交、情感、身体和认知发展。实质上，课间应被视为孩子的私人时间，不应因学术或惩罚性原因而不让孩子休息。"

举例来说，虽然纽约市教育政策部禁止这种做法，但与纽约市众多公立学校家长的对话表明，许多学校可能无视这一禁令，甚至不知道该禁令的存在。把剥夺课间休息作为惩罚俨然已成为美国儿童教育的普遍做法。

在美国各地，教师、家长和儿童都向我们反映说，学校出于学术或纪律原因，通常会取消或减少课间休息时间，以此作为惩罚。一位公立学校孩子的母亲，克里斯蒂娜·戴维斯领导了一个名为"亚利桑那课间"的组织，这个草根联盟在 2018 年推动亚利桑那州通过了一项法律，要求该州的幼儿园五年级学生每天至少有两次课间休息。她告诉我们，在亚利桑那州，即使在法律通过后，课间剥夺行为仍然很猖獗。戴维斯认为："剥夺课间休息如同打骂和罚站一样，是当今时代的体罚。"这是一种下意识的、低技能的教育习惯，违背了所有的多学科共识和常识。自 2009 年以来，我们的亚利桑那州教育部颁布了一个基于证据的专业标准，禁止利用剥夺课间休息来惩罚课堂行为或达到学术目的。但它被普遍忽视了。"

戴维斯认为，当存在三种情况时，课间休息被剥夺的问题变得最为严重，这三种情况在亚利桑那州的公立学校都很普遍：

1. 每个教师负责的学生数量都很多，因此分配给个人的注意力少，导致师生关系薄弱，教师压力大；

2. 令人遗憾的是，课间休息和体育课的不足，导致孩子们压力很大；

3. 用她的话说，商业测验开发者为标准化备考而推出的不适当课程，迫使教师和学生去挑战不可能达成的目标。戴维斯和许多支持课间休息的活动家认为，对精力过剩的孩子来说，不让他们享受课间，就等同于不让病人吃药。

戴维斯第一次意识到这个问题是在 2016 年的一天，当时她正路过一个校园，看到一所幼儿园的四年级孩子们受到近乎中世纪风格的惩罚。在中午 15 到 20 分钟的短暂的户外休息时间里，她看到六个孩子被禁止玩耍，被命令坐在外墙的金属柱旁，完成没做完的功课。她简直不敢相信自己的眼睛。这确实是一种公开羞辱的虐待形式，因为孩子们不得不低着头，努力完成他们的功课。而他们的几十个同学正在几英尺外的新鲜空气和阳光下，在他们的视线所及之处玩耍嬉戏。她记得，柱子旁的孩子们看着同龄人玩耍，像溺水的小狗一样，看起来精疲力尽，情绪低落，她看到同样的惩罚日复一日地发生在同一组孩子身上。

当她就此事与学校校长对质时，回忆说，当时收到的反馈是，这一程序是合法的"教学支持"。她把这个问题提交给地区负责人，她回忆道："当时负责人表示，那种情况基本上不会发生——占据课间休息的做法很少使用。我们在当地的报纸头版刊登了一张孩子们'靠墙坐着'的照片，以此来戳破这个谎言，"戴维斯，三个孩子的母亲如此说道，"一些人评论说，这张照片看起来像是少管所，甚至是关塔那摩军事监狱。现在那个地区有了一项反对这种做法的书面政策。尽管如此，它仍然被人们所忽视。事实上，在一些学校，对课间休息时间的限制只是从室外的'靠墙坐着'改为室内的'午餐禁闭'，这样就不太容易暴露在来访家长面前。"

　　在我们为写这本书搜集资料的过程中，美国各地的许多其他家长和教育工作者向我们提供了"课间惩罚"的案例，其中大多数要求匿名，因为公立学校系统仍然是他们的孩子上学或他们自己工作的地方。一位长期在佛罗里达工作的代课老师告诉我们："我在三个州的不同学区工作过。我见过很多这样的例子：学区教师会有一张课间休息时'靠墙坐'的学生名单。孩子们不得不坐在或站在学校操场附近，看着其他同学追逐嬉戏。在我看来，这根本就没有意义。很多时候他们必须在课间休息时完成作业。其实正是这些孩子才更需要课间来'释放'，这会帮助他们集中注意力。"还有一位佛罗里达州的老师告诉我们："在我教过的每一所小学里，总是用剥夺课间休息来惩罚学生。我个人从来没有这样做过，因为被惩罚的孩子是最需要休息的！"

　　然而，另一位来自佛罗里达的老师告诉我们，她所在的高度贫困群体的学校不允许孩子课间休息，因为这所学校被州政府贴上了"不及格"的标签。

　　只有该地区成绩为"A"的学校才允许学生休息。这让我很震惊，因为我从小就知道玩耍对孩子成长的重要性。午饭后，我和一位同事会在学校大楼后面让学生们偷偷休息15分钟。根据新的立法，给学生休息15分钟是必须的。不过，我注意到我的许多同事并没有利用这段时间让学生们玩。相反，他们把学生关在室内继续做功课或是让学生在监管下安静地活动。我是一个仍然相信玩耍的力量的老师。

　　佛罗里达州的一位母亲补充道："这种策略在帕斯科县公立学校经常使用。我的两个孩子都说，一旦上课时交头接耳，吃午餐时或在走廊外时讲话过多，全班的课间休息就被取消。"另一位母亲说，去年在佛罗里达州奥兰治县的一所小学，"我五年级的孩子失去了课间休息时间，原因是有些学生在经过走廊时磨磨蹭蹭。全班同学都要在操场上练习排队，而不是玩耍"。同样，在佛罗里达州，一位母亲说："州法律实施的范围不包括特许学校（可供选择的公立学校，有时是私人管理或以盈利为目的而运营的）。特许学校的孩子就不该有课间吗？这些规定愚蠢到令人发指。我的孩子们在莱克郡的一所公立特许学校上学。只有三年级及以上的学生很幸运，每周都有一天的休息时间。"

　　佐治亚州的一位母亲告诉我们："我孩子的课间休息被取消了，因为他们上课的时候还有午餐的时候说话太大声了，也因为天气太冷了——不过，这可是佐治亚州啊——也许是因为太热，或者是花粉太多了吧。我曾向老师们提到过，也曾听他们说，他们没法抽出时间让孩子们休息，所以会让孩子（在教室里，短暂地）进行'大脑休息'。"据俄亥俄州一位经验丰富的小学老师说："15 年来，我从未见过一位老师能毫无顾忌地不让孩子们休息，不管孩子是行为不佳，或者是不做作业，又或者是前一天缺席而需要补课。"

弗吉尼亚州北部的一位母亲告诉我们，新学年上课的第二周，"我六年级的孩子已经抱怨说，老师为了惩罚他们，把课间占了。他们不得不待在屋里，头埋在桌上 5 分钟，就这样失去了休息时间"。

家住纽约长岛的父亲蒂姆·麦克道尔，有两个分别上五年级和九年级的儿子，他反映说，他所在的学区经常不让孩子们课间休息。他还告诉我们："午餐时段，监督人员也有权对孩子进行惩罚，哪怕只有几个孩子行为欠佳，所有人在午餐时间都不能休息。"另一位长岛的家长说："我女儿的小学在一个绿树成荫、人们眼中思想进步的高档社区，但他们也会因为一些孩子的'不当行为'而用剥夺课间时间惩罚整个班级。我向校长抱怨，告诉她占用课间是最不应该对孩子们做的事，特别是那些行为出格的孩子，我说孩子有些出格行为是因为他们成长中的身体需要更多的休息时间。但我遭遇了类似于 20 世纪 50 年代那样的阻力。"

还有一位来自长岛的母亲——她有一个 10 岁的女儿——告诉我们，孩子因为无法跟上班里其他同学的学习进度而被禁止休息，这是对她的惩罚：她不得不在地上做课堂作业，而其他人则在玩耍和交流，尽管他们只有 9 分钟的休息时间。

"我对这一切感到震惊。我女儿非常可爱，她的评估表上写着她和同学相处得很好。其实她也很想让老师满意，但剥夺休息时间对她的影响是巨大的。到学年结束时，她患上了抑郁症和焦虑症。当然，这对她的学业更没有帮助。她对自己的遭遇非常生气。我们聘请了一名律师，我女儿现在就读于另一所学校，在那里课间休息和户外玩耍很常见，也是被鼓励的。她也因此开心多了。"

密歇根州的一位家长告诉我们："我儿子在上小学，因为行为不端，课间休息被取消了。他患有注意力缺陷和多动障碍。尽管政策规定，不允许取消课间休息，但他的一个老师还是这么做了。当我向老师和校长据理力争时，他们拒绝了。然而，其他父母证实这种情况只发生在我的儿子身上。我主张孩子们无论如何都应该有自由玩耍的权利，但没有人理会。到了冬天，我儿子很少有机会到户外放松。他和其他孩子们一起待在教室里。因为整个冬天都坐在教室里，体重也增加了。不能释放自己的能量真的伤害到他了。"

在纽约市布鲁克林卡纳西的工人阶级和中产阶级社区，一名公立学校的老师透露说，将取消课间休息作为一种惩罚的现象已经普遍存在了 12 年。据这位老师介绍，2016 年，有一个幼儿园班级被取消课间休息整整 2 个月，只是因为午餐时段的负责人说他们不守规矩，这一处罚还得到了校长的支持。"没有课间休息的幼儿园真是太残忍了，"这名老师感叹道，"那所学校没有艺术课和音乐课，本来已经够糟糕了。"在皇后区的另一所学校，一位老师告诉我们："（孩子们）每天都受到午餐监督员的威胁，他们不被允许出去（休息）。等到能出去的时候，他们已经在那个又热又吵、气味怪异的屋子里坐了 30 到 40 分钟，但他们也只能在外面待上 5 到 10 分钟。"

在纽约州北部小镇彭内维尔的一所乡村学校，一名 5 岁的幼儿园学生的母亲告诉我们："我的孩子很多次都不能在 15 到 30 分钟的时间内完成课堂作业或任务。他没有偷懒，他也在努力执行任务，但休息时间却会被取消，直到任务完成。我的孩子明明尽了全力，却受到了惩罚。同样在幼儿园，如果孩子们不做作业，课间休息就会被用来补做家庭作业。因为受到这种对待，我的孩子患上了焦虑症。"

宾夕法尼亚州的一位老师告诉我们，匹兹堡的一所幼儿园和小学，把取消课间作为一种惩罚手段，这"在 2009 年到 2018 年间频繁发生"，从幼儿园到小学五年级的孩子都不能幸免。

一位来自康涅狄格州伯灵顿的母亲说："课间休息时，我的儿子因为没能完成一项测验，不得不站在一条线上，直到课间休息结束，他才被允许离开。这种情况发生过好几次。我女儿上六年级的时候，不小心把写完的社会学作业落在了储物柜里。她的'作业成绩'因此减了 10 分，当天的课间休息也被取消了。请注意：她已经完成了作业，只是不小心放错了文件夹。"

科罗拉多州卡尼翁市一所高度贫困公立小学的老师告诉我们："学生们只被允许在午餐前休息 10 分钟，由于需要打扫卫生和排队，休息时间通常会缩短。当一切都安排妥当了之后，孩子们每天玩的时间大约剩下 5 分钟。"据这位有 33 年教龄的老师透露，为了应国家要求提高学校标准化测验成绩，她的同事们"完全被额外的计划、准备评估工作，以及各种会议压得喘不过气来"。

在亚利桑那州图森市的一所学校，利用课间休息进行惩罚的渎职行为非常普遍，学校为此制作了一份通用信件。

"现在通知您，"信上写道，"你孩子的晨间休息被取消，是为了能够留校完成家庭作业或课堂作业。我们认为，将这一结果通知您是非常重要的，这样您的孩子就会明白，我们正在共同努力，确保孩子意识到按时完成和交付高质量家庭作业和课堂作业的重要性。"

宾夕法尼亚州一位经验丰富的老师告诉我们："我当了 21 年的公立小学老师。在我 21 年的教学生涯中，曾在三个州的四个学区任教，其中包含一所特许学校、一所高度贫困学校、一所稳固的中产阶级学校和一所富裕阶层的学校。丰富的经历使我有幸注意到许多关于教育的现象。在幼儿园任教的这些年里，我看到许多老师和正、副校长，因为学生（个人及团体）的行为表现和完不成作业，而剥夺了他们的休息时间。我必须很遗憾地承认，我也偶尔这么做过，但我不认为这是有效的。通常，学生的这类行为表现，完全因为挫折感作祟。如今，挫折感在学校里比过去更为常见。"

我能告诉你的是，将玩耍逐出已经给我们的学校带来了严重的后果，但我说的不仅仅是课间休息。不让低年级的孩子玩耍，并且代之以"更高的标准"。这已经导致了一个严重的雪球效应。孩子们没有培养出他们今后上课和完成作业所需要的技能，然而我们一边对他们使用狭隘的照本宣科式课程，一边对他们抱有更高的期望值。我可以告诉你，当我们幼儿园的老师主张为学生增加 15 分钟的午休时间时，管理部门的回答是"绝对不行"。

我确实认为，公共教育政策应该为当今儿童和青少年的许多心理健康问题负责，如焦虑、抑郁和自杀。很多时候，当媒体讨论这些问题时，关注的焦点是技术和社交媒体，但我不认为这就是完整答案。有趣的是，我的许多同事也说过，在过去的几十年里，学生出格行为的严重程度有所增加。1997年是我职业生涯的开端，作为一名执教于高度贫困学校的新晋教师，我很少需要就学生行为方面的问题向行政部门寻求帮助。但在我现在供职的学校（也是高度贫困学校），这是我和其他老师经常遇到的问题。学生们在室内的行为变得越来越暴力，并且以不安全的方式表现出来，包括频繁地从教室中逃走（每天发生多次）。

为了成绩而不惜一切代价给学生和老师施加巨大的压力，已经导致越来越多焦头烂额的教育工作者着手取消课间休息，因为他们对此无所适从。这些学生的行为问题，在我看来，是由于强调标准化测验而安排的不适当课程所造成的，也是导致教师短缺的主要原因。我见过许多老师因为无法再坚持下去而中途辞职。我的代课老师曾在离开教室时表示，他们只是需要去洗手间，而不是离开学校再也不回来（不是开玩笑）。这些足以证明，我们的声音还不够响亮。

如今，人们期望孩子成为机器人，如果老师们大声表达自己的观点，很可能会成为一个笑柄。这太无力也太绝望了，对于孩子和成年人来说都是如此。

有一些校长、老师甚至家长赞成取消或减少课间休息，作为对行为或学术不理想的惩罚，关键是要让他们认识到，有证据表明这种做法的逻辑是完全落后的，这种做法直接违反了美国儿科学会以及疾病预防和控制中心等医学权威的建议。"正是那些注意力不集中的孩子比任何人都更需要休息，也正是他们更不太可能得到休息。"课间休息问题首席研究员、乔治亚州立大学儿童早期教育副教授奥尔加·贾勒特指出。

根据全国家长教师协会的一项调查，四分之三的家长认为课间休息应该是强制性的。他们是对的。医学和科学证据表明，高质量的体育课和每日在安全监督下进行的常规课间休息（有条件的话尽量在室外），都能改善儿童的学习成绩、行为、参与度、健康和幸福感。当休息期间出现行为或安全问题时，解决办法不是取消课间，而是投入足够的监督人员，并帮助儿童树立集体行为意识和管理意识。

　　剥夺儿童课间休息的做法使美国成为全球中的异类。许多其他国家为儿童提供从早到晚的固定休息时间，让儿童有机会重新充电，并以更敏锐的注意力重新集中精力学习。日本的孩子每小时大约有 10 到 15 分钟的休息时间，而在其他东亚国家的小学，孩子们通常每隔 40 分钟左右就有 10 分钟的休息时间。在芬兰，定期休息是每个孩子在学校的权利，几十年来，孩子们平均每小时被在户外活动 15 分钟，即使在寒冷的雨雪天气，也能保持他们的活力和专注。欧洲各地的孩子通常在每节课后有 5 到 10 分钟的休息时间。"每个人都需要休息，"贾勒特说，"大脑研究表明，无论是儿童还是成人都不能长时间保持高度集中。"

　　在课堂上，大多数儿童注意力集中的最长时间并不是 60 分钟，而往往更接近 30 分钟或 45 分钟。

　　即使美国的孩子们有课间休息时间，学校也常常会错失良机。2001 年，一项全国性的研究发现，只有不到 5% 的小学在午餐前有课间休息，最佳休息时段正是午餐前，而不是午餐后。午餐前休息与减少食物浪费、增加水果和蔬菜摄入以及改善午餐室与教室行为有关。康奈尔儿童营养项目行为经济学中心的一项研究表明，午餐前进行休息，吃水果和蔬菜的数量就会增加 54%，至少吃一份水果或蔬菜的儿童人数增加了 45%。"孩子们在休息后正好来吃午饭，"康涅狄格州温德姆市学校（在午餐前有休息时间）健康中心协调员肖恩·格伦瓦尔德解释说，"这时，他们已经有了食欲，社交需求也得到了满足，所以午餐时的重点是吃饭。他们的行为也可能表现得更好，因为已经消耗了一些精力。"这其实不是什么"难如登天"的事——大多数父母都知道，户外玩耍或其他活动有增加食欲的效果。正如一位儿科医生所说："孩子们对休息的渴望大于对午餐的渴望。"

　　最近，由于家长和教师为了孩子的行动权而进行反击，美国的课间休息经历了一次小规模的复兴。2015 年 9 月，西雅图公立学校和教师工会同意保证小学学生每天 30 分钟或更长时间的休息；罗德岛州、路易斯安那州、得克萨斯州和佛罗里达州的学区也要求每天提供课间休息。课间休息倡导者最近在弗吉尼亚州、佛罗里达州、罗德岛州、亚利桑那州、阿肯色州和新泽西州取得了局部胜利。

但根据 2016 年《国家形态报告》，只有 16% 的州要求小学每天给孩子们提供课间休息。这仍然使得数百万的美国孩子很少或根本没有时间放松，就儿童健康和学术准备而言，这是一个全国性的紧急事态。

2017 年的一天，本书作者之一威廉·多伊尔路过纽约市一所公立小学的校园，那里挤满了参加户外运动的 7 到 11 岁孩子。

他走近一看，有六个贴着"教练"标签、身穿运动服的成年人，站在柏油路的四周，密切注视着不同区域进行各种球类运动的孩子们。这看起来像是一个谨慎且有组织的户外体育课。

"你经常在户外上体育课吗？"威廉问其中一个教练。

"这不是体育课，"教练回答说，"这是课间休息。"

"真的吗？"威廉很困惑地问。"课间休息难道不是孩子们在一起玩，做自己的事情吗？"

"很多孩子都不知道怎么玩了，"教练回答说，"所以我们帮他们聚在一起，组建团队，遵守规则，分配球权，并适当地保持比分。这样，就不会有人被遗漏，也不会有人被欺负。孩子们可以选择自己感兴趣的活动。"

不远处的每个不同的运动区域，都有成年人不时地干预、纠正、指导和鼓励孩子们掌握运动技巧，他们离孩子们只有几英尺远。这就像学校里的"直升机家长"一样，不停地在操场上围着孩子转。

后来，威廉意识到他目睹了美国教育中的一个新概念——"课间教练"，他很快了解到，这是由一个全国性非营利组织专门为公立学校提供的服务。此类服务的费用由学校、家长和外部资助者共同承担。显然，一些学校领导喜欢这个项目。但这看起来根本不像是课间休息，而像是体育课。事实上，该组织的宣传网站力推其"明星教练"模式——通过安排比赛和体育活动来使课间休息的质量得到蜕变。

也就是说，一些美国学校决定支付额外费用，将课间休息外包出去，并雇佣"课间教练"团队，然后将课间休息变成准结构化的体育课，让孩子们彻底失去课间休息。这所学校和其他类似学校的孩子们不再有儿童主导的户外玩耍，不再有真正的自由和选择，也不再有脱离成人指导的能力，不再用纯粹的想象力打造属于自己的冒险，不再单纯地坐在游乐场的角落里放松。他们被剥夺了童年最美好、最有价值的学校经历之一——与其他孩子独立交流和合作，享有创造自己的游戏规则的自由，以及享受简单、放松的认知休息的自由。孩子们显然没有被给予足够的信任去处理这些事情。

相反，这些孩子每天都有 20 分钟的户外体育课，而不是课间休息。好消息是，孩子们在 20 分钟的时间里到处走动，这比许多其他美国学生的身体活动要多。但在威廉看来，他们也应该每天来一段安全的能自由活动的休息时间——除了安全监督，没有成人的直接干预；还要每天都有高质量的体育课。

在暑假开始的一个周末，威廉坐在纽约中央公园的长凳上。他看着当时 9 岁的儿子享受着他最喜欢的活动——在游乐场里自由玩耍，抱着攀登架爬上爬下，用棍子挖土，与老朋友和新朋友组队捉迷藏，玩警察捉小偷，现编游戏，互相追逐，满身是土但是特别快乐。

整个下午，其他一些家长都充当啦啦队，不时纠正他们的孩子——"小心！""干得好！真棒！""当心啊！""别倒着玩滑梯！"

相比之下，威廉曾在芬兰待过一段时间，在那里，他对家长们那种异常悠闲、乐于放手的态度产生了喜爱，于是他以此激励并暗示自己："安静点。做个北欧人，让孩子尽情玩吧。"

威廉一家将于 8 月前往芬兰，这个男孩将在学校（芬兰 8 月开学）与一个在下午开放的社区儿童娱乐和体育俱乐部之间度过每一天。但是 7 月份他们在纽约有很多空闲，因为威廉和他妻子的时间安排都很灵活，他们会轮流带儿子去游乐场和博物馆。

很快，威廉加入了家长们关于暑假日程安排的小组讨论。主题是孩子们的暑假日程安排，以及孩子们是多么的忙碌和紧迫。一位名叫杰夫的父亲掏出手机，轻触屏幕，我们看到了他儿子的整个暑假日程电子表格——每一周甚至每个小时都排满了。

电子表格上的详细程度令人难以置信。几乎每一天都是无缝衔接的活动和赶路——时间安排精确到分钟。

"看看这个，"杰夫向大家展示，"普通话课、编码营、电影制作学校、机器人技术、国际象棋、跆拳道、STEM 夏令营、写作营、美食烹饪班、英语和数学提高班、击剑课、法语课，下周一他还要去练习曲棍球和棒球。"

取决于你怎么看了，这要么是一个让 9 岁孩子在快车道上成为宇宙主宰的绝妙规划，要么是一个相当冷酷的超负荷计划。

许多纽约的孩子都有这样的日程安排，但与此同时，他们的父母似乎常常陷入一种竞争激烈的竞赛中，抱怨他们的孩子日程排得太满。

对杰夫的儿子来说，这个夏天的每一刻都是按照剧本进行的，每一个动作都有人监督和编排，每一秒都有其意义。童年最重要的经历之一——无聊，却连一句台词的时间都没得到。他童年的夏天就像一堵用数据堆砌的墙。

威廉沉思着杰夫的暑期电子表，心想："也许我也该给我儿子报名参加一些活动。或许他会从这个夏天收获更多想法和构思。"

"但我们不要走极端，"他想，"毕竟童年只有一次。"

第七章

全球玩耍之战

THE
GLOBAL
WAR ON PLAY

　　除语言、文化和技术之外，丰富多彩的玩耍是人类最伟大的成就之一。

　　　　　　　　　　　　——戴维·怀特布雷德，剑桥大学教授

　　玩耍剥夺不仅仅是存在于美国的问题，它还影响着世界各国的儿童。

　　不幸的是，一些"与 GERM 有关"的趋势正在其他国家蔓延，其中包括玩耍剥夺、过度的高利害标准化测验，以及低龄儿童的学业压力。

　　近年来在一些亚洲国家，受传统思想的影响，人们对儿童学业成绩的期望越来越高，这些压力让一些家长和学生感到学无所获，甚至无法忍受。

　　堪萨斯大学的赵勇教授是一位在中国长大的美国教育家，长期关注并研究美国与中国学校体系之间的差异性，他指出，中国毕业生以"高分低能"著称，意思是"成绩好，能力差"。

　　玩耍在儿童教育中当然是必不可少的，因为玩耍，特别是自发的玩耍，是儿童探索和体验周围世界的一种自然而必不可少的方式。这是一种强有力的方式，孩子们可以通过玩耍阐述和验证他们对世界、社会规范和自然法则的假设。这也是一种比直接教学更有效的方法，可以让孩子了解自己的能动性，了解自身行为对他人和环境的影响。当然，玩耍也能带来快乐，这是儿童教育的重要成果。

　　不幸的是，他指出："玩耍，我是指自主决定或自主发起的玩耍，在中国还没有成为正规教育的重要组成部分。传统意义上，中国的正规教育更注重学习而不是玩耍。即使是在学校里，玩耍通常也是由教师出于某种学术目的组织的。孩子们很少单纯、没有直接的功利目的地玩。"

　　对许多中国孩子来说，学校成了他们童年时代竞争压力和过度劳累的大熔炉。中国青少年研究中心的一项调查发现，中国五分之四的在校儿童每天要完成耗时 2 小时 50 分钟的家庭作业——这是在周末。

为了获得高分，私立儿童辅导连锁机构在中国各地蓬勃发展。据《中国日报》报道，在湖北省中部的孝感市第一中学，老师们在教室里安装了氨基酸静脉注射装置，据说是为了给备战高考、熬夜学习的学生提供能量。

2016 年 12 月，《南华早报》报道说，忧心忡忡的父母无视政府警告，让孩子参与过多的学术和课外活动，希望这能给他们带来竞争优势。报道称："在一个典型的周末，家住上海的八岁女孩艾米正忙着从一个补习班赶到另一个补习班。星期六下午，她学习钢琴。星期天早上她上英语课，下午上语文课。除了这些周末辅导，上海徐汇区一所公立小学的三年级学生每周二和周五晚上放学后，也要上 3 个小时的奥数课，其中一节课是为四年级学生设计的。"女孩的母亲负责接送她去上所有的课程班，她解释了这其中的逻辑："我也不想让我女儿这么拼命学习，但我没得选。我们的目标是让她考上一所名牌初中。不在重点初中读书就意味着不能被好的高中录取。不在好的高中学习意味着不能考上一流的大学，拿着一流大学的文凭就能找到一份体面的工作，这是肯定的。据我所知，她的一些同龄人每周上五六节数学课。"这位母亲坦言，"我一刻也不让她松懈。天气好的时候，她也不能跑出去玩。"另一位中国母亲解释说："我所有的亲朋好友都把孩子送到了课外补习班。我也不能搞特殊，否则我的孩子就要落后了。"

北京大学社会学家郑也夫认为，中国的家长和教学机构之间存在着一种"阴谋"，他们从孩子很小的时候就给孩子报名补习班或辅导班，还给孩子成堆的家庭作业，以此来"修理孩子"。"父母让孩子在很小的时候就学这么多，学这么久，这太愚蠢了。"他表示，"孩子们长大后，很可能会对学习失去兴趣，在竞争中失去动力。"在 2013 年出版的《吾国教育病理》一书中，郑也夫指出，中国缺乏诺贝尔奖获得者，这说明当下的教育正在"毁伤中国的创造力"。

2010 年 12 月的《华尔街日报》中，在一篇题为《中国学校考试仍不及格》的文章里，中国教育家、北大附中国际部负责人江学勤谈到了一个在中国被广泛认可的做法的危险性："死记硬背的失败是众所周知的：缺乏社交和实践技能，缺乏自律和想象力，缺乏好奇心和学习热情。"他补充道，"当（标准化测验）分数降低时，我们就知道，中国的学校正在往好的方向发展。"他指出，全世界都对中国的教育体系赞赏有加，而中国人却意识到了自己的弱点，这颇具讽刺意味。他解释说："中国的学校非常善于让学生们备考。因此，他们没有为高等教育和知识经济做好准备。根据教育领域的研究，用考试来构建学校教育是一种错误的做法。学生失去了天生的好奇心和想象力，在追求高分的过程中变得缺乏安全感和是非观。"

波士顿学院心理学研究教授、玩耍倡导者彼得·格雷教授观察到，由于许多中国学生几乎把所有醒着的时间都花在学习上，"他们几乎没有机会去创造、发挥主观能动性、开发身体和社交技能：简而言之，他们几乎没有机会玩"。一些西方政治家喜欢美化亚洲学校的好成绩，但正如格雷指出的："不幸的是，随着我们越来越趋向于标准化的课程，随着我们越来越多地把孩子们的时间用在课业上，我们的教育成果确实变得越来越像亚洲国家。"私教课程在中国蓬勃发展。总部位于伦敦的市场研究公司 Technavio 预测，在 2017 至 2021 年间，中国的私教市场将以每年 11% 的速度增长。

2015 年，一个香港辅导中心进行了一场营销活动，广告中一个小女孩在哭，标题充满嘲讽意味——"你不喜欢竞争？但竞争会找到你的！"广告上的产品是为 18 个月大的孩子开设的面试培训班。

据《南华早报》2017 年 4 月 22 日的报道，香港的孩子们"正变得越来越紧张、过度劳累和不快乐，而且这种状况正在给负担过重的精神科医疗服务造成损害"。根据香港在 2017 发布的一份报告，精神疾病患儿的数量正以每年高达 5% 的速度增长，学校和家庭中越发沉重的学业压力被认为是潜在的致病因素。文章最后写道："这场危机表明，香港年轻人正在努力应对这座城市的情绪高压锅。"香港大学2016 年的一项研究显示，和美国及英国的儿童一样，香港学龄儿童的户外运动时间比服刑人员还要少。

在新加坡，著名儿童教育家克里斯汀·陈告诉我们，玩耍遭遇了组织和文化方面的障碍，而这些障碍在亚洲及其他人口稠密的城市中也很常见："大约 80% 的家庭居住在高层建筑中，户外活动便受到了限制。即使在幼儿园，日程安排上也只允许孩子每周进行两次户外活动。至于室内玩耍，学前课程的重点还是'有目的'的游戏。教育工作者在幼儿园设计任务卡时，会让孩子们有目的地去玩。放学后，学龄前儿童参加课外强化班，几乎没有时间玩耍。我担心的是孩子完全没有户外活动，生活中缺乏与自然的接触。

在韩国，孩子们的学校生活充满焦虑，他们压力极大，被繁重的课业和备考文化压得喘不过气来。39 岁的公关顾问权熙善是一个 6 岁孩子的母亲，她解释说："家庭作业对父母来说也是很大的压力。这是一个巨大的负担，特别是对有工作的妈妈来说。"她表示，"教育系统内的竞争激烈，学生必须学习一些甚至并不适合他们这个年龄段的东西，如小学就要学编码和幻灯片制作。"

学业压力、作业过多、睡眠不足，韩国学生的激烈竞争已经达到了令人发指的程度，而玩耍在教育体系中是一种罕见的存在。在韩国，超过 80% 的 5 岁儿童白天上幼儿园，放学后在私人学术培训机构（即补习班）进行第二轮学习，时间长达 4 小时。当四名学生在一年内相继自杀时，韩国高级科学技术学院学生委员会发表的声明中写道："日复一日，我们陷入了一场无情的竞争，我们感受到的只有窒息。因为作业量过大，我们甚至都抽不出 30 分钟来关心那些遇到难处的同学。"学生们叹息道，"我们再也没有无拘无束开怀大笑的能力了。"

一位韩国高中生描述了一个典型的一日安排：大约 10 个小时的学习，短暂的晚餐休息，然后学习到晚上 10 点。一些学生随后会在家里或补习学校继续学习，一位补习班工作人员这样描述补习班："那些设施没有灵魂，薄薄的墙壁将房间分隔开，长条形的荧光灯下，学生们都在背诵英语单词、韩语语法规则和数学公式。"

这种持续 12 年不间断的学业压力，最终是为了一场成败攸关的 8 小时全国标准化考试——Suneung 考试，或称"大学学业能力考试"。奖品是进入一所精英大学的资格，如首尔国立大学、延世大学或韩国大学。25 岁的辛浪金说："大多数老师都强调，如果我们考砸了，我们今后的一辈子就完了，因为考试是我们成功人生的第一步（也是最后一步）。"她把这次考试描述为"我们生活的最终目标和最终决定因素。我们认为，如果成功地完成了考试，那么光明的未来就会随之到来"。

根据韩国国家青年政策研究所的数据，四分之一的学生有过自杀念头。事实上，韩国的青少年自杀率在发达国家中排名第二。几年来，韩国的学校体系在经济合作与发展组织的 PISA 测验中取得了高分，该测验考查 15 岁学生的阅读、数学和科学素养水平。然而，这个测验经常招致批评，因为它强调记忆和备考，很少考查实际应用。事实上，75% 的韩国孩子上的"补习班"，除了备考，什么也不做。

东亚地区的教育家们越来越担心他们过分执着于考试的高压教育体系将遭遇失败。因为学生几乎把所有的时间都花在学习上，他们几乎没有机会去创造、发现或释放自己的激情，锻炼身体和社交技能。最近的一项大规模研究发现，中国小学生患有异常严重的焦虑、抑郁和身心应激障碍，这似乎与学业压力有关。该报告的作者写道："竞争性和开放性的教育环境导致了中国小学生的高度紧张和心身症状。应紧急采取措施减轻学校对儿童施加不必要的压力。"

在印度这个拥有 3.5 亿 15 岁以下儿童的国家，教育体系高度分散，资金普遍不足，可以说还处于初级发展阶段。玩耍在学校里不多见。据詹姆斯麦迪逊大学教育学院副教授斯密塔·马图尔说，在这个世界上人口最多的国家，教师的准备工作"还处于初级阶段"。"玩耍被认为是学龄前儿童的工作，但印度家庭很快就采用了传统观念——玩耍与学习脱节，特别是在学校，"她告诉我们，"玩耍被视为纯粹的娱乐，是释放过剩能量的一种方式。它常常被视为对教育的剥夺或对学业的逃避。课余时间是用来奖励在学校努力学习的孩子的。从小学开始，玩耍、艺术和音乐等活动都非常有限。"

如今在英格兰，如果你是个孩子，被发现独自在户外玩耍，你可能会成为刑事调查的目标。2015 年，在英格兰中部的贝尔珀镇，一名 4 岁的男孩和他 6 岁的姐姐成为邻居投诉的目标，理由是他们在街上玩滑板车和玩具卡丁车的时候太吵了。穿着制服的警察接到报警后前往，他们的母亲被警方展开的 45 分钟的现场调查吓到了，她惊呼道："孩子们在阳光明媚的大白天到街上玩，竟然还能惊动警察，我们这过的是什么日子？"离这儿不远的诺丁汉郡，警察向斯内顿埃纳大道上踢球的儿童家长发出通知，警告他们乱踢球可能会造成严重的财产损失（球会砸到东西）。警方还提醒道，任何诸如此类的"反社会行为"或"不服从命令的固执己见"都可能被判 100 英镑的定额罚款，或招致 2014 年《反社会行为犯罪和治安法》第 12 项法规下达的禁令。一家报纸报道了这一事件："诺丁汉郡警方的一名执法人员进一步强调，任何违反这一命令的行为都是刑事犯罪，将被判处监禁。"

与美国一样，在整个英格兰地区，孩子遭遇交通事故或被陌生人绑架的风险已经所剩无几了——他们在家久坐不动，玩着电子游戏，户外活动正在被取代。玩耍也正在从学校消失——取而代之的是标准化测验、压力和焦虑。根据 2015 年英国议会工作组关于健康童年的报告，在过去的 10 到 15 年里，英格兰地区的小学一年级也从传统上以玩耍为主的课程转变为更正式的由教师主导的教学。英格兰的孩子们甚至从 4 岁起就被要求通过正式的教育来学习。然而，越来越多的意见表明，四五岁的儿童可能还没有为小学才会接触到的正规教学方法做好准备。迫使年幼的孩子过早参与这类教学，可能会给幼儿的成长发育带来压力和伤害。

2012 年，一份英国国家信托基金的报告揭示了英国儿童正在远离大自然的事实。报告称，经常在野外玩耍的儿童只占不到十分之一，而上一代人的数据是 50%。自 20 世纪 70 年代以来，允许儿童在无人看管的情况下在家附近活动的地区已经减少了 90%。根据《联合国服刑人员待遇最低限度标准规则》，"如果天气允许，每一个没有从事户外工作的服刑人员每天至少应在户外进行 1 小时的适当锻炼"。但据估计，英国近四分之三的 5 至 12 岁青少年在户外的时间少于监狱的服刑人员。伦敦大学教育研究所的一项分析发现，英格兰和威尔士地区 7 至 11 岁的小学生午餐时间缩短，下午的休息时间几乎被取消。

在英国，学校普遍过度使用标准化测验，这种做法把本该以玩耍为根基的学校变成了施压者，全国范围内的教师和家长们对此表示强烈反对。2016 年 5 月，全国超过 44000 名家长签署了一份请愿书，抵制政府强制实施的测验。一位名叫乌尔里克·谢拉特的母亲参加了抗议活动，她解释说："我今天不让孩子上学是因为我热爱教育。我喜欢看到我的孩子们对学习阅读和写作感到兴奋。然而，想想看，SATs（政府强制的标准课业测评考试）和自上而下的测验正向教师们施加压力，迫使他们为了这些测验而教学，而不是让孩子在玩耍中学习。"她补充道，"有那么多有力的证据表明，孩子们是通过玩耍学习的，不是那些与他们的生活毫无关联的抽象课程。"最后她总结说，"小学生不需要政府主导的全国性考试，他们正在失去学习的乐趣。"另一位参与抗议的母亲尼古拉·杰克逊让自己的孩子们待在家里，她表示："我不同意政府的观点，他们加大课程的难度，以提高标准。可学习只能发生在孩子们想学、有兴趣学的时候，不是他们被迫学习的时候。"

2017 年，全国教师联合会年度会议上，教师们考虑抵制为 7 岁和 11 岁儿童设置的 SATs 考试，他们谴责该考试会损害孩子的心理健康和学业前途，并有使课程范围缩小和"为考而教"的风险。一位老师将 SATs 比作"对学校紧追不舍的恶魔"，一位代表认为这些考试应该被"斩首"。而另一位老师则表示，教育工作者们应"彻底推到这令人生厌的"由计算机完成的标准化评估系统。

来自曼彻斯特的老师克里斯·艾顿，认为老师应该"解放"孩子们的思想，而不是让孩子为他们无法理解的考试做准备，她的想法得到了大家的起立鼓掌。教师工会官员凯文·考特尼指出："小学教育，应该是孩子们逐渐爱上学习的阶段，不该被害怕和恐惧失败所占据。"他补充说，"在一系列狭隘的学科和期望范围内不停钻研，是在剥夺学习的乐趣，而且其中很多内容的教育价值都值得怀疑。"

"我能想到最黑暗的词，就是虐待。"伦敦著名的切尔西露天幼儿园校长凯瑟琳·索利在接受《幼儿园世界》杂志的采访时说，"童年应享有的权利正在消失。会有一些孩子在阅读测验中不及格。他们将被视为失败者。6 岁就失败了？弥漫在家长们中间的偏执情绪会让孩子感到压力和精神创伤。"

她表示："我们看到孩子们来到这里，他们会认字母表、会数数，但不会擦鼻子，不会擦屁股，也不会和其他同龄人一起玩。我们失去了这一代的孩子，他们是由善意的父母抚养长大的，他们虽然尽了自己最大的努力，但却被引上了一条道路，我们不知道这条道路将会在哪里结束。这是很危险的。"

"英格兰地区的孩子从进入学校的那一刻起，就面临着学习读写和做数学题的压力。"剑桥大学的戴维·怀特布雷德指出，"在许多学校，孩子们成了阅读方面的'后进生'，而在许多其他国家，他们的同龄人甚至还没开始上学。现在，政府开始对 4 岁的孩子进行入学考试。根本没有例子能佐证政府口中的'越早越好'。"

2018年，英国一个专家小组发布了一份报告，谴责政府对4岁儿童实施"基线测验"的提议。报告的作者之一，儿童教育学家南希·斯图尔特指出："提议在2020年对99%的4岁儿童进行测验，这是基于一个错误前提的，即4岁儿童的知识和技能是可以准确测量的。但很少有统计学家相信这一点，也没有研究表明，4岁时的成就与后来的进步之间存在着紧密的联系。"

"如果你每天监禁孩子8个小时，如果你不给老师创造的自由，如果你把他们当作数据百分点或流水线上的产品来对待——如果他们对此表示不太高兴，你可不要感到惊讶，"全球著名的教育研究者和游戏倡导者肯·罗宾逊爵士指出，"如果我们开始把学生当作人，把学校当作孕育想象力和创造力的中心，那么就会得到完全不同的结果。"

在过去的几十年里，玩耍在英国被认为是童年和学校教育的基础。1926年，英国政治家大卫·劳埃德·乔治宣称："玩耍的权利是孩子对社会提出的第一个要求。玩耍是大自然对生命的训练。任何社会若侵犯这项权利，都会对其公民的思想和身体造成持久伤害。"1967年，普罗登委员会具有里程碑意义的教育报告指出："玩耍是儿童早期学习的主要手段。这是孩子们调和他们的内在生活和外在现实的方式。在玩耍中，孩子们逐渐形成因果关系的概念，即辨别和判断、分析和综合、想象和规划的能力。孩子们开始全神贯注于他们的玩耍，而让玩耍达到令人满意结果的满足感，养成了他们集中注意力的习惯，这种习惯可以转移到其他学习中去。"《剑桥小学评论》（Cambridge Primary Review，40年来英国最大规模的小学教育调研）2009年的报告例举了以玩耍为基础的早期教育的优势。

然而，在GERM的渗透下，学校"优胜劣汰"竞争的加剧、教学标准化、基于标准化测验的惩罚性问责制和公共教育私有化，不仅席卷了美国，而且也在中东、撒哈拉以南非洲地区、英国及其前殖民地澳大利亚蔓延。由于国家越来越强调基础知识和技能，在澳大利亚的许多学校里，艺术、音乐、戏剧和其他重要的基础教育被大幅削减。

纵观澳大利亚的所有学校，玩耍正被排除在儿童教育之外，越发严格的学术要求被施加在越来越小的孩子身上。这项政策被称为"国家评估计划"（NAPLAN，National Assessment Program Literal and

Numeracy），目标是提高儿童在澳大利亚国家高利害测试中的分数。这是一项标准化测验制度，每年耗资 1 亿澳元（7500 万美元），用于评估三、五、七和九年级所有学生的阅读、写作、语言习惯（拼写、语法和标点符号）和计算能力。

自 2008 年推出 NAPLAN 以来，一轮接一轮的高耗时测验稳步进行，但是人们不愿看到的情况还是发生了——计算和读写的分数已经趋于平缓或下降。最近，包括新南威尔士州在内的多州教育领导人，要求对 NAPLAN 进行彻底审查，并重新考虑是否应继续实施，因为它给儿童和学校带来了意想不到的后果。

墨尔本大学研究人员于 2012 年进行的一项研究显示，90% 的澳大利亚教师报告说，孩子们在一系列高利害标准化 NAPLAN 测验中出现了与压力有关的哭闹、呕吐和失眠。这项研究引起了人们对 NAPLAN "意外副作用"的强烈担忧，包括测试前的教学、花在其他科目上的时间减少，以及对员工士气和学生健康的负面影响。"为了对儿童进行测验，我们缩小了课程范围，"首席研究员尼基·杜尔弗说，"其实我们可以在不限制孩子学习音乐、语言和艺术等其他学科的情况下，继续计算和读写的教学。"

从 2017—2018 学年开始，苏格兰地区的 4 岁儿童都要用电脑进行在线读写和数学测验，这些测验被称为"苏格兰国家标准化评估"（SNSAs）。一位老师反映说："我已经教书 15 年了，一辈子都没见过这么残忍的无理取闹！"老师们称标准化测验是"一团糟"和"完全没用"的；而孩子们则"因极度痛苦而流出眼泪，浑身发抖，大哭不止，把自己弄脏"，并大喊"我不够好""我做不到""你们为什么逼我做这些？"。SNSAs 并不像英格兰或美国施行的惩罚性标准化评估，而是旨在为教师提供诊断信息和即时反馈，以帮助儿童在学习中取得进步。但许多苏格兰教师和家长担心，这些测试对小学低年级孩子来说压力太大，并强烈要求取消这些测验。

科克理工学院的儿童教育专家朱迪斯·巴特勒表示，在爱尔兰，未受过专业培训的教师根本不理解玩耍的重要性。"他们认为那是老师在课程结束后提供的一些东西，但他们没有意识到，最有效的'课程'可以通过玩耍来传授。"她告诉我们，"任务表和作业本在学校里随处可见。有人可能会说，这种'产品'式教学对促进发展毫无帮助。"

即使在一些历来喜欢玩耍的北欧国家，学校中的玩耍也受到了威胁。儿童早期教育教授艾伦·贝特·汉森·桑德塞特介绍说："在挪威，有一股政治力量推动着幼儿园或托儿中心，朝着更加学术和正规的教学方向发展。"她告诉我们，这种推动始于 21 世纪初，当时经济合作与发展组织的 PISA 测验显示，挪威的 15 岁孩子的得分处于中等水平。桑德塞特告诉我们，挪威的幼儿研究人员和教师们正在反击这种压力，他们发起了一场支持玩耍的"暴动"，以反对政客们要求进行大规模测验的呼吁。冰岛大学教育学院的研究员科尔布伦·帕尔斯多蒂尔介绍说，冰岛的学前教育学校（1 至 5 岁）会注重玩耍，但"义务教育学校（6 至 16 岁）就不那么注重了"。在丹麦，奥胡斯大学（Emdrup 校区）的儿童研究员和荣誉教授斯蒂格·布罗斯特姆介绍说，在他们那里，以玩耍为基础的早期教育（日托班、学前班和幼儿园）仍然盛行，但从小学开始，1 至 9 年级的玩耍就只是一个非常次要的角色了。直到 2015 年的学校改革要求更多的玩耍和体育活动，情况才有所改善。

现在，好消息来了！

是时候告诉你一些好消息了。

在所有这些黑暗面前，有一线希望——事实上，学校中的玩耍可能已经准备好重新席卷全球了。在世界各地的学校和课堂中，我们发现了许多受到玩耍启发的优秀课堂实践正在发挥作用，它们珍视孩子天生的好奇心、想象力、创造力和学习能力。

我们见证了这些"玩耍捍卫者"在世界各地所做的努力——在得克萨斯和纽约，在苏格兰和新加坡，在日本和中国，在新西兰和澳大利亚。

有时，勇敢的老师和家长为了捍卫玩耍而单枪匹马地到学校据理力争；有时，他们为了让所有的孩子能够玩耍而拼尽全力。

我们将所有的这些努力称为"伟大的玩耍实验"。

第八章

芬兰玩耍实验

THE
FINLAND-STYLE
PLAY
EXPERIMENTS

学校应该是孩子最喜欢的地方。

——海基·哈珀宁，东芬兰大学教师培训学校校长

威廉·多伊尔的故事

2015 年夏天，我搬到芬兰，开始在芬兰教育系统内进行一项家庭实验。

在芬兰约恩苏的一所社区公立学校，我给 7 岁的儿子登记入学二年级。那是一个偏僻、田园风格的大学城，位于北卡累利亚的茂密森林和湖区，在你到达俄罗斯边境之前，它是离欧盟东北部最远的地方。由于我在电视和出版业的经验，美国政府给我赞助了富布赖特奖学金。于是，我成了东芬兰大学的一名教员，教授媒体和教育方面的研究生课程。在此期间，我的儿子转学去了大学里的教师培训"实验室"学校，因为那里离家很近。

我很快感觉到自己好像在另一个教育星球上着陆了。

在纽约，我习惯于和其他家长在操场上讨论如何通过残酷的竞争，进入公立和私立的精英与"天才"幼儿园、学前班和小学。一些家长聘请了导师和教练，让 4 岁的孩子做好准备，以便在高压力的学前入学考试和面试中有出色的表现。当家长不能操纵自己的孩子到达那个他们梦寐以求的位置时，他们就会崩溃。

在美国，许多 5 到 6 岁的幼儿园孩子要花上好几个小时做家庭作业。这让一些孩子和家长感到绝望，并引发了关于如何管理这一过程的家庭争吵。许多孩子过着被保护、被包围、被严格安排的室内生活，专注于学习和按部就班的"充实"活动，每日，他们清醒的每一分钟都由成年人编排。在美国内陆城市的高度贫困地区，学校往往存在种族隔离和资源不足问题，却被几代政治领袖忽视。一些可供选择的"特许"学校里有新兵训练营，里面充满了监狱的气息，在这种氛围中，学业压力、焦虑和过重的作业被认为是孩子在标准化测验中取得好成绩的关键。可令人难以置信的是，一些特许学校雇用了刚毕业的大学

生，他们只接受了 7 周的培训，就成了"教师"。

但到了芬兰，我看到了这样一个国家：大多数孩子都在附近的公立学校上学，这些学校的经费分配是公平的，而且是公认的最优秀的学校。在那里，教师像科学家一样受到严格的培训，也得到了相应的尊重。而且人们普遍认为，玩要既是童年的核心，又是早期教育的必要基础。那里的课时短，作业也相对较少。

教师必须具有研究性硕士学位，在儿童教学方面也要有广泛、受监督的临床培训经验。这样，教师会得到公众的高度尊重，享有专业自主权。当我告诉芬兰人，许多美国学生和教师在学校承受的压力和焦虑时，他们的反应是如此恐惧、难过，以至于我很快就放弃了这个话题。

相反，我听到芬兰父母和老师反复念叨"让孩子成为孩子""孩子们必须得玩""孩子的工作就是玩"后，一位芬兰母亲告诉我："在这里，如果你不经常让孩子到外面玩，你就不是人们眼中的好父母。"对芬兰的许多孩子来说，冒险游戏是被允许的，甚至是被鼓励的。有一天，在大学附近的一条林间小路上，我看到一位开心的芬兰父亲在为他 6 岁的女儿鼓掌，她爬上了一棵很高的树，还擦伤流血了，那棵树高到让世界上许多父母都会感到惊骇。"如果她摔了一跤，摔断了胳膊，"那位父亲若无其事地说，"那是件好事，因为她已经学到了一些东西。"

按照当地的传统，我的孩子在 7 岁时学会了如何完全靠自己的力量，安全地步行上学，这段上学旅程中包括 8 个街道交叉口和两条繁忙的主干道。他当时的年龄，比美国大部分地区允许孩子这么做的年龄小了 5 到 6 岁。在芬兰，车辆会自动停下礼让行人，特别是过马路的儿童，这是一个完全正常的程序。当我问儿子为什么这么喜欢步行上学时，他自豪地解释说："这让我觉得自己是个大人。"在纽约市，允许一个 7 岁的孩子步行上学，独自过马路，可能会导致父母在一天还没结束时就被送进监狱，不过考虑到纽约市的交通隐患，也许这并没有什么问题。

当我还是个孩子的时候，我喜欢在母亲的家乡度过漫长的夏天，那里是密歇根上半岛森林中一个主要由芬兰裔美国人组成的社区，离欧内斯特·海明威小时候嬉戏的地方不远。但从那以后的几十年里，我很少想起芬兰。我在曼哈顿的操场和水泥混凝土建筑里度过了剩余的童年时光，在那里，我的父母参与创办了卡德蒙学校，那是纽约市第一所现代蒙台梭利小学。我隐约记得第一天上学的感觉，我自豪地坐在自己的桌前，开启了一段充满发现、探索、实践和自己主导的创造性玩耍的早教旅程。

在所有的这些地方，为什么我偏偏来到了芬兰？ 2012 年，在帮美国民权英雄詹姆斯·梅雷迪思撰写回忆录时，我们采访了一个美国顶尖教育专家小组，询问他们对改善美国公立学校的看法——这是一件梅雷迪思特别热衷的事情。其中的一位专家，哈佛教育研究院的著名教授霍华德·加德纳回答说："向芬兰学习，那里拥有最高效的学校，它的做法与我们在美国的做法正好相反。"加德纳还建议美国人阅读帕西·萨尔伯格的《芬兰课程》，我很快就读了。并发现这本书是如此引人入胜，让人想一探究竟，于是我在帕西访问纽约期间找到了他。

"来芬兰看看，"帕西告诉我，"你就会明白，如果更好地利用自己的教育家和学者资源，美国的学校将会变得多么强大。"帕西解释说，这个秘密很简单。芬兰的学校体系是建立在美国率先提出的理念之上的——如教师专业精神、教育研究与创新、合作学习、培养孩子全面发展、通过玩耍学习——芬兰只是坚持了这些理念。帕西解释说，芬兰是一个由教育者而不是政治家或其他人管理学校的国家。芬兰的教师是世界上最训练有素的教师群体之一，这也在一定程度上使芬兰意识到，没有必要建立一个全国通用的标准化考试制度，因为在这个制度的最前端，也就是教师队伍中，已经"内置"了极高的教学质量和高标准。芬兰的家长和政界人士相信教师群体的专业智慧和判断力，这些智慧和判断力才能评估孩子学习的好坏，测验公司可不行。事实上，芬兰的孩子在高中毕业之前（18 岁左右）不会参加任何高利害标准化测验。但高度专业的教育工作者们每天都会对学生进行全天候的评估。

结论：芬兰的儿童教育体系被公认为是世界上最好的，在世界经济论坛《全球竞争力报告》、联合国环境基金会《可持续发展目标报告》

以及经济合作与发展组织的《美好生活指数》的最新质量排名中名列第一。最近，芬兰也在——全球最有效的教育体系、最可持续的教育经济发展、最稳定的国家、文化程度最高的国家、最绿色的国家、最幸福的国家、空气最干净的国家、最有力地赋予妇女政治权力、新闻自由度最高、腐败程度最低、最具创新性的经济、最强大的政府机构、最佳的人力资本和最适合居住的国家——全球排名中位列第一。对于一个拥有 560 万人口的有百年历史的国家来说，这已经很不错了。20世纪 70 年代初，这个国家是经济合作与发展组织成员国中，经济最不发达的国家之一。

也许芬兰教育理念中最令人惊讶的部分是玩耍在儿童生活中的核心作用，无论是在校内还是校外。在早期，孩子们通过各种形式的玩耍、体育活动、音乐和戏剧来学习阅读和数学。正式的学习在一年级之后才会开始，也就是孩子们 7 岁，刚进入小学的时候。在这之前，孩子们把时间花在玩上，无论是自由玩耍还是老师指导下的游戏，都能培养孩子的独立性和责任感，帮助孩子了解自己和他人。

芬兰教师认为，当孩子在学习环境中注入好奇心并积极参与时，高质量的学习就会发生，而所有这些都会因玩耍得到增强。换句话说，当学生在现有知识和即将学习的知识之间建立起可以通过玩耍激活和培养的联系时，优质的学习就发生了。正如著名的瑞士精神病学家和哲学家卡尔·荣格所说："新事物的创造并不是由智力所成就，而是源自于内在所需的玩耍本能。有创造力的头脑会与它所钟爱的对象玩耍。"

在芬兰，我进入了这样一个儿童教育体系——它是建立在高度专注的基础上的，包含课堂上有趣的智力发现，还有接连不断的户外玩耍。有一天，在我儿子的学校里，我看到一个四年级的学生正全神贯注地用各种工具制作机器人。一组孩子围着电脑屏幕上的说明书，手脚并用地共同完成组装轮式微型机器人的复杂任务，这些机器人可以说话、移动和播放音乐。他们的老师朱西·耶塔瓦解释说，孩子们不仅是在学习关键的科学和技术（或称 STEM）技能，他们还是在培养团队合作、领导、谈判和管理所需的技能。

这与美国内城区一些"没有借口"的学校形成了鲜明对比，在那些美国学校，低收入家庭学生受到监狱式的行为控制，未经允许不得讲话，不得在不平坦的路上行走，甚至不得将目光从老师的脸上挪开；而在芬兰和其他地方，孩子随时可以咯咯大笑，随意扭摆，因为孩子（尤其是男孩子）天生就是这样的。这些孩子们在欢声笑语中度过了一段美好的时光，似乎完全沉浸在一种"流动"的状态中，或者说完全沉浸在创造性和富有成果的知识汲取中。

"他们一边学习一边玩得很开心，"耶塔瓦老师说，"为什么不呢？他们可是孩子啊！"

课堂上的情感氛围是温暖、安全、尊重和充满鼓励的。一位在这所大学学习的中国实习老师对我感叹道："在中国的学校，你感觉自己像在军队里。在这里，你会觉得自己是一个幸福美满家庭中的一员。"她正在努力地留在芬兰执教。

站在科学课堂的一边，耶塔瓦老师说，这是他作为一名教师最美好的时刻之一，因为孩子们基本上是在独立操作，这实现了教育的主要目的："他们正在学习如何学习。靠他们自己。现在，他们不需要我了！"

制作机器人的过程实际上是一个"指导性的趣味探索"阶段，老师温和地监督这个过程，而学生们基本上是自学，在这个阶段的最后，孩子们被放到冰天雪地的学校操场，这是他们每小时都能享受的15分钟自由玩耍。芬兰教育者认为，体育活动可以提高儿童的学习能力、注意力、执行功能、行为能力，以及他们的身心健康。这与美国不同，在美国，许多学校都在削减课间休息时间，芬兰的学生每天中每一个小时都有15分钟的户外自由活动时间，不管天气多冷，也不管是否下雨下雪。孩子们即使在5华氏度（零下15摄氏度）的寒冷天气也要出去玩。再冷的话，他们也仍然会玩，但玩耍可能会被转移到室内。

在户外自由休息之后，孩子们精神饱满地跑回教室，他们沉浸在快乐之中，精神焕发，为下一项活动做好了准备。世界上很少有其他国家像芬兰一样，深谙经常接触体育活动、大自然、新鲜空气、情感上的支持以及合作的师生关系是儿童学习和幸福的基础。

正如哈佛大学的霍华德·加德纳对我预言的那样：这是一片奇异的土地，一个反教育之道而行之的国度，通过与许多其他国家相反的举措，以更高的效率（或许也因此带来了更快乐更健康的孩子）取得了卓越的成绩。在这里，新鲜的空气、自然和规律的体育活动被认为是学习的引擎，可以改善几乎所有对在校儿童最重要的"指标"，包括认知和行为、幸福感、出勤率和身体健康。芬兰有一句格言："没有坏天气。只有不合身的衣服。"一天晚上，我问儿子那天的体育课做了什么。"老师给了我们地图和指南针，把我们送到树林里，"他实事求是地回答说，"我们必须找到出去的路。"一个老师穿着醒目的安全罩衫躲在远处观察，以保证一切安全。就这样，孩子们在七八岁的时候靠自己学会了"定向越野"的规则和玩法。

我看到孩子们穿着袜子，开心地结伴而行，嬉戏着甚至跳着舞跑进食堂，玩耍和欢乐的气氛延续到了学校每天的午餐时间（芬兰免费为所有孩子提供营养丰富的热午餐）。一个女孩在走廊上做了个倒立。一位长相威严的教授对不断走进来的孩子们微笑，并和他们击掌。他是校长海基·哈波宁，也是一名职业儿童教育家。作为芬兰八所国立大学教师培训学校协会的主席，他实际上是芬兰的大师级教师。

看着孩子们飞奔而过，笑容满面的哈波宁向我解释道，走廊上的场景揭示了一个芬兰在儿童教育方面取得历史性成功的秘诀。"对成人和儿童来说，玩是非常重要的。孩子们必须在学校里玩，原因有很多。当孩子活动时，他们的大脑工作得更好，然后他们在课堂上会更容易集中注意力。对孩子的社会化来说也一样重要，他们通过玩耍来协商、社交、建立团队和友谊。"

"学校应该是孩子们最喜欢的地方，"哈波宁说，"孩子们一定觉得学校是他们的家，是属于他们的。他们非常聪明，能感受并享受充满信任的氛围。我们为他们提供了一个环境，让他们能明白：'这是一个我受到高度尊重的地方。我在这里感到安全和舒适。我是一个非常重要的人。'我的工作是保障孩子们一直拥有这样的环境。所以我每天都来上班。"

哈波宁亲自设计了这所北欧现代学校的大部分建筑。这是一个由传统教室组成的网络，由宽敞的走廊、电影般柔和的灯光和暖色系连接起来，还有一间豪华（按照美国标准衡量）的教师休息室，用于喝咖啡和交流合作，附近还有一个供教师使用的桑拿浴室。舒适的角落随处可见，沙发分散在各处，让孩子们也能在此放松休息——和朋友蜷缩在一起或沉浸在一本书里。所有的空间都是相连的，一侧是高科技科学实验室、壁炉和毛绒沙发；另一侧是模块化的开放图书馆和杂志库，供孩子们阅读。这也是该校的独特之处。在最近的一次访问中，一位来自西班牙的老师在学校里待了几分钟便沉默了，几乎要哭出来。"太美了，"她感叹道，"在西班牙，我们的学校就像监狱。但是这里，就像梦一样。"一位芬兰老师听了这个故事后打趣道："也许我们的座右铭应该改成'来芬兰哭一场'。"

在校长办公室，哈波宁指了指墙上千奇百怪的手工雕刻木船，这些木船的形状、大小和类型各不相同。"我是在一家商店看到的那些船，"他回忆说，"它们可真漂亮。我也不知道为什么，就当即决定要把它们买下来。我把它们挂在办公室的墙上，这样一整天都能看到它们。"

"后来，我意识到了它们是什么，"他继续说，"它们是孩子。它们代表了一个事实：所有的孩子都是不同的，他们从不同的目的地出发，经历不同的旅程。作为教师，我们的工作是帮助孩子们度过旅途中遇到的风暴和冒险，让他们安全而成功地融入社会和这个世界。我的工作是为孩子们保驾护航。这也是我每天都来上班的原因。"

我了解到，在芬兰及其他北欧国家，玩耍从一开始就"融入"了儿童教育，因为它贯穿于整个文化。学前班和幼儿园都是以玩为主的，孩子们通过游戏、歌曲、户外活动、对话和实践探索来学习。数学和语言的正式学术教学直到儿童 7 岁时才开始，那时大多数儿童已经顺利地准备好去"解码"这两门学科，并探索和掌握各种其他科目了。

与许多国家不同，芬兰的父母更喜欢给孩子一个充实、愉快的童年体验，所以不急着让孩子更早地开始正式学习。他们表示，童年是孩子们在学习如何与其他孩子相处时，发现自己内心世界的时刻。

2016 年 8 月，芬兰在全国范围内推出了新的《国家幼儿教育与护理核心课程》和《国家基础教育核心课程》，强调注重每个孩子的个性，并宣布"儿童有权通过玩耍学习，体验与学习有关的快乐"。鼓励儿童表达自己的观点，信任自己，乐于接受新的解决方案，学会处理不明确和矛盾的信息，从不同的角度思考问题，寻求新的信息，并审查自己的思维方式。教师被要求每天给学生反馈，并根据每个人的起点做出评估，不能与其他学生进行比较。这些新的国家核心课程是指导地方规划和教学的基本框架，是以研究和实证为基础，由教育工作者根据家长和儿童提供的广泛意见而制定的。

芬兰的教育愿景与美国、英国和其他地区的政客们强加给公立学校的愿景几乎一模一样。但事实上，芬兰明确禁止教师将学生们的成绩进行比较，教师的工作是评估每个孩子的个人成长，这与其他教育体系的普遍观点大相径庭。根据新的指导方针，从一年级到七年级，学校现在可以选择减少对"数据"的依赖，减少数字或象征性的分数，转而采用叙述性反馈和形成性评估。不及格的学生仍然会得到一个"不及格"的反馈，万不得已时还可以撤销。

作为一名公立学校孩子的父亲和大学讲师，我的生活离不开芬兰的教育体系。在同由这个体系培养的几十名芬兰研究生交谈之后，我越来越清楚地认识到：尽管拥有一个相对同质的文化背景是芬兰的优势，但芬兰学校取得成功的主要原因，不是因为他们在种族上或文化上是芬兰人，而是因为他们得到了来自社会的配合和支持。一个以儿童为中心、以实证为依据、以价值观为基础的完整的学校体系，由高度专业化的教师和致力于儿童和教师福祉的校长管理，并以玩耍为助推器。这是全球教育的最佳实践，而非仅适用于芬兰的文化怪癖。

重要的是，芬兰小学班级的平均人数接近 20 人，而纽约市公立学校的班级人数通常为 30 人甚至更多。涉及实验室设备或机械的课程不得超过 16 人，如金属车间、木材车间、缝纫和烹饪（所有七年级学生必须参加）。由于班级规模如此之小，加上极为强大的早期特殊教育干预措施，在芬兰，十年级之前的学术"追踪"被认为是不必要的。

与其他国家相比，芬兰拥有真正鼓舞人心的教育体系，也可以说是世界上质量最高、最有效的儿童教育体系，但其学校还远未完善，面临着重大的问题和挑战，包括削减预算、移民增加和种族多样化。近几年来，男孩的阅读能力急速下降，社会压力加剧，学生辍学增加，还有来自快速发展的数字化社会的挑战。事实上，芬兰的一些教育优势可能与文化有关，很难在其他国家迅速复制。然而，芬兰的人口规模和结构与美国约三分之二的州大致相似，美国的教育政策主要由州和地方两级管理。芬兰的学校是独特文化的产物，但其他国家的公立学校也是如此。

下午一点半或两点，像许多芬兰孩子一样，我儿子在结束了极其短暂的学校日后，穿过城镇来到了一个社区课余俱乐部。在俱乐部里，孩子们一起吃零食、做作业、做运动，或者一起去图书馆，但他们下午的大部分时间都是在后院进行户外自由活动。一个漆黑的冬日下午，他们把所有的时间都花在外面，在冰冷的雨中一起玩耍，做泥饼和雪人，用棍子挖土。那天结束时我去接他，他身上覆盖着一层厚厚的冻泥，却特别开心。我想，在纽约市，这个年龄段的许多孩子整个上午和下午都坐在课桌旁，或忙于各种高压的课外班，如普通话课、编码课、曲棍球练习课和小提琴课。但对于一个 8 岁的孩子来说，玩冰冷的泥巴可能和任何一门"充实课程"一样好，也许还更有趣一点。

访问芬兰的幼儿园时，我惊讶地发现：没有任何教师或护理人员专注于正规的学术材料，就像美国和许多其他国家的早期教育那样。相反，我看到孩子们在日常中变得独立，和伙伴们相处融洽，珍惜彼此的陪伴，欣赏艺术和音乐，享受玩耍。孩子们不是通过练习和作业来学习语言和基本的数学概念，而是唱歌、游戏、与和蔼的老师交谈和实践活动。芬兰《幼儿教育法》规定：幼儿教育的目的是"开展以玩耍、体育活动、艺术和文化遗产为基础的多种教学活动，并使学生获得积极的学习体验"。换换句话说，玩耍是芬兰儿童的一项基本权利。当局有责任确保这项权利在全国的幼儿园和学校得到尊重。

芬兰是如何成为一个对儿童和家庭如此友好的国家的？最近，一个美国考察团问他们这个问题时，芬兰议会的两位女议员互相看着对方，同时说："因为我们！"她们解释了妇女在政治中不可忽视的代表作用推动了更好的整体解决方案，特别是对家庭、儿童和母亲而言。她们解释了自 20 世纪 80 年代末以来，有多少关键立法是由妇女立法者发起的。例如：1986 年的《芬兰两性平等法》，该法案要求在委员会、理事会、特别工作组和其他公共部门机构中，女性代表的比例必须不少于 40%。所有北欧国家都有类似的两性平等条例、普遍的育儿假和儿童保育制度、保证孩子平等接受高质量幼儿教育的公共政策，以及完全由国家资助的公共教育系统，其中也包括高等教育。在联合国儿童基金会 2017 年关于发达国家如何满足儿童需求的报告中，北欧五国在各项排名中均占据主导地位，而美国在 41 个参与国中排名第 37 位、新西兰排名第 33 位、加拿大排名第 25 位、澳大利亚排名第 21 位、英国排名第 13 位。

另一项国际调查，世界经济论坛的《全球性别差距报告（2018）》，对妇女的经济参与和机会、教育程度、健康状况和政治权力进行了比较。北欧国家（除了丹麦排名第 13 位）再次占据了世界 149 个国家的前 5 位，美国排名第 51 位、澳大利亚排名第 39 位、加拿大排名第 16 位、英国排名第 15 位、新西兰排名第 7 位。在 2015 年救助儿童会关于妇女和儿童健康、学历、经济状况和幸福感的年度"世界母亲状况"报告中，芬兰和其他北欧国家再次瓜分了"母亲指数"的最高位次。在 179 个国家中，美国排名第 33 位、英国排名第 24 位、加拿大排名第 20 位、新西兰排名第 17 位、澳大利亚排名第 9 位。这些排名表明：优先考虑家庭、儿童福利和教育的国家性别差距较小。

世界上最适合母亲和孩子居住的国家——芬兰、挪威、瑞典、冰岛、荷兰和丹麦——至少有两个共同点：在这些国家的议会或立法机构中，妇女参政率达到了 40%；它们的教育体系有着共同的价值观，包括通过玩耍学习的传统基础（图 5）。在一个国家中，可能女性拥有的政治话语权越多，该国教育体系就越能体现孩子玩耍的必要性。有趣的是，2018 年的芬兰议会中，有 10% 的议员具有教师专业背景。

芬兰也是世界上教育公平程度最高的国家之一，意味着学生的社会经济地位对他们在学校的学习成绩几乎没有影响。在所有成功的学校体系中，公平都是重要的议题。注重公平意味着——高度优先的早教普及计划，所有学校提供全面的健康保障及特殊教育服务，以及认为艺术、音乐、体育活动和学术科目同等重要的均衡课程。资源分配的公平性是教育公平的关键，因为学校要满足更多儿童的不同教育需求，也就需要获得更多的资金，以帮助每个学生取得成功。

在所有发达国家中，芬兰在其玩耍式学习和教师专业化的儿童教育基础上，在经济合作与发展组织的国际基准测验中，取得了教育公平与高成绩的最佳组合。这项测验被公认为是不完美的，但也能提供一些有效信息（图6）。芬兰与加拿大、日本、爱沙尼亚、韩国等一道，在公平性和卓越表现方面向世界级的最高水平迈进，这一进程可以被视为理论上的"通往教育天堂的阶梯"。

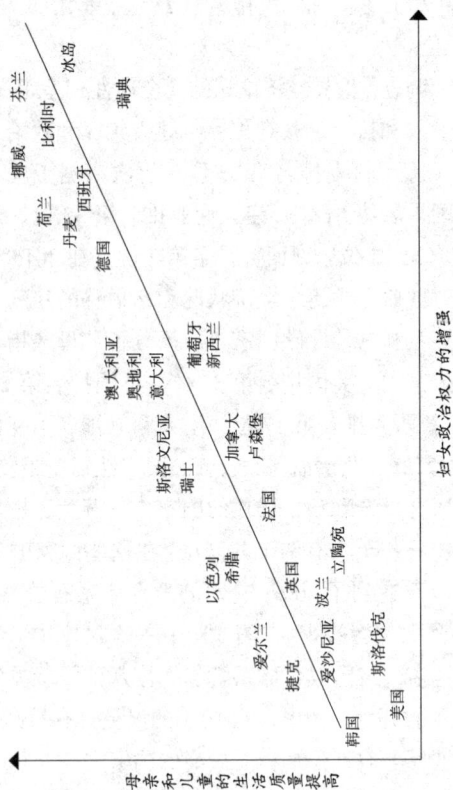

图 5. 母亲和儿童的生活质量随着妇女的政治参与度的增强而提高。芬兰和其他北欧国家一样，在"母亲和孩子的最佳居住地"以及"拥有最具政治权力的妇女"的国家排名中，得分最高。这些国家比许多其他国家更了解玩耍对儿童和学校的重要意义。

数据由救助儿童会（2016）和世界经济论坛（2016）提供。

资料来源：作者。

爱沙尼亚 芬兰 日本 加拿大 韩国 挪威 冰岛 意大利 荷兰 瑞典 瑞士 澳大利亚 英国 爱尔兰 比利时 奥地利 斯洛文尼亚 美国 土耳其 波兰 德国 捷克 丹麦 西班牙 以色列 希腊 新西兰 卢森堡 葡萄牙 法国 匈牙利 斯洛伐克 智利

教育成果公平性提高

学生学习成绩提高

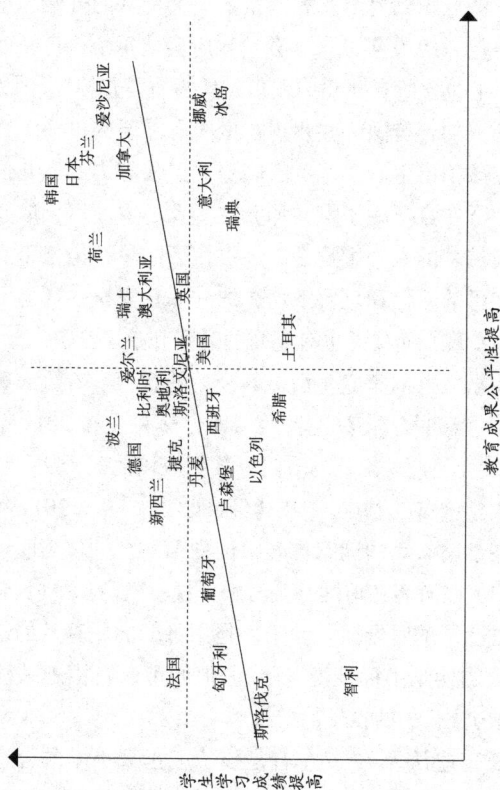

图 6. 经济合作与发展组织成员国的教育公平和学习成果质量。芬兰、加拿大、爱沙尼亚和日本的教育体系在学术学习和教育成果的公平性方面表现良好。

资料来源：OECD，作者。

芬兰从诞生之日起，就拥有一个显著的优势——自一个世纪前独立以来，妇女和儿童的权利和需求就已经"融入"了文化。芬兰是世界上第一个妇女充分享有政治权利的国家——可同时行使选举权和作为候选人参加竞选。今天，芬兰妇女在各行各业中都具有很高的代表性。实际上，在很多社会部门中，妇女已经掌握了话语权，这也转化为北欧国家普遍采取的关爱家庭和儿童的政策。在现代芬兰实验的初期，这个国家就意识到要给所有的孩子一个良好的开端，这将会让今后的每个人受益。1949 年以来，芬兰政府会给每个待产家庭赠送一次产科检查和一个包含所有婴儿护理必需品的"婴儿箱"。因为芬兰"婴儿箱"计划的成功，美国一些州现在也向有需要的母亲免费提供类似的婴儿箱。在孩子出生后，芬兰家庭受益于强有力的育儿假政策。如果父母中有一方在家照顾子女，那么在子女 3 岁前可领取家庭托儿津贴。这些政策带来的一个影响是，许多孩子的早期记忆里有很长一段时间，是在父母的陪伴和玩耍下度过的——在安全的环境下进行轻松愉快的探索和发现，而父母也有充裕的时间和孩子交流，陪孩子玩耍。

孩子上小学之前的家庭生活对其今后的教育有着重大影响。正如美国经济学家、诺贝尔奖获得者詹姆斯·赫克曼在 2011 年所宣称的那样："必须改变我们对教育的看法。我们应该让孩子从出生到 5 岁这段时间打好入学准备的基础。"在《经济学人》杂志 2012 年的一份报告中，芬兰在学前教育的国家排名中位列第一。一位名叫埃里卡·克里斯塔基斯的美国游客在访问芬兰时解释说："当我看到评估对象是学习环境而不是孩子的时候，无动于衷是不可能的。芬兰的幼儿教师对基于测验分数的伪学术标准说'不'，他们可以自由地关注真正重要的东西：他们与成长中的孩子的关系。"

芬兰家长普遍认为：7 岁左右是孩子上正规小学的合适时机，这种文化传统在北欧国家得到了广泛的传承。在此之前，孩子们应该去日托所和幼儿园，学会享受生活，学会彼此相处、了解自己，学会在室内和室外玩耍（当然，天气恶劣时除外）。在这个过程中，他们以轻松、自然和有效的方式学习阅读、说话和数学概念的基础知识。

近年来，芬兰在 PISA 测试中的排名有所下滑。在许多其他国家，政客和官僚们会按下名为"惶恐"的按钮，宣布国家进入紧急状态。常见的补救措施很可能包括：教师因为考试数据不理想而受到更多的惩罚，孩子们承受更大的学业压力。但是，芬兰没有这样做。相反，教育工作者和政府官员做了在教育改革领域几乎闻所未闻的事情。他们和孩子们交谈。然后他们意识到最大的问题之一是学生在学校中缺乏参与，以及当涉及到学习和校园生活时，孩子们感到自己的声音没有被听到。

芬兰当局与教师和家长一道，决定通过更多的户外活动和体育运动、更多的跨学科学习、更多有趣的课程和更多的生活课堂练习来改善小学教育，所有这些都是为了让学校更吸引学生，让学生更有兴趣。在芬兰关于幼儿教育和保育的全新国家核心课程中，将更加侧重于教授儿童实际生活技能，培养有助于他们成为成功的终身学习者的思维习惯，而不是像其他国家那样侧重于早期读写和算术。几十年来，芬兰一直在进行一项实际上是全国性的玩耍能力实验，而且效果非常好，他们因此正加倍努力。

11月下旬，当冬天的第一场雪来到我所在的芬兰地区时，我听到教职员工办公室窗外传来一阵巨大的骚动，那里靠近教师培训学校的户外游乐区，窗外都是茂密的树。那是孩子们尖叫的声音。我担心发生了什么可怕的事，赶紧跑过去查看。

时间已经过去了45分钟，整个芬兰的学生都享受到了每小时15分钟的户外自由活动时间，这意味着他们每天有三到四个"小课间"。田野里挤满了孩子，他们在松树和云杉林中品尝着冬天的第一种味道。雪越积越大，他们高兴得尖叫起来。我自己的儿子就在外面的某个地方，但孩子们被埋在冬衣里，行动太快，我很快就看不见他了。

孩子们在新鲜的冰雪中滑倒、翻滚，他们的笑声、叫喊声和歌声几乎震耳欲聋。

一个穿着黄色安全工作服的特殊教育老师正密切关注着这一切。与芬兰所有小学教师一样，她接受了专业培训，成了一名教育临床专家，获得了儿童教育研究和课堂实践的硕士学位。也就是说，她是一位受过临床训练的教育研究者和实践者，就像所有芬兰教师一样，也许世界上的每一位教师都该如此。

"你听到了吗？"她透过嘈杂声问道，然后骄傲地说，"那个啊，是幸福的声音。"

几天后的早晨，我和儿子一起穿过漆黑寒冷的树林去上学。当学校的灯光映入眼帘时，儿子说："每个孩子都应该拥有这样的学校。"

"你知道，"我说，"也许你是对的。"

北得克萨斯州三重课间实验

在距离芬兰 5000 英里的得克萨斯州沃思堡市，一位名叫黛比·瑞亚的女性正在进行她自己的户外玩耍实验。

瑞亚是得克萨斯基督教大学哈里斯护理与健康科学学院的教授和副院长。她的学术研究领域集中在运动机能学，也就是人体运动。多年来，她一直着迷于广泛的研究发现，这些研究表明，体育活动可以提高儿童的学习成绩。

有一天，瑞亚教授读到了芬兰取得的卓越教育成果，即保证每一个上学的孩子，每一天的每 1 个小时都有 15 分钟的课间休息，直到高中。有趣的是，她在 2012 年到赫尔辛基和于韦斯屈莱进行了为期 6 周的休假朝圣，在那里她参观了学校和操场，亲眼目睹了 45 分钟的课结束后，数千名孩子从教室里飞奔出来，他们在户外的操场上奔跑或放松，然后跑回去继续下一节课——就像是观赏了一场奇异而美丽的国家交响乐。课间休息后，孩子们似乎很开心，精神焕发，充满活力。不仅整个上午如此，而且可以一直持续到下午（下午时段孩子们通常很难吸收学术概念，也很难保持专注）。

一名典型的得克萨斯州小学生每天可能只有 15 到 20 分钟的课间休息，再加上一些简短的课堂伸展运动，或者说"大脑休息"。"这对孩子来说还不够，他们的身体不是那样运转的。"瑞亚想。她认为，"课间休息就是重新启动系统，这样当他们回到课堂上，就能重新集中精力，准备学习了。"芬兰的孩子们，一天内有四到五个 15 分钟的课间，他们得到的休息至少是许多美国孩子的 3 倍。除了正常的课间休息，芬兰的每个孩子在上学期间都有 1 小时的体育活动。"芬兰学校在行动"是一项旨在加强芬兰小学体育文化的国家行动计划。自 2010 年启动以来，全国 2000 多所学校、90% 以上的市政府和 80% 的小学（从一年级到九年级）都参与了这项计划。

当瑞亚教授回到美国后，她决定开展一项模仿芬兰课间休息方式的实验。她的推理很直接：在过去的 20 年里，美国儿童在阅读、数学和科学成绩方面几乎没有什么进步，结果导致上课时间增加了，与此同时，无组织玩耍、课间和体育课成了牺牲品。正如国际儿童教育协会所言："测验时代的讽刺之处是，我们对提高儿童学习成绩的热情导致了儿童健康状况变差，儿童肥胖率上升到了危险的高水平。矛盾的是，为提高测验成绩而采取的一些政策可能会进一步导致孩子们的健康状况不佳，从而降低孩子们取得好成绩的机会。"

在《英国运动医学杂志》2016 年发表的一份报告中，一个由 24 名研究人员组成的全球专家组指出，让孩子们活动起来，比如增加课间休息，会带来学术益处："课前、课间和放学后的体育活动能提高儿童和青少年的学业成绩。即使是一次中等强度的运动，也能改善大脑功能和认知，提高学习成绩。"他们补充说，"事实证明，从学术课程中抽出时间用于体育活动，并不是以学习成绩为代价的。"

尽管许多研究人员和卫生部门达成了这一明确共识，但瑞亚知道，美国和世界各地数百万儿童的课间休息正在被例行地取消或减少，孩子们整天被强行禁锢在荒凉的室内学校环境中，他们被剥夺了一些最基本的童年要素：定期呼吸新鲜空气、开放的天空、运动的乐趣、无组织的户外玩耍，以及与其他孩子在没有成人干扰的情况下进行的社交。

正如瑞亚和她的同事在一篇研究论文中所写的："当学生在学校的 7 个小时中大部分时间都要坐着的时候，很多消极行为就会发生，然后老师会将其归为'坏孩子'，而没有认识到这是由于缺乏体育活动和大脑休息所造成的。"这些消极行为在恶性循环中引发了更多相同的行为——课间被取消，孩子更长时间地坐在椅子上接受惩罚。瑞亚认为：以自由玩耍为主的课间休息，对成长发育中的儿童至关重要，因为它对认知、社交和情感健康都有益处，能孩给子一个充电、想象、思考、走动和社交的机会。

当瑞亚思考如何将芬兰的课间休息模式应用于美国学校时，她发现了一个问题。芬兰的小学做了一些美国公立学校很难做到的事情——他们给公立学校的所有孩子上宗教或伦理课。芬兰的孩子们接受了移情、同情和道德方面的课程，这些课程能与体育活动相结合，也有助于良好的课间休息行为、良好的课堂行为和学业成就。她的解决办法是把一个备受推崇的儿童性格发展项目"积极行动"作为她的实验的一部分。"积极行动"的组成部分包括每周四节简短的课程——

避免特定的宗教教导，但强调同情、尊重、移情、"黄金法则"、解决冲突和合作。

瑞亚向得克萨斯州的几位校长和地区主管提出了建设性、看似违反直觉的观点——课间休息时间越长，学习效果越好。她认为，在许多学校为了给更多学术学习腾出时间，而削减或取消课间休息的时候，他们应该试试反着做。她主张，为提高成绩，他们应该像芬兰人那样，将课间均匀地分配到全天——把每天休息 20 分钟增加到每小时 15 分钟、每天四次，确保休息时间包括无组织的户外活动（而不是有组织的运动和体育课，这两项要另算），并通过芬兰式的伦理道德和人格发展课程来增强效果。

"我启动这个项目是因为不想再看到学生们才三年级就力倦神疲，老师们才刚上五年班就精疲力尽，而幼儿园到高中都把重点放在考试上。我们现在关注的是考试成绩，而不是孩子的健康和幸福，我们必须改变这种模式。"瑞亚解释说，"我们成年人一直认为有必要管控他们（孩子）做事的方式。我希望我们能摆脱这一切。孩子们知道怎么玩，他们知道怎么安排自己的玩耍，他们需要时间来成长为对自己负责的人。这会让他们建立自信心、建立自尊，还能增强他们的适应性。"瑞亚相信，定期的课间休息可以满足一般孩子的运动需要，重置孩子的注意力"时钟"，并为孩子提供所需的精神休息，让他们专注并积极地参与学习。

在看了瑞亚的演讲后，两位得克萨斯州私立学校的校长热情地带头报名了。LiiNK（Let's Inspire Innovation in Kids）项目于 2013—2014 学年在得克萨斯州的四所学校进行了实验——一半学校使用该项目，一半不使用，作为"对照组"进行比较。

该计划的初步成果是如此令人鼓舞，以至于到 2017 年秋天，实验范围已经扩大到得克萨斯州和俄克拉荷马州六个独立学区的 20 所公立和私立学校。在 2017—2018 学年，大约 8000 名小学生参加了LiiNK 项目，另有 8000 名小学生加入了没有采用 LiiNK 干预的对照组部分。随着时间的推移，加入该计划的学校一直在逐步增加，幼儿园至八年级都有涉及。加入 LiiNK 项目的学校既服务于贫困儿童，也服务于来自不同种族的富裕儿童，它们分布在城市、农村和郊区，如得克萨斯州的沃思堡、欧文和阿灵顿。今天，在这样一个课间休息遭到大幅削减甚至取消的国度，在这些实施 LiiNK 的种族多样化学校里，成千上万来自中低收入家庭的学生得到的课间休息时间，几乎比美国所有其他群体的学生都要多。

到目前为止，瑞亚教授的 LiiNK 实验的初步成果是如此振奋人心，发展如此迅速，以至于有可能触发美国教育中的某种奇迹——给孩子更多的课间休息。这项才实施了短短几年的计划已经初见成效，在无组织的户外玩耍逐渐增加后，参与项目的教育工作者又见证了一系列惊人的成果。

根据瑞亚的说法，在所有参与"LiiNK"的学校中，学生的"课堂行为"提高了 30% 或更多。写作技能教授效率提高，一年中至少节省了 6 个月。同理心和社会行为（如表现出行动前的思考能力）显著改善。课堂上的不良行为正在减少。学生倾听、决策、解决问题的能力也在提高。老师反映说，学生更有效率、更专注，也不那么烦躁了；他们听课更专注，听从指示，并试图自己解决问题，而不是让老师解决所有的问题。纪律问题和欺凌现象减少。课堂行为和注意力集中度都分别有两位数的提高。教师们估计，这项干预措施使学习进度加快了几个月。

在一篇学术文章里，瑞亚和她的同事分享了一所私立学校的经历。这所学校对 LiiNK 进行了为期 4 个月的试点研究（使用的是每天 45 分钟的课间，并非 60 分钟），研究人员报告称，孩子们在课堂上更有纪律性，更专注，他们表现得更好，"阅读和数学成绩显著提高"。

归根结底，世界上任何一个孩子都可以告诉你：课间休息时间越长，孩子就越快乐、越健康、学习能力也越强。这种课间休息被定义为无组织的户外自由玩耍，完全由孩子们自己组织和享受，必要时由成年人旁观提供安全保障——不是有组织的体育活动或由老师主导的体育课程，因为这些课程通常只惠及运动能力最强的孩子，其他孩子很有可能大部分时间都站着不动。

你可能会认为，大幅增加孩子的户外自由玩耍时间，会造成一系列的校园流血事故，遭到家长的投诉。然而，相反的情况正在发生。在这些幸运的得克萨斯州和俄克拉荷马州的学校里，不同种族、不同年龄和不同收入群体的小学生都在学校的操场上跑来跑去，但是受伤、擦伤和瘀伤事故事实上正在减少。孩子们只是越来越擅长安全地管理自己的行动。"我注意到今年我班上的孩子们，"LiiNK学校的一位幼儿园老师说，"比我前几年带的孩子强多了。"这所参与LiiNK项目的学校，低收入学生比例很高，种族多样化程度很高。"我在幼儿园教了18年书。男孩女孩绊倒摔倒都是司空见惯的事，我现在却再也看不到了。他们的柔韧性更好，耐力也增强了。还有一件趣事：当我开始上课的时候，如果是在过去的那几年里，孩子们会说'哦，不，我现在不想写'或者'又该读书了吗？'，但现在这些没再发生过。他们特别喜欢写作。"

得克萨斯州沃思堡附近的萨吉诺小学，是一所1级（面向低收入群体）学校。校长安布尔·比恩签署了2016—2017学年的LiiNK实验，因为她表示，当地政府"一直在寻找基于研究的实践，以帮助缩小我们学生的学术成绩差距"。她向我们解释说："我对学术和行为上的好处也很感兴趣，但是心理上的好处——提高情绪弹性、培养想象力和创造力，以及增强自信——是最引人注目的。我们许多学生的家庭情况、社会环境或经济状况阻碍了他们在学校的学习能力。如果有一个项目可以帮助我们的学生缩小成绩差距，同时还可以培养社交和情感技能、提高创造力、减少低效的行为，那我们就需要为学生提供这个机会。"比恩校长对这个项目特别感兴趣，因为2016—2017学年她的女儿在上幼儿园，并参与了学校实施的第一年LiiNK计划。

在这所得克萨斯州的公立学校，该项目的效果迅速而显著。比恩校长反馈说："在2016—2017学年之前，我们幼儿园和一年级的老师不得不经常停止教学，让学生进行"大脑休息"，完不成任务的学生太多，以至于老师需要提供一个快速的休息时间来帮助他们重新集中注意力。到了下午，'大脑休息'还不足以让学生重新参与进来。大多数学生似乎很难集中精力，很难在一段时间内专注于一项任务。自从参与了LiiNK项目，无论我在什么时间到访教室，表现出与课堂作业无关行为的学生数量都很少（除了真正有注意力缺陷、行为或情感困难的学生）。"

一个一年级女孩的故事说明了一系列的显著好处。比恩解释道：

"我们的一个一年级老师在学年开始时会见了一位家长。这位家长非常关心她的女儿。这个小女孩在幼儿园的行为有很大的问题，这种行为也导致了她学习上的困难。当家长和老师在 11 月再次见面时，家长说：'她好像变成一个不同的孩子。'不当行为和不专注行为都不见了。这名学生能够集中注意力，积极参与为她提供的学习机会。到了年底，这个学生的学业成绩也达到了平均水平。通过为学生提供适合其年龄的、无组织的休息时间，她的问题行为减少了，学业上的干扰也减轻了。"

起初，校长担心学校缺乏游戏设施，而且有些课间休息必须在空地上进行。

在没有运动器材的情况下，学生们会怎么做？我很高兴看到我们的学生发挥了创造力。我竟然看到学生们创造新的玩耍形式，他们追逐蝴蝶，挖土，挖空一棵死树，寻找石头、虫子和树叶。这个场地激发了人们对户外活动的好奇心，培养了新的，或者可以说是古老的自然玩耍方式。尽管瑞亚博士提到了创造力的提高和无组织休息时间的延长，但是亲自看到它在我们的学生身上实现还是很了不起的。

比恩校长在自己的幼儿园女儿身上看到了惊人的变化，她把这些归功于 LiiNK 的多重课间结合人格发展的理念。通过经常的户外活动，她的女儿爱上了外面的世界，产生了好奇心和创造力。比恩惊奇地说："每天晚上我都得掏空女儿的口袋，因为口袋里装满了她收集的树叶、岩石、橡子和羽毛。收藏品每天都在增加。最后，我们不得不在车库里放了一个盒子，用来存放她课间休息时发现的所有'宝藏'。还有，我女儿已经形成了一种前所未有的无畏精神。由于课间休息的无组织性质，学生们见证了彼此冒险的过程——玩单杠、爬杆、从物体上跳下来。这让他们愿意亲自尝试这些挑战。在最近一次去科罗拉多的家庭旅行中，我女儿抓住机会尝试了绳索课程和滑索。我相信如果她没有在 LiiNK 项目中的经验，她不会有信心尝试这些活动。我也观察到她在校外娱乐性足球、体操和游泳方面的体能和力量有了显著的提高。当其他孩子在比赛快结束时感到疲倦，她明显比前几个赛季更加活跃和成功。"

在另一所收入较低、种族多样化的公立学校——位于得克萨斯州萨吉诺附近的埃尔金斯小学，一年级教师肯德拉·尼文谈到了 LiiNK 项目带来的意外收益——"直升机教师"的消失。她解释说："在参加 LiiNK 之前，课间休息的教师职责包括解决学生之间的纠纷，防止学生从秋千或器材上跳下来，并反复提醒他们，如果他们这样做或那样做，他们可能会受伤。我们是直升机老师，经常警告孩子们可能发生的事情并叫停孩子们的自我发现。而现在，学生们正在冒险，在探索他们真正能做到什么！老师们不再解决这些小问题，不再奔赴救援，以确保他们感到舒适。学生们正在学习照顾自己的需求。"她补充说，"我最喜欢 LiiNK 的地方是，孩子们能够成为孩子！"

根据尼文的说法，孩子们收获的益处通过课间休息直接流向课堂和学习。

"课间休息时，我看到孩子们在泥土、棍子、虫子、草、影子和石头上探索。他们还用这些东西发明了新的玩法。一些孩子为昆虫建造了栖息地，实践了风化过程，发现了阴影，同时与伙伴分享他们的发现。我见过孩子们在课间休息的时候给其他孩子讲解什么是风化过程、阴影、栖息地、力量和运动以及测量。课堂上，我注意到学生们的写作发生了巨大的变化。他们现在能够写出更有创造性的故事。他们利用自己的想象力，把自己创造出来的人物带入奇妙的冒险之中。许多孩子满头大汗地回到教室，头上戴着鲜花，指甲缝里有一点泥土，有时甚至连鞋子粘上了泥。在我们的教室，学生，甚至我们老师自己，在上课的时候有点儿不整洁是可以的。我班上的孩子在课堂上更快乐，也更有创造力。他们现在和其他班级的学生互动，并能够在短暂的休息后回到课堂，更加专注和机敏。他们真的开始渴望休息，以便重启身体和大脑，达到最佳学习效果。LiiNK 最令人印象深刻的成果之一，是孩子们把在学术上学到的东西运用到课间休息中。自从参与了 LiiNK，课堂生活也发生了变化。我现在花更少的时间重新引导学生和管理课堂行为，这意味着有更多的时间教学。当孩子们回到课堂上，他们会更加专注、更加机敏，并且准备好回到课程教学中。"

在沃思堡附近的鹰山小学，校长布莱恩·麦克莱恩认为，给孩子们更多休息时间的理念很有意义，因为"孩子们并不是天生就要整天坐着不动的"。LiiNK 的成果，用他的话来说就是"令人印象深刻"。

他表示，通过给孩子们适当、更多的休息时间，"我们正把童年还给孩子"。麦克莱恩说，允许孩子们有更多时间休息的一个结果就是有更高质量的教学时间，"孩子们回到教室安顿下来，开始学习，因为他们知道不久后就会得到另一个休息时间"。他说："我们的老师和家长完全接受了这一点，我还没有收到过哪怕一个家长对此的抱怨。"他补充说，"我们对所看到的结果非常满意。"

对于小榆树橡树角公立小学的校长黛比·克拉克来说，LiiNK 项目是一种"粘合剂"，它将学校所有的学习策略联系在一起，成功地全方位教育孩子，并最大限度地提高他们的学业成就。"允许学生经常休息，可以让他们的大脑有时间'重新集中注意力'，这样当他们回到课堂时，就可以进行持久且有意义的学习。"克拉克校长称，"体育活动与较长的注意力持续时间有关，这样可以最大限度地提高老师吸引学生的能力。课间不仅仅是一次休息，也是一次学习的机会。在无组织的课间休息中，学生们在思考、创造和解决问题。这提高了他们的社交技巧和自信心。他们对压力的适应能力变得更强。总的来说，我们的学生一整天都更专注于学习任务，而不是烦躁不安。他们的学业成绩更好，身体也更健康。"她总结道，"除了额外的休息对健康的明显好处，我相信频繁的无组织课间休息促进了积极的社交和同伴间的互动。这反过来又改善了我们学校的氛围。学生们正在改善他们沟通和解决问题的能力。这些都是家庭、学校和未来职场日常所需的重要生活技能。"

乍一看，这是一个悖论：增加课间休息时间，同时减少课堂时间，学习质量就会提升。小榆树 ISD 学校集团的查韦斯分校（小学）校长道格·塞维尔表示，一些老师最初对这种转变感到担心。"增加孩子在外面的时间，减少他们在教室里的时间，这是没有道理的，"塞维尔说，"但是老师们开始意识到，实际上孩子们从外面回来后会更加投入。他们不但没有浪费时间，反而获得了更多的教学时间，因为孩子们回来后更加专注了。"

"北得克萨斯实验"还处于早期阶段，但它的创始人黛比·瑞亚对此有着远大的抱负。"我真心相信，这是未来的潮流。"她预言道。她相信，30 年后每天四次课间休息将成为全美各地学校的常态。"我们知道这是对的，我们的孩子会再次快乐起来，他们会茁壮成长，不会焦虑。我们的老师也会很高兴，他们不会崩溃，因为他们没有做违背自己教育初心的事。"

黛比·瑞亚提醒我们："虽然这些变化是美妙的，但它们来之不易。由于考试成绩的地位仍然很高，教师们在这一变化发生的第一年感到非常紧张。在启动变革之前，如果没有关于实施这个项目所需的新政策和新程序的充分培训，这个项目就不会实施。"仅仅每天增加休息时间是不够的。"如果没有我们的支持和指导，学校不会随着时间的推移而保持现有的课间休息，并进行额外的积极行动。"瑞亚总结道。

这是一种最有效的方式——一种几乎无成本、低技术的干预措施，可以极大地促进儿童的学习和健康发展。

"这对孩子们来说是一个巨大的变化，他们很快乐，很专注，也更活跃。"杰西卡·卡塞尔说道。她是查塔努加乡村地区一所 LiiNK 项目学校的一名六年级老师。

"这一切听起来好得难以置信，对吧？"这位老师问道，"这简直太棒了。"

长岛玩耍革命

2015 年，纽约州的一个学区宣布了一场教育革命。教师和家长决定奋起解放他们的学校和孩子——给孩子更多的玩耍。

这场革命在长岛的帕奇奥格-梅德福德区爆发，该区有 8700 名从幼儿园到高中的学生，其中超过一半的学生处于经济不利地位。革命的领导者是迈克尔·海因斯，他体格健壮、热情洋溢，是一位年轻的学区负责人。他意识到，基于对儿童施行强制性大规模标准化测验的联邦教育计划，如《不让任何一个孩子掉队》和《力争上游》，已经被证明是失败的。他认为是时候尝试一些新的，甚至是激进的东西了。

海因斯开始观察他的学生们是如何度过他们典型的一天，并越来越警觉地意识到，他们的休息时间、玩耍时间和自主分配的时间是多么的少。"我们在剥夺孩子的童年方面做得真不错,"他想,"孩子们从早上醒来到上床睡觉,期间的每一刻该做些什么,我们早就给安排好了。他们没有能力给自己留出时间,不能做孩子,更不能为自己做决定。"

他回忆起自己的童年,以及 20 世纪 90 年代他开始当小学老师时,情况是多么的不同。"我的学生经常可以自由地玩耍,"海因斯回忆说,"我喜欢看他们在身体、情感和社交方面受益。我们每天有三次出去玩的机会。"一个想法开始在他的脑海中形成:"孩子们必须有在学校玩耍的自由。童年本身岌岌可危。我发誓要保护孩子们,我必须把这个给他们。"

多年来,海因斯一直在阅读关于芬兰学校体系的惊人成功,以及其玩耍在儿童早期教育中的强大根基的相关文章。这给了他一个鼓舞人心的想法,并且他把它分享给了所在社区。在学校董事会和当地家长的大力支持下,海因斯和他的团队采取了一系列在当今美国公共教育领域几乎闻所未闻的措施,这些措施对于一些政客和官僚来说,是惊世骇俗的,是鲁莽的冒险,荒唐程度不亚于亵渎神明。海因斯的团队将每天的休息时间从 20 分钟增加到 40 分钟,并鼓励孩子们即使下雨下雪也要到户外去。他们把积木、乐高玩具和厨房用具带回教室。他们给每个孩子 40 分钟的午餐时间。他们为八年级的孩子增加了瑜伽和正念训练选修课。他们为幼儿园到五年级的孩子们建了一个无组织的"玩耍俱乐部",每周五早上 8 点到 9 点 15 分开放。

他们开设了"发散性思维房间",里面装满了巨大的泡沫块,没有成年人的打扰,孩子们可以在这里谈判、规划、创新、合作,共同设计和构建新世界。一个教室里的免费早餐计划开始了,这样孩子和老师可以每天早上一起吃饭。家庭作业的数量大大减少了。海因斯称这个项目为"PEAS"(Physical growth,Emotional growth,Academic growth and Social growth):身体成长、情感成长、学术成长和社会成长。这与电子技术无关。玩耍的时候,没有平板电脑、笔记本电脑或者台式电脑可供使用。

2018 年,海因斯给他所在的地区写了一封信,告诉老师和学生们,他们的价值不仅仅是政府强制下的成绩数字,他们应该随心所欲地把这些分数扔进垃圾桶。"我们必须放弃一刀切的教学计划，让孩子停止为了在年终标准化测验中创造高分而死记硬背。相反，孩子们应该参与到玩耍、专题研习、合作、协作和开放式探索中。"

根据现有的研究，海因斯也不主张让年幼的学生晚上在家做作业。海因斯告诉一名记者："没有任何证据表明小学生的学业成绩和家庭作业之间存在相关性。"现在，他推荐给当地孩子们的晚间活动是户外玩耍，花时间与朋友和家人在一起，睡前读半个小时的书。

海因斯告诉我们，当他第一次提议将课间休息时间加倍时，一些小学校长非常担心，甚至感到害怕。"他们怀疑我是不是疯了。"他回忆道。

一些老师想知道："我们如何填补失去的教学时间？我们怎么能用更少的时间来教学呢？""现在我们再也不能把课上完了。另外，有了课间之后，孩子们会汗流浃背地回到教室，弄得到处都又脏又乱。""哦，天哪，这甚至不会是可控的混乱，而是终极大混乱！"

但事实恰恰相反。就像在得克萨斯州、芬兰和其他伟大的玩耍实验中一样，学生们茁壮成长。一旦大人们很快学会放手，让孩子自己玩，他们就能很好地管理自己。课间休息后，孩子们更加专注，更愿意在课堂上学习。学生们在课上确实学到了更多。这个地区的纪律问题减少了 50% 以上。学生出勤率上升，无论在校内校外，压力和焦虑现象都有所下降。教室变成了快乐的地方，成为有益的学习场所。"在我 20 年的教育生涯中，从来没见过这么多快乐、适应能力强的孩子。"海因斯感叹道。他认为一些家长可能会反对这种激进的新项目，但他没有收到任何投诉。

该区七所小学每周开放 75 分钟的"玩耍俱乐部"，生动地说明了正在进行的革命。学校操场在这段时间内是开放的，还有几个室内的指定免费游戏室。孩子们自己决定他们想做什么。球类和运动器材放在室外，室内有大量的道具和活动道具供孩子们选择。起初，海因斯认为每所学校可能只会有 20 个孩子参加，如果幸运的话，可能会有 25 个，而且可能大多数是幼儿园里最小的孩子。他想得太离谱了。在俱乐部开放后不久，每个学校平均有 100 名来自各个年龄段的儿童参加活动，他们在每个周五上午前往，享受自我主导的玩耍。这是俱乐部能够容纳的最大人数，排队等待的名单还有很长。

　　每个"玩耍俱乐部"都配有四个成年人，以确保没有人意外受伤，除此之外，他们接到严格的命令，不得干涉孩子。"他们在那里，"海因斯透露，"主要是因为，我们可以告诉家长有人在那里（保障孩子的安全）。"如今，你可以看到孩子们在"玩耍俱乐部"里做各种各样的事情——造堡垒、建造和拆除摩天大楼、玩捉人游戏、踢球、编排新游戏，以及最常见的到处跑。这些都是自我主导的，孩子们说了算。"几乎所有以前不被允许做的事情，他们现在都在做。"海因斯解释说。

　　许多成年人在观看"玩耍俱乐部"的壮观场面时，感到的最激动人心的事情是，他们突然意识到，不同年龄段的孩子们正在一起玩耍。这是教育工作者很少见到的一个小小奇迹，因为孩子们通常被严格又狭隘的年龄组分开。但是，在"玩耍俱乐部"，幼儿园和一年级的孩子正在与四年级和五年级的孩子玩耍及合作，反之亦然。大一点的孩子在指导小一点的孩子。有特殊需要的孩子被邀请和他人一起玩，也能感觉到自己是受欢迎的。

　　该地区的特雷蒙特小学的校长洛里·科尔纳惊叹道："在我 28 年的教育生涯中，这可能是最令人惊奇的经历之一。看着不同年龄和不同年级的孩子们一起玩，这种体验真是令人着迷！这个俱乐部是自我主导式的，很少受到成人顾问的干预。孩子们在一起交流合作，协作和学习。"巴顿小学的校长朱迪思·索特纳表示同意，他说："令人完全意想不到的是，大一点的孩子们竟然自己去包容和引导小孩子们。看起来很神奇，也很棒。"迦南学校校长罗伯特·爱泼斯坦补充说："对孩子们来说，这是一个极好的机会，让他们发挥创造力，参与自我主导的游戏。我们鼓励学生在需要的时候运用自己的技巧来解决冲突。在没有成人干预的情况下，解决冲突的能力是社会能力中重要的一环。这个玩耍俱乐部为学生们提供了一个机会，让他们在最少的成人干预下练习互动和交流。"

　　据负责人海因斯透露，这些天，许多来自其他学区的家长和教师团体，都来到这个纽约州玩耍解放区的滩头阵地，亲眼目睹这一奇迹。然后，他们回家告诉自己的政治家和学校管理人员，他们希望自己的孩子也能得到同样的待遇。不可避免的回答是："不可能。"海因斯告诉我们："有很多社区想要做这样的事情，但是由于某些被上帝遗弃的原因，他们不被允许这样做。"他认为唯一的解释是官僚主义的惰性，一种根深蒂固、非理性的对现状的固守。"额外的成人监督费用是最低的，"他指出，"投资回报率如此之高，就好像你投资 100 美元，就自然而然地会得到 10000 美元的回报。你为什么不这么做呢？钱不是借口。这毫无意义。尝试一下也不会有什么损失。"

长岛的玩耍革命才刚刚开始，看起来已经没有回头路了。该地区正在陆续开放七个新的最先进的学校操场，以便学生将来有更好的和更深入的玩耍体验。海因斯表示，对他的学生来说，一切都很顺利："如果我试图把这些夺走，我会被当地人绑起来处以极刑的。"

这片纽约学区的家长们对这项伟大的玩耍实验有什么看法？海因斯经常听到的评论是："谢谢你做的一切！""我的孩子现在喜欢上学，一点也不觉得有压力。""我的孩子等不及要来学校了！"

"如果由我来决定，"负责人海因斯告诉我们，"这些孩子每天都会有比一个小时还要多的休息时间。"

"我最关心的'数据点'是快乐的孩子。"

第九章

伟大的
全球玩耍实验

**THE
GREAT
GLOBAL
PLAY
EXPERIMENTS**

　　　　只有真正站在儿童立场上，才能真正体味这种游戏的
意义。

　　　　　　　　　　——虞永平博士，中国学前教育研究会理事长

中国的真游戏实验

　　在世界的另一个地方，在一个革命性的公立学校项目中，14000
多名幼儿在玩中学习，而且大部分是由他们自己主导的。

　　他们是来自中国农村 130 所早教学校的 3 到 6 岁的孩子。他们在
开阔的操场上嬉戏、爬树、用轮胎荡秋千、堆积木材和竹子、挖沟渠、
用锤子敲钉子、互相追逐、大声叫喊，然后摔倒——所有的这些都发
生在上课时间。

　　他们在学校的大部分时间都是在新鲜的空气中度过的，即使是在
下雨的时候。他们每天都在学习，但不是在室内的课桌上，而是在户
外（大部分时间）通过开放式、混乱的和危险的游戏进行学习。他们
通过工程项目、团队合作和个人努力来学习；通过跑来跑去、攀爬和
从高处往下跳来学习；通过在学校花园里合作种植自己的食物，以及
互相提供热腾腾的午餐来学习。老师在材料使用方面提供了安全和全
面的指导，但这之后他们大多会放手，让孩子们自己玩，自己掌控自
己的学习。

　　和芬兰的孩子一样，这些中国孩子在一种充满爱与温暖、鼓励和
自由的氛围中学习，没有恐惧、胁迫和身体约束，没有大人们威吓他
们"坐着别动！"。这些学校的孩子们不是通过标准化测验来衡量的，
而是在课堂上、在一天结束时，互相做报告，回顾自己和他人的项目。
在下午放学之前，来接孩子家长和祖父母透过教室的窗户凝视着自己
5 岁的孩子站在一块智能板前，自信地向他们着迷的小同事们解释园
艺项目、科学实验或数学模块设计。

　　这一学校网络系统所取得的成果是一流的。迄今为止，已有数千
名儿童参与了这一教育项目，其中许多来自低收入家庭。管理人员称，

与其他儿童相比，他们明显更有创造力、更自信、更富有表现力、更善于协作、更守规矩，也更勤奋。父母们喜欢这个项目对他们孩子的影响，尽管一开始有些怀疑，但现在他们百分之百地支持这个项目。政治家们对这一结果印象深刻，他们不仅开始将县里所有的学前班和幼儿园转换成这种新的方法，而且还紧急建议在全国范围内采用这一方法。

这个项目有一个引人注目的方面是，它不是发生在其他任何地方，而是发生在中国的农村腹地——一个距离上海有 3 小时车程，多山、竹林茂密的地区。正如中国教育专家赵勇教授所说："在中国，自发的玩耍还没有成为正规教育中可见的一分子。"但在这里，在世界上最大的国家学校系统中，一项玩耍实验正迅速成为国家优秀幼儿教育的标准，并为孩子们的未来做好准备。

这个项目叫作"安吉游戏"，以它的总部所在地浙江省安吉县的名字命名。安吉游戏经过 15 年的发展，截至 2018 年，已经成为中国130 所学校的全日制课程，并计划扩展到更多学校。安吉游戏的创始人和负责人是安吉县教育局学前教育科科长程学琴。1999 年，刚开始参与这份工作时，她看到老师们对学生在学校的玩耍有着严格的限制，而孩子们脸上写满了难过。玩耍可不该是让人难过的事啊，她想着，逐渐产生了创办安吉游戏的想法。值得称道的是，中国政府正努力将早期教育中的玩耍作为"基础""纳入每一种教育活动中"来推广，但教师们就如何做到这一点并没有得到太多的指导。

经过几年的实验，程学琴设计了一个结构简单、开放式的幼儿学习环境，并提供了简单的当地材料，让孩子们玩耍、发现、探索、想象和创造。这个项目的基础是爱、冒险、喜悦、投入和反思，程称之为"真游戏"或自主性游戏。记者常晶描述了一所安吉幼儿园的场景："9 点一到，孩子们冲出教学楼，飞快地从场地周围搬出了自己想玩的游戏材料——大小梯子、木板木块、轮胎、箱子以及各种小玩具等，没有教师向孩子交代游戏玩法，没有教师组织安排，孩子们自发地三五成群，进入了各种类别的游戏情境。游戏中，没有教师教导孩子应当干什么、不应该干什么。"

一位名叫杰西·科菲诺的年轻美国父亲，对安吉游戏非常着迷，他前往中国亲自目睹了这一过程，现在他把大部分的时间用于在全球推广这一项目。"在安吉县的任何一天，孩子们都会用梯子和木板搭建桥梁，"他写道，"他们穿过油桶，用砖块、木材和绳子建造环境。他们的老师在一旁观察这种冒险的、自发的游戏，并用智能手机拍摄下来。午饭后，孩子们聚在一起看他们的游戏录像，谈论他们在做什么。下午晚些时候，他们画出当天所做的事情，通常是复杂的故事板、图表，还有自创的象征性书写系统，因为这就是他们选择描述自己经历的方式。"

科菲诺说："安吉游戏课程背后看似简单的理念，其实是基于 15 年的发展和实验的结果。此时此刻，像我这样的美国家长以及世界各地的父母，正在参与一场关于教育和养育子女的激烈辩论。我们希望我们的孩子为 21 世纪做好准备，但我们仍然受制于上一个世纪的思想。"

在为本书进行的一次内容广泛的采访中，安吉游戏的创始人程学琴回忆了她童年时期对玩耍的记忆，以及爱、喜悦、冒险和自由的理念如何塑造了她创造新学校模式的哲学。她告诉我们：

> 我小时候很喜欢玩，直到今天，许多东西仍然清晰地留在我的记忆中。那时候我们家附近有很多孩子。因为平均每个家庭有 5 到 8 个孩子。在 20 世纪 60 年代的中国，母亲们因为生了很多孩子而受到表彰。所以，当我与邻居家同龄的孩子聚在一起时，最少有 5 到 6 个孩子，最多有 10 个或更多。但是我的家庭里的孩子并不多。在我 10 岁之前，只有一个比我小 3 岁的弟弟。我的父母真的很爱我们，他们给了我们自由和玩耍的空间和机会。我记忆中的玩耍包括带着我的小弟弟一起，作为当地孩子大团体的一部分去玩，或者我自己一个人独自玩耍。我记得那些和邻居们玩捉迷藏的时光。人数的增多使我们的藏身之处不断地扩大，从一个房子转移到另一个房子。太刺激了。为了让自己更难被找到，我们的藏身之处变得越来越有创意。有一次，我甚至藏到一个上了年纪的邻居放在阁楼的棺材里。

我们在寻找和改变藏身之处，以及实现寻找目标的过程中，所获得的快乐带来了一种无穷无尽的快感。我们也喜欢寻找宝藏。我们中的七八个人会模仿祖父讲的民间故事中的场景，会爬上房子附近的小山丘寻找埋藏的宝藏。每个人都扮演一个装备独特的寻宝者的角色。我们中的一些人会带着杆子，另一些人会带着钩子或铲子，专门找那些有沟渠和洞以及其他神秘特征的地方。我们对山坡的探索非常仔细。我清楚地记得，在我发现了一个乌黑的陶罐时，带着喜悦的惊奇。当时我立刻告诉每个人我发现了一个宝藏，于是所有的朋友都聚到了一起。我小心翼翼地用铲子探查罐子的内部，感觉到自己要发现什么东西了，就迫不及待地想把它挖出来研究一番。结果每个人都吓得逃跑了（我挖出了一根骨头）。直到今天，我仍然能体会到那种惊奇的感觉和急切的紧张。

关于游戏，我最温馨的记忆是几个大一点的男孩和女孩带我们到河边玩。我们用石头和柳树枝盖房子，玩过家家。大一点的男孩会爬到柳树上收集树枝，我们中的一些人搬石头，另一些人砌墙。我们搬了好多石头，筑了那么高的石墙，然后大一点的孩子们用柳树枝在石墙上盖了一个屋顶，这样它就成了一个家。我们都特别开心，挤在一起体验家的温暖。然后我们找到了用来放碗的扁平石块，把草和野花做成食物。我们沉浸在家庭生活的幸福中。这是一种至今难以忘怀的快乐。

回想起来，我一个人独自玩游戏的记忆也是丰富而有意义的。我记得我的母亲经常用面粉和一种叫虎杖的草来制作酒曲，然后她会用它来酿酒。我觉得整个过程既迷人又有趣，我自己会偷偷地模仿她。我摘下妈妈种的芝麻花，用黄泥做面粉。我把它们捣碎，混合在一起，然后把它们做成小球。我在地上挖了几个小洞，用树叶盖上，把小球整齐地放到每个洞里，再用树叶盖住，然后用泥封起来。我每天都会回去看看他们。过了几天，我发现这些小球已经开始发酵了，它们散发出一种非常令人陶醉的香味。那种成就感和喜悦，即使现在回想起来，也让我感到自豪，尽管在这个过程中我妈妈的芝麻花有一半被"牺牲"了。但是我很幸运，因为我的父母从来没有因为我们玩的时候所做的事情责怪过我或者我的弟弟。

当我开发安吉游戏时，儿时玩耍的记忆给我提供了重要的灵感。这些深刻的游戏记忆让我们了解什么是"真游戏"，什么样的材料和环境最适合儿童玩"真游戏"，这些记忆指导我们如何让成年人理解和支持儿童的"真游戏"。

玩游戏对孩子的全面成长和发展有着深远的意义。如果你问我玩游戏的最大的好处是什么，我会说，它可以从思想中激发知识的形成，并为个体的发展奠定最早的基础。

童年是为生活做准备的时期，是为人类未来做准备的时期。今天的孩子必须创造和面对这样一种未来：全球知识、大数据、人工智能、虚拟现实以及不断涌现的新技术和现实。真游戏可以让孩子通过快乐的体验去想象、创造和验证假设。当从这种思维中产生的知识被激发时，头脑就会变得灵活、全面、富有创造力，具备适应未来快速变化所必需的能力。

玩游戏作为儿童的一种重要表达方式，反映了儿童的精神和文化世界。在儿童自发、自导的游戏中，在与其他儿童的互动中，存在着对成功与失败、规则与自由、方法与结果以及实现自主学习的接连不断的体验。在与他人的关系中，儿童不断地肯定自我。在他们与游戏伙伴的互动中，他们寻求确认自己的存在。这不仅是儿童在身体和情感发展过程中的自然需要，而且也为这种发展提供了基础。它丰富和完善了儿童的自我意义。

当代文明推动了人类进步，同时在满足世界人民物质需求方面取得了重大进展，但它也破坏了精神意识，对人类发展产生了负面影响。我们经常听到心理健康水平下降、行为问题、学习问题。如"多动障碍"和"感觉统合障碍"这样的词，经常出现在我们当代的话语中。这些现象已经影响到儿童身份的健康发展。日益加深的城市化缩小了孩子们自然玩耍的空间。技术对儿童生活的日益干扰简化了儿童的创造过程，对"智能"技术的依赖削弱了儿童的体育活动体验。这些现实应当给了我们警告，让我们清楚地意识到"真游戏"在今天儿童的生活和成长中具有无法估量的重要作用。

爱是一切关系的基础。只有在真正支持自由和自我表达的环境中，幼儿才能放心地在身体、情感和智力上冒险，保持好奇，不断发现，提出问题，最大限度地挑战自己。在实行安吉游戏的幼儿园中，不仅老师像爱自己的孩子一般爱着每一个幼儿，幼儿之间、教师之间、幼儿园与家庭、幼儿园与社区的关系也充满了爱。爱，帮助构建安吉游戏的生态，影响着安吉游戏幼儿园及社区的生活。

没有冒险，就没有解决问题的能力；不去解决问题，就没有学习。幼儿根据自己的能力、时间、地点，选择挑战，在探索能力极限时发现并解决困难。教师在现场观察、记录、支持，但不干涉、干预或指导（除非对儿童有明确的危险，或儿童已真正用尽其掌握的所有办法），最大限度保障幼儿接触并享受物理、社会和智力上的冒险。

没有喜悦，游戏就不可能是真游戏。喜悦是幼儿自主参与游戏、自己调整游戏难度，以及在游戏过程中不断反思的结果。安吉游戏的工作者评估每日课程的标准之一就是儿童在活动中是否达到喜悦的状态。喜悦时，幼儿可以安静或专注，也可以吵闹或表达……喜悦的精神状态不断滋养幼儿的生命。

真正的参与来源于孩子对物质世界和社会世界的热情探索和发现。安吉游戏赋予儿童最大程度的自由，使儿童有机会在一个开放的空间内活动，充分探索和体验周围的环境，从而充分调动身心。

反思是幼儿将经历转化为知识的关键过程。安吉游戏中，幼儿以多种方式反映和表达他们在一日生活中的经验，在已有经验的基础上不断调整自己对世界的认知。教师和家长既通过材料和环境支持儿童自主反思已有经验，也通过观察儿童、探索自己的游戏记忆参与儿童的反思。

起初，当程开始她的新项目时，一些安吉县的中国家长并不喜欢在学校里玩游戏的想法。他们坚决反对让自己的孩子去冒险，浑身弄得脏兮兮，而且这似乎是在浪费"本应该用于学习"的时间。他们抵制学校，写抗议信，并向政府官员举报程。

作为回应，程向该县的每个家庭派发了中国政府的游戏教育指导方针，并邀请每家每户来学校观看他们的孩子玩耍。"他们发现自己4岁的孩子具有如此高水准的勇气、同情心和智慧，这让很多父母感动得流下了眼泪。"安吉游戏倡导者杰西·科菲诺说，"一夜之间，曾经顽固不化的父母变成了坚定的支持者，担任起了对新来访家庭进行观察和记录技巧培训的角色。"

今天，来自中国和世界各地的教育工作者正在涌向安吉幼儿园寻求灵感。2017年，关于这个主题的会议吸引了超过850名全球教育工作者。2018年，安吉幼儿园服务的儿童人数增加到80000名。中国教育部正在将安吉游戏项目作为一个范例，用于其新的幼儿教育国家指导方针中。五个安吉游戏试点项目已经在美国加利福尼亚州和威斯康星州启动。

2017年，中国教育部办公厅发布了一项关于开展全国学前教育宣传的计划，主题是"游戏——点亮快乐童年"，重点关注3到6岁幼儿，这一计划对数千万在校儿童的生活产生了明显的积极影响。该计划旨在广泛宣传"游戏对幼儿童年生活的重要价值"，引导幼儿教师和家长"充分认识游戏是幼儿特有的生活和学习方式"。该计划还意在"创造充足的机会和条件，鼓励和支持幼儿自主游戏、快乐游戏，扭转当前存在的重知识技能学习，忽视、干预幼儿游戏，成人'导演'幼儿游戏，以电子游戏产品替代玩具等剥夺幼儿游戏权利，影响幼儿身心健康的'小学化''成人化'倾向"。

2018年7月，中国教育部门启动了一项大规模的扩展计划，宣布安吉游戏正作为公共幼儿教育实践园项目在浙江全省推广。浙江省位于中国东部地区，有近6000万人口。超过250万的儿童将很快进入安吉游戏实践园。

不久前，安吉游戏创始人和儿童自主游戏式学习倡导者程学琴，获得了国家级基础教育的最高荣誉——中华人民共和国主席所颁发的奖项。

新西兰的冒险游戏实验

2014 年的一天，在新西兰奥克兰，一位名叫罗伊·韦特的父亲怒气冲冲地走进斯旺森学校校长布鲁斯·麦克拉克兰的办公室。这所小学有 500 名 5 至 13 岁的儿童。麦克拉克兰回忆说，这位家长走进来的时候"一脸阴霾"。

校长打起了精神。他最近在全校范围内开展了一项实验，鼓励孩子们在多个日常休息时间进行"冒险游戏"，不设任何规则，玩什么都可以：树木，轮胎，垃圾堆，木板，火坑，踏板车，滑板，徒手爬篱笆。这名男子的儿子柯蒂斯在学校操场上从一辆小型摩托车上摔下来，摔断了胳膊。校长已经准备好接受一位愤怒的父亲的严厉斥责，并完全预料到，自己会因让孩子暴露在这样的危险中而受到公开谴责。这个实验似乎要失败了。

但事情恰恰相反。这位父亲没有责骂校长，而是说："我很高兴他摔下来摔断了胳膊，这听起来像是一个糟糕的家长吧。我很高兴他伤了自己，然后吸取了教训。"这位父亲来访的目的是为了确保校长继续执行学校"无规则"的冒险游戏政策。父亲解释说："我只是想确保你不会改变这种游戏环境，因为孩子们摔断胳膊再正常不过了。"他的儿子小柯蒂斯很高兴游戏政策没有因这次事故受到影响。在冒险游戏政策开始实施之后，他说："我以前很讨厌上学。现在我喜欢它。"

几个月前，麦克拉克兰取消了游戏政策中的条条框框，并在孩子们的户外休息时给予他们很多玩耍时间——每天两次，每次 40 分钟——学生中的不良行为有所减少。事实上，严重受伤的人数下降了。孩子们表现出更强的独立性、更加集中的注意力、更优秀的解决问题能力、更令人惊叹的创造力、更健康的冒险精神、更少的跌倒和欺凌以及更好的协调能力和专注力。

简单地说，麦克拉克兰校长认为孩子们应该在课间自己玩。他解释说："孩子们远离大人的控制，在自己的时间里做的事情，就是他们一直在做的事情——玩。随着善意的成年人对玩耍体验的不断净化，儿童通过玩来学习的机会已经减少。玩耍是孩子了解风险、解决问题、承担后果和与他人相处的方式。这些学习经历可以说与学校提供给孩子们的传统学习经历一样重要。"

在新西兰，斯旺森学校并不是唯一一个提倡自由玩耍的地方，这个国家有着为孩子们提供户外玩耍机会的悠久历史。自 20 世纪 40 年代以来，一个全国性的非营利网络"游戏中心"为全国各地的父母和儿童提供服务，为在充满游戏和创造性的环境中抚养孩子提供机会。游戏中心是围绕"由孩子主导的游戏"和"父母是孩子的第一位和最好的教育者"的理念建立的。目前共有 400 多个游戏中心，家长们在那里开展 2.5 至 4 小时的游戏课程，帮助自己了解游戏对学习和成长为何如此重要。今天，在游戏中学习仍然是新西兰幼儿园教育的基础。

同样在新西兰，奥塔戈大学医学系的瑞秋·W.泰勒领导的一个研究小组，对学校课间的冒险游戏进行了为期两年的研究。随机对照实验涉及 8 所对照学校，要求他们不要改变现有游戏环境；另外 8 所干预学校，则在课间休息时给孩子们提供了更多的冒险和挑战的机会，如没什么规则的追逐打闹；还可以随意选择游戏对象，如轮胎。这项研究对 840 名小学生进行了观察。研究结果显示：在干预组的学校，孩子们不出所料地表现出更多的推推搡搡，同时他们在校期间也更快乐。他们的家长对此表示赞同——孩子更享受学校生活了。而且据他们的老师反馈，欺凌投诉明显减少了。

老师们对此是怎么看的？他们意识到，孩子们的适应能力越来越强了！

苏格兰的积极游戏实验

在苏格兰，教育官员们与游戏倡导者程学琴、黛比·瑞亚和布鲁斯·麦克拉克兰等有着相同的理念。在不远处的英格兰，近年来，政治家和政府官员基本上放弃了游戏倡导，而苏格兰领导人则不同，他们已成为强有力的游戏倡导者。他们对苏格兰儿童不佳的健康状况和缺乏活力的精神状态感到震惊。为此，他们发起了一系列主要的教育运动，让孩子们在校内外玩耍。

例如：苏格兰格拉斯哥市的教育主任莫林·麦肯纳就是这样一位

倡导者。格拉斯哥是苏格兰最大的人口中心，遭受着长期的公民健康和不平等问题。麦肯纳与学校、高校研究人员以及风险慈善机构"鼓舞苏格兰"合作，开展了一个雄心勃勃的"积极玩耍"户外游戏学习项目，以促进苏格兰学童的身心健康。"积极玩耍"有两个组成部分：为8岁和9岁的小学生提供"积极玩耍"户外游戏环节；在10岁和11岁的小学生中选拔"玩耍达人"作为项目助手。该项目于2016年在格拉斯哥的30所小学启动，到目前都是非常成功的，不久还将有100所小学加入该项目。

据一位苏格兰小学教师反馈，"积极玩耍"课程对她的班级产生了非常正面的影响，让孩子们"变得更加活跃，获得了自信，建立人际关系和友谊，在课堂上更好地学习"。她注意到她的学生在户外玩耍之后比以前更能集中精力学习。"学生们对自己能做什么和在课堂上能尝试什么也更有信心，因为他们在'积极玩耍'中尝试了很多新东西。"另一位老师也表示"学生的自信心得到了真正的提高"，她把这归功于"积极玩耍"课程所注重的创造力培养。有趣的是，她的学生把这些课程看作培养韧性的机会，是鼓励尝试新想法的安全失败之地。

2017年春季学期，位于格拉斯哥卡斯特米尔地区的米勒小学（一所面向5至12岁儿童的学校）也引入了"积极玩耍"项目。项目内容包括每周一次的"积极玩耍"课程，与体育课和课间分开。雅基·丘奇老师立即注意到了该课程的巨大价值，尤其是培养孩子解决人际关系问题的能力。学生们从游戏和自我主导的自由玩耍中汲取经验，他们不再求助于成年人，而是开始自行处理在操场上发生的行为冲突。丘奇还指出，学生的自信心得到了真正的增强，这是由于该课程鼓励孩子们创造性地设计和主导他们自己的游戏，不受体育课和课堂教学那样的限制。"积极玩耍"课程被视为一个安全的失败场所——在那里，尝试新的想法是受到鼓励的。

"他们更愿意尝试新事物，而不用担心失败；现在他们都说：'我能做到'。以前，他们可没什么韧性。"丘奇说道。课堂也因此受益，孩子们有信心在课上学习更多的内容，而不用担心犯错。在游戏时间里，当孩子们在更大的社交圈中玩耍，在班级和年级之间进行更多的互动时，他们的社交能力也得到了提高。"'积极玩耍'真的把孩子们聚到了一起。"丘奇感叹道。

全校的老师都目睹了学生是如何参与的——如何将在"积极玩耍"课程中获得的技能带入课堂，又如何将读写和算术能力运用到户外游戏中。

家长们反映说，自从该项目开展开始以来，孩子们放学后在外面玩耍的次数更多了。一位家长表示，她的孩子非常喜欢这个课程，甚至会在课程日那天主动叫醒家长，迫不及待去上学。

苏格兰政府承诺将增加免费育儿时间，目标是目前时长的两倍。这为扩大户外游戏和学习对幼儿的益处创造了机会。

"鼓舞苏格兰"是一个国家项目，旨在为苏格兰志愿服务部门提供战略性、有针对性的长期资金。该项目已经制定了一个解决方案，将苏格兰的自然资产和绿色空间与现有托儿所相结合，开发室外托儿基地。研究表明，自然的户外游戏可以增进儿童的健康和幸福感，但城市低收入家庭的儿童往往难以接触到自然环境和较大的物理空间。户外幼儿园和"森林幼儿园"的模式在其他一些国家已经建立起来。然而，将重点放在社会经济地位较低的地区，将教育项目与自然环境联系起来，是苏格兰的一个新方向。

"鼓舞苏格兰"正在与政府政策小组、地方当局和资助者合作，重新审查早年间的自然户外活动。从2017年8月开始，他们与格拉斯哥市议会合作，在3个低收入地区进行托儿所项目的试验。如果现有证据表明这一措施切实有效，"鼓舞苏格兰"将进一步推行这一计划，并在全国范围内进行推广。

"鼓舞苏格兰"的游戏基金现正在为苏格兰打造一个愿景，那就是苏格兰的孩子们将成为世界上身心最健康的人。通过在国内外开展游戏形式和合作伙伴关系方面的创新，使其更侧重于儿童的健康、幸福和学习，并帮助他们成为环境的未来监护人。

这就是苏格兰人让孩子们玩耍的方式。

新加坡实验：少一点压力，多一点寓教于乐

为了摆脱几十年来的压力教育，成绩优异的亚洲教育明星国家新加坡正对其高压锅式的儿童教育体系进行大胆的、彻底的改革，其中部分途径是让孩子们在学校里"寓教于乐"，以更好地为孩子们的未来做准备。

在教育排名方面，这个岛国往往位居世界前列，但在儿童的幸福感和劳动力的创业技能方面，它一直被认为表现不佳。美国商会对新加坡的 100 多家美国企业进行了一项调查，发现在东南亚国家中，当地劳动力在技术技能方面得分较高，但在创新和创造力方面得分最低。

现在，新加坡的学校越发注重低龄学生的户外学习和"寓教于乐"，并且鼓励孩子们培养兴趣、才能和生活技能。这种新方法并不仅限于幼儿园。这项改革是新加坡大规模转型的一部分，它不再是由定期的国家评估主导，而是向更深入、更全面的体系演变，建立在好奇心和对学习的热爱的基础之上。

负责带领新加坡青年进入 21 世纪的一位领导人表示，学校中的"寓教于乐"是改革的关键基础。黄志明曾是一名战斗机飞行员，新加坡空军退役中将，2015 年之前一直担任新加坡三军总长。他现任总理公署部长和全国职工总会秘书长[①]。在 2015 至 2018 年担任教育部长（校务）期间，他负责监督全国幼儿园、中小学及大专院校。他担心新加坡的学校不能培养学生的创新能力、幸福感和创造力，而是过度注重是否在国家评估中表现出色。

2016 年，黄部长和新加坡教育部宣布启动一系列重大结构性改革，包括改变国家小学离校考试（PSLE）在科学、语言和数学方面的分级。从 2021 年开始，为了减少排名两极化和学生之间的竞争，考试将根据一系列标准进行评分，不再强调学生之间的对比。学校计划在体育课上更加重注户外游戏，减少小学儿童的"分流"[②]，减少家庭

[①] 英文原文为副秘书长，应为作者写作时的头衔。目前已经升为秘书长，作为时效性考量，这里与时下的头衔保持一致。
[②] 指按学生能力分组（班），常见于中学。

作业量。"我们需要腾出时间和空间来培养学生其他方面的能力，那些对我们孩子的发展同样重要，"黄部长在宣布这些政策时表示，"不仅要让他们研究花朵，还要让他们停下来闻闻花香。"

在为这本书进行的采访中，黄部长向我们讲述了他对玩耍在世界领先教育体系中的愿景：

在新加坡，我们认识到"玩"在教育中的重要性，这是一个深思熟虑、目的明确的词。我们不断鼓励教育工作者帮助学生发现他们的兴趣，培养他们的热情，通过联结他们的兴趣、日常经验、社会技术，来培养他们对学习的热爱。这与我们的信念是一致的，即通过教育，学生不仅要建立坚实的学术基础、良好的价值观和必要的生活技能，他们还必须找到学习的乐趣，培养终身学习的热情。只有拥有内在的学习动机，我们的孩子才能欣然踏上——学习，忘却，再学习——的终生学习之旅。这也正是我们不再过分强调成绩的原因，这样我们的孩子就会找到超越A和B的激情和目标。

中国有句谚语："十年树木，百年树人。"虽然教育远比种树复杂和艰巨，但我们可以从中获取有益的见解。作为园丁，我们必须以高超的技艺、细心和爱心来照料我们的幼苗：确保植物有充足的阳光，但不要过于刺眼，并根据土壤的承载力来给植物浇水。最重要的是，随着幼苗的生长和扎根，我们应该退后，给它们足够的空间和自由，让它们茁壮成长。我们不能给它们过多的遮蔽，不能大量浇水和过多施肥使它们窒息，而是要让它们自行成长，直立、强壮而结实，这样便能够抵御任何风暴。我担心我们把年轻人逼得太紧，让他们只能着眼于学术。

我不是一个很好的园丁，但是当我还是一个小男孩的时候，我确实为一个学校的项目种了一些绿豆。我记得每天早上醒来都观察着我的玻璃瓶，日复一日，等待着第一次发芽。很快我意识到，过度浇水并不能使幼苗长得更快，反而扼杀了它们。我相信，我们的孩子就像幼苗一样，应该有时间和空间去呼吸、学习、实现梦想。

　　人们很喜欢关注可衡量的事物。我们给一些东西打分，这样就能很容易地相互比较。但是，从长远来看，有时候可以衡量的东西或许并不是最重要的。追求考试的最后一分可能会让孩子本该全面发展的其他方面付出代价，特别是在这么小的年纪——太多焦虑的夜晚、昂贵的学费（私人补习班），太少的时间留给家人和朋友，以及玩耍和探索。

　　我们必须培养孩子学习的乐趣。这种内在动机将推动他们前进、探索和发现他们的兴趣和激情。学校不应该只关注考试成绩，而应该是一个获取知识和技能的令人兴奋的地方，在那里学习是有趣的，并且具备必要的严谨性。

　　这就是为什么我们要尽最大努力培养孩子对学习的热爱的原因。从幼儿园就要开始，我们的孩子在那里学习和玩耍，这能培养他们的想象力、创造力和社会情感技能。在教育部直属幼儿园里，儿童会接触到各种各样的经历，这会使他们对自己生活的世界产生兴趣，并与他人互动和建立关系。例如：使用道具和各种布景：我们会给孩子们提供超市或公共道路的模拟场景，这样，当孩子通过有趣的角色扮演锻炼计算和读写能力时，他们也通过这些互动活动学习到了重要的生活技能！

　　教育部直属幼儿园的教师使用两种核心教学法，即寓教于乐和高质量的互动，以吸引儿童参与。儿童透过有目的的玩乐参与有计划的活动，这些活动充满乐趣，让他们积极探索、发展和应用知识和技能。老师和孩子进行分享和持续的对话时，当他们一起研究一个话题、解决一个问题、阐明一个概念或讲述一个故事时，高质量的互动就发生了。孩子们没有拼写表或者记忆乘法表。但他们每人有一个文件夹，学习进度被记录在内，与父母共享。时间还有余裕，孩子们可以进一步钻研那些能激发他们想象力和兴趣的项目！

　　当然，"玩"的概念也延伸到了中小学和大专院校。在那里，教育工作者创造的环境能激发学生的探索精神，展示他们的创造力，帮他们建立信心，从而主导自己的学习。除了在课堂上使用以学生为中心的教学法，让学生构建自己的学习模式，我们的学生还经常通过游学、夏令营和社区服务项目接触课堂外的学习。例如：他们可以在户外露营一周，或者使用创客空间来设计工具原型以帮助老年人。我们的学生也关注来自社会的需求，并设计和实施解决方案给以满足。

事实上，我们的课程和学校项目也将应用学习方法运用到了许多领域，从机器人技术和食品科学，到媒体通信、艺术和音乐。通过实践课程和体验项目，我们希望学生能切实感受到自己的学习活了起来，因为他们的知识和技能具有现实意义和相关性。这就是一种"寓教于乐"，正适合他们的学习需要——他们快乐地汲取知识，并对自己和他人产生积极影响。

我们决心通过这些努力，培养所有学生对终身学习的热情。这种内在的学习动机将成为他们每个人的内在动力，促使他们努力实现个人愿景，为新加坡乃至整个世界做出贡献。

2018 年 7 月，新加坡新任教育部长王乙康在对新加坡商界领袖的讲话中宣称：传统、根深蒂固的以应试为导向的新加坡学校文化，可能会为扼杀学习乐趣和施加压力而付出沉重的代价。他主张："学习过程中一定有贯穿始终的快乐和持续的好奇心。反之，我们就没有动力去学习、追赶、保持或领先于变化。"这位部长补充说，"我们的社会需要基于适当的风险更多地去包容，并对挫折和失败加以容忍。"他还认为，学校和社会应该让孩子们玩，让他们和朋友一起玩，去发现自己的长处和激情所在。严格的教育是一件好事，但学生有一生的时间可以学习，所以没必要在年幼的时候就承担过重的负担。

这位部长讲述了这样一个故事：某天，在与新加坡家长和孩子见面时，一位家长问他如何确保每所学校都是"好学校"。

他转向这位家长的孩子，问道："你喜欢你的学校吗？"

"喜欢。"男孩说。

"老师们好吗？他们对你的学习有帮助吗？"

"有。"

部长问孩子是否喜欢他的朋友和他课余的活动。男孩说喜欢。然后，这位部长提出了一个关键问题，也许世界上每一位教师、家长和政策制定者在收集任何其他数据之前，都应该问一问孩子这个问题。

他问孩子："每天早上上学的时候，你开心吗？"

"开心。"

最后部长总结道："那么你的学校就是好学校。"并解释说，"我们必须从孩子的角度来定义一所好学校。如果一所学校能够满足孩子的需求，那么它就是一所好学校——不管它是不是名校，是不是做了很多宣传。"

同样，在 2018 年 7 月，新加坡教育部第二部长英兰妮·拉贾说："我们不希望孩子们在学校的时光仅仅是关于作业、测验、评估、分数和考试成绩。校园生活也必须同样是一段愉快的教育经历，而且要建立在对学习、探索和玩耍的热爱之上。"另一位新加坡教育领袖，中学校长夏尔马·波纳姆·库马里女士完全赞同这一新兴理念，表示："教育已经不再只是坐在考场上考试这一事务性流程了，而是要注入对学习的热爱，孩子们将要面对的未来是非常复杂的，教科书上的知识并不一定能帮助他们渡过难关。"新加坡一所小学的校长黄梅指出："潜在的雇主不会找考试总分最高的人。相反，他们注重人才的技能和天赋，比如同理心、适应能力、创造力和团队合作能力。"南洋理工大学副教授黄博智告诉我们："我们正在努力强调价值观的灌输、终身学习、整体教育和 21 世纪技能。我们希望鼓励快乐学习，并培养学生的适应能力和创业精神。"

2018 年底，教育部宣布取消一二年级学生的标准化测验以及中小学的班级排名。新加坡教育部长王乙康强调，孩子应该从小就懂得"学习不是竞争，而是他们需要终身掌握的自律"。

这些改革是否能在新加坡根深蒂固的高期望文化下蓬勃发展，目前尚无定论。一位新加坡国会议员指出："在改变家长的思维方式方面，还需要做更多更深入的工作，甚至一些教育工作者和学生自己在这方面的思维也不例外。"但是，他们已经有了一个好开端。

新加坡并不是唯一一个开始重视玩耍的亚洲国家。2013 年和

2014 年，新加坡《今日》杂志的一组记者前往五个亚洲大城市——香港、上海、首尔、台北和东京。他们有了一个惊人的发现：要求亚洲幼儿和学龄前儿童掌握高级学术知识的刻板印象正在发生改变，取而代之的是一个强有力的概念——玩耍，至少在早期教育阶段是这样的。

据记者报道：尽管孩子们后来还是会进入高压力的教育系统，但这些城市都在幼儿园创造了无处不在的玩耍环境。

这些城市不约而同地为提高公众对儿童早期玩耍益处的认识，各自采取相关措施。韩国的幼儿园每天会留出 5 个小时让孩子们自由玩耍，数学、阅读和写作课程不得占用这些玩耍时间。韩国中央大学的幼儿教育学者赵亨锡说，由于韩国政府在幼儿研究方面的大规模拨款，包括建立韩国儿童保育和教育学院，韩国父母越来越能理解和接受玩耍式学习。对于日本的幼儿园学生来说，他们的重点并不是学术学习和死记硬背（就像许多美国同龄人在公立学校里所经历的那样）。相反，在上午的 4 个小时里，老师和孩子们一起荡秋千、玩滑梯，用家里常见的材料制作临时玩具。据《今日》报道，御茶水女子大学附属幼儿园的孩子们玩得很开心。"一些孩子在户外院落里与秋叶嬉戏，另一些孩子跳上跳下，尝试着从树上采摘橙子。"在室内，孩子们成群结队地跳舞，听故事，在走廊里跑来跑去。

日本的高年级教育对学生来说，可能常常伴随着高压锅一样的氛围，但在学前教育中，一切都是在一种轻松惬意的氛围中进行的，孩子们吵吵嚷嚷地玩耍和社交。"这就是日本文化，"东京学艺大学研究员岩立京子解释说，"家长们认为，早期教育阶段的孩子们就该这么玩，就该成为大群体中的一分子。"一位日本母亲表示："只要我的孩子能跟他人互动和玩耍，其他的事就用不着太担心了。"

梦中的学校在东京

让我们回到过去。

让我们重新做回孩子。

让我们一起为自己挑选一所幼儿园。

让我们坐上私人飞机，环游世界，看看这个星球上所有的幼儿园教室和建筑。

你可能不会相信，但的确有一所幼儿园是如此的完美，如此热爱孩子，如此充满温暖和善意，我们每个人都想成为这所幼儿园的孩子，永远不想离开。

事实上，这所学校确实存在，就位于东京都西部的立川市，名为"富士幼儿园"。幼儿园中，有超过 600 名 3 到 6 岁的孩子有幸在那里上学。2011 年，经济合作与发展组织将其评为全球最优秀的学习环境。你可以称之为"梦中的幼儿园"。

这所学校是东京建筑师手塚贵晴和手塚由比的杰作，这对夫妻也是商业伙伴，他们育有两个孩子。他们与富士幼儿园园长加藤积一和设计师兼艺术总监佐藤可士和，合作创立了富士幼儿园。这是一所蒙台梭利风格的幼儿园，不仅仅是一座建筑，更是一首爱之歌、一首诗意的狂想曲——向孩童时代的学习力、快乐及玩耍致敬。那么，如何创造出世界上最好的幼儿园，一个完美的社交场所、一个快乐学习和实践探索的地方？这些设计师想出了一个优雅而简单的公式——从孩子的角度设计，打破你能想到的一切规则。

大多数学校的形状像盒子，有方形和长方形的组合。但富士幼儿园是椭圆形的，中间有一个圆形的庭院。大多数学校的屋顶空空如也，闲置无用。而这个团队萌生出了一个激进而惊人的想法——把屋顶变成游乐场，孩子们可以呼吸着新鲜空气，在阳光下肆意奔跑。

大多数学校与大自然隔绝。在富士幼儿园，三棵 25 米高的榉树（也是日本榆的一种）真实地生长在这所单层的学校里，还从屋顶上戳出了洞，上面配有网，以便孩子们能爬上去，每次能容纳 100 名孩子。"如果你把建筑设计得过于安全，孩子们就失去了了解危险的机会，"建筑师手塚贵晴说，"我认为留下一些危险是很重要的。"他还指出，"孩子们很强壮，完全有能力待在户外。当然，极端天气下他们也需要得到保护，尽管这样的时候并不多。"当孩子们得到了所有他们需要的保护，但不是有了所有可能的保护时，玩耍就会发生。

教室之间没有墙，院子的侧门一年中大部分时间都是敞开的。天窗连接着屋顶，孩子们可以向下看，看看他们的小伙伴在下面的课堂做了什么。

这里不需要游乐设施——建筑物本身就是一个巨型游乐场，与学校融为一体。孩子们可以没有顾忌地自由漫步，跌倒，滚来滚去，偶尔被淋湿。学校的行事准则是——不要过分保护或过分控制孩子。因为孩子需要经常活动，有时候也会把自己弄湿弄脏。

如果孩子们淋湿了怎么办？学校校长加藤积一经常被外国访客问及。他的答案很简单："在日本，如果孩子的衣服湿了，那就换衣服。他们有一层自己皮肤，而且还是防水的。不像手机，孩子们在弄湿自己的同时并不会把自己摔坏。"

学校的椭圆形布局意在鼓励合作和独立，而不是强迫孩子长时间保持安静不动。一些学校不遗余力地限制各种可能的噪音源。但在富士幼儿园，来自各处的适度噪音被认为具有镇静效果，可以提高孩子们的玩耍和学习能力。学校里充满了令人舒缓的自然"白噪音"——远处的钢琴声，自来水的声音，孩子们玩耍、跑步、聊天和大笑的声音。"我们认为噪音非常重要，"手塚贵晴说，"当你把孩子放在一个安静的盒子里时，他们中的一些人会变得非常紧张。"他认为，"正如鱼不能生活在纯净水中一样，儿童也不能生活在干净、安静和可控制的环境中。"学校内分散设置了水井站，孩子们可以在冲洗物品或取水玩耍时聚集、合作和交谈。"现在的日本孩子只会和电脑说话，"手塚贵晴解释道，"我不喜欢这样。我想，如果我们在每个教室里放一口井，他们就会被迫互相交谈。在日语中有一个短语'ido bata kaigi①'，意思是'在井边围着聊天'。以前日本的主妇们去打水的时候经常见面，彼此闲聊。我希望孩子们也这样做。"

手塚贵晴解释说，这座建筑的设计是基于他所说的"怀旧的未来"，即孩子们自然而然地选择不使用电子设备的玩耍方式，也就是他们不久前玩耍和学习的方式，这是一种可能在不久的将来再次回归的方式。

一些人认为教育的未来是充斥着电脑屏幕和干净、安全、抗菌的教室环境。"如果你去看一看最新的学校设计，就会发现，现代化的

---

① 井户端会议，いどばたかいぎ。

学校建筑正变得越来越大，越来越像一家 IT 公司的总部，"手塚贵晴观察到，"在这些建筑里，孩子们从不外出。许多人认为这就是未来，但我一直反对将这些用到孩子们身上。这些人为控制的环境不再是未来的愿景，它们正在慢慢地杀死孩子。"

手塚贵晴的理念是："有机会接触最新技术的孩子，很可能不比那些几乎没有机会接触这种技术，但在自然环境中学习的孩子接受到的教育更好。"

"梦中的幼儿园"的模式是如此的鼓舞人心，如此的成功。手塚贵晴预测，即便 50 年后，富士幼儿园仍将保持现在的模式。

富士幼儿园最引人注目的地方是它的屋顶——一个圆形的游戏平台。这个想法来自手塚贵晴和手塚由比自己的孩子，他们当时还很小，总是围着家里的桌子跑来跑去。"我们认为，这是一种建筑方式，"手塚贵晴回忆道，"于是，我们围了一个圆形，这样孩子们就可以一直绕着跑了。"理论上，这个想法是有道理的，但是设计团队希望，一旦学校里挤满了孩子，他们的构思仍然能够站得住脚。

2007 年富士幼儿园开学的那一天，数百名日本孩子第一次以学生身份体验了这所新建成的乌托邦式游戏学校，每个人的梦想都实现了。孩子们欣喜若狂地跑到屋顶上。"很简单，孩子们只不过是刚跑起来，"手塚贵晴说道，"这超出了我们的预期。我和校长坐在一起，我们每个人都热泪盈眶。太动人了，这是一瞬间的反应。"

从那天起，年复一年，富士幼儿园的孩子们一直在跑，平均每天跑 5 公里，而且没有任何迹象表明他们会停下来。

海边的游乐场：克罗地亚实验

2017 年的一天，亚得里亚海的一个小岛上出现了一个游乐场。

该岛名叫赫瓦尔岛，位于布拉克岛和科库拉岛之间，距克罗地亚达尔马提亚海岸约 12 英里。这里拥有全国最大的肥沃平原，连绵起伏的群山和小丘朝着大海倾斜；这里被葡萄园、小树林和花园所覆盖，还有一些欧洲最迷人的风景。

"赫瓦尔可以说是世界上最美丽的岛屿之一,"来自澳大利亚的游客丽诺尔·赞恩写道,"到达那里的唯一途径是乘船,当你踏上陆地时,你会感觉自己仿佛进入了一个时间静止的世界。由于薰衣草、迷迭香、橄榄和松树的奇妙混合,这里的空气似乎与众不同——充满了生机和魔力。"

在赫瓦尔的北侧,长长的被保护起来的港口边缘,有一个大约3000人居住的小镇——老城斯塔里格勒。在所有这些美景中,镇上的孩子缺失了一些对他们的健康和幸福至关重要的东西。他们没有一个合适的游乐场。

游乐场是童年的奇迹之一,是一个充满欢乐、友谊和学习的地方,是一所"终身学校",是学校和家庭的直接延伸,儿童在这里练习他们青少年和成年时所需的多种技能。但是斯塔里格勒的孩子们却没有。

在小镇的边缘,紧挨着繁忙的农贸市场和小学,是一个老旧的地方。里面堆放着一些曾经的游乐场废弃物,但是看起来不怎么美观,而且十分危险。事实上,在过去的几年里,有七个在那里玩耍的孩子因损坏的设备而严重受伤。这是一个破旧的废弃空间,从来没有得到任何维护,因此不再安全,更不适合孩子们玩耍。

必须赶紧做点什么。于是,镇上的一群母亲成立了一个委员会,召集建筑师和承包商,筹集资金,开始建造一个全新的游乐场。这些妇女为一个安全、现代化的儿童友好型游乐场制定了蓝图,并开始寻找潜在的合作伙伴为她们的项目提供资金。在不到一个月的时间里,他们就得到了首付所需的资金。很突然地,一个私人捐赠者和当地市长决定增加他们的预算。帕西的妻子在附近长大,她也加入了这场运动。这个计划虽然不大,但这将成为一个美丽的小地方,给当地的家庭聚会和孩子嬉戏提供了去处。让有特殊需要的孩子也可以在此享受好玩且包容性强的设备,如秋千、滑梯、跷跷板、沙箱和摇摆网。那里有为成年人准备的长椅,禁止人们使用手机。这样,父母和祖父母们就有机会交朋友,断开网络连接,享受看孩子们玩耍的乐趣。

消息传遍了整个社区,斯塔里格勒的孩子们兴奋不已。每天,建筑工地边上都会出现三三两两的孩子,当建筑工人为他们建造这个特别的新场所时,孩子们都目不转睛地盯着看。幼儿园的学生为游乐场制作了安全注意事项和正确行为的标志。不到一个月，新的游乐场就可以建成并投入使用了。

不久之后，男孩们和女孩们组成了一个邻里监督小组，以确保没有人会在正式开幕日之前溜进来。日日夜夜，孩子们轮流站岗。

盛大的开幕日到来那天，在那样一个具有历史意义的场合，你仿佛能听到《威仪堂堂进行曲》作为背景乐响起来。在歌手和音乐团体的助阵下，镇长在所有政府工作人员和所有政治团体代表的陪同下发表了讲话。

镇长在入口处剪彩时，本应该有一个小丑出现并带领一队孩子绕场一周。然而，当包括帕西的儿子奥托和诺亚在内的孩子们蜂拥进入游乐场时，所有的秩序都烟消云散了，他们挥舞着双手，欢呼雀跃。

今天，游乐场是社区生活的中心，是一个让家庭聚集在一起，让孩子享受童年的地方。"我从未见过我们的孩子这么快乐，"一位母亲说，"我看着那个老旧的游乐场好几年了，觉得现在这样这是不可能的。"

盛大开幕后的几个月，我们参观了斯塔里格勒的游乐场，并在游乐场、学校和附近城镇的玩乐团体中与家长和孩子们交谈，了解玩耍对他们的意义。

我们对50多名儿童和20名成年人进行了关于儿童玩耍、游乐场和童年的采访和谈话。我们惊讶于那些观点是如此的有力，表达得如此之好，与我们从世界各地的孩子、家长和老师那里听到的东西如此相似，甚至4岁的孩子对玩耍也有着非常深刻的见解！

当孩子们在新的游乐场上玩的时候，爸爸妈妈们分享了自己关于玩耍的看法：

　　——玩耍意味着愉快地度过时光，尤其是对于一个小孩子来说。在那里他们学到了受用一生的非常重要的身体素质，如敏捷、技巧和足智多谋。也就是说，玩耍是人生最重要的课程之一。

　　——我的儿子通过玩耍学得最多，通过玩耍也能学得更好。

——玩耍是孩子探索情感和想象力的方式。玩耍是孩子朝着正确方向成长的头等大事。

——游乐场非常重要，这样孩子们就可以进行社交和玩游戏，尽可能少地花时间在电视或平板电脑上！

——户外活动是最好的。因为对于任何人来说，更加正常的环境都是大自然，是在室外而不是在室内。虽然我们的房子很大，但是它是为了睡觉而存在的，早上睡醒了门，晚上再回去。

——我认为和其他孩子们交往对我的孩子更有用。在户外的新鲜空气中和伙伴们一起玩，比坐在室内玩耍健康得多。

——我每天都和儿子一起玩好几次，玩好几种不同的游戏。我们玩他想玩的游戏，我们有大量的游戏可供选择，所以我们每天都凭心情来决定玩什么。因为他还是个学龄前儿童，所以我总是想着在玩中能加入一点学习。

——玩耍很重要，但不是在手机上，因为那是浪费时间。

——我认为成年人也应该玩，因为在内心深处我们都是孩子。孩子们也喜欢父母给他们空闲时间，陪他们一起。

——通过玩，我觉得我的孩子已经学会了一点，至少我希望他学会了，那就是事情不能总是按照他希望的方式发展，他需要倾听别人的意见，他必须是一个团队合作者。

——通过玩耍，我的孩子学会了交流，学会了与他人合作，学会了尊重他人，学会了规则，学会了关于事物的新知识，他的词汇量也扩大了。

——玩耍帮助孩子学会失去（虽然他们觉得很难），并学会去了解和他们一起玩耍的人。他们可以和不认识的人一起玩，玩可以帮助他们了解自己。毕竟，这也很有趣啊！

——我认为孩子在和别人一起玩的过程中，学到了最重要的东西：如何分享，如何打架，如何和好，如何互相尊重。

——孩子们在玩耍过后心情会变得更好，脸上的笑容会更灿烂。我觉得人们不知怎么地，已经忘了该怎么玩，这让每个人都变得那么暴躁和不满。

　　——玩耍是一种幸福，通过玩，我儿子学会了社交，而且他会很累地睡去，但睡得很香——这很平衡，对他来说刚刚好。

　　——我也喜欢和孩子一起玩，因为我认为没有什么比看到孩子快乐更好的事了。有时候感到疲惫是正常的，但是当他带着球过来的时候，一旦你们开始玩——你需要记住这一点——疲惫不仅消失了，而且一股新的能量也随之产生。

　　——当我感到疲倦的时候，当我最想待在电视机或电脑前的时候，我的孩子把我从疲倦中拉出来，带我出去呼吸新鲜空气。在那一刻，你开始投篮，跑步，玩得很开心——这是多么惊人的变化啊！就在一瞬间！你能想象现在如果我们一直这样做，生活将会发生怎样的改变吗？

　　——童年是一个人一生中最美好的时光。你玩的时间越长，你的生活就越美好。

我们采访的男孩们和女孩们的年龄在 4 到 10 岁之间，他们告诉我们：

　　——我的名字叫波罗斯贝。我 10 岁了。当我的整个身体感到快乐，那就是我在玩。我喜欢和我的朋友、我的爸爸、姐姐和哥哥，还有其他人一起玩。玩是有趣和快乐的。我喜欢在游乐场上玩。玩很重要，这样我们可以成长，享受和快乐，我们能传播爱和所有那些美好的东西。

　　——我是伊凡。我今年 7 岁。我喜欢捉迷藏。玩是很重要的，我们可以保持好身体和好状态。玩的精髓在于娱乐。我认为所有的大人都应该和他们的孩子一起玩。孩子们应该每天玩，因为这有利于他们的健康。玩对我有帮助。我把自己安排得井井有条，和朋友们一起解决问题。通过玩，我们可以忘记所有的烦恼。这是最棒的事情。

　　——我的名字是宝拉。我今年 4 岁。玩就是和你的朋友或者你自己一起分享你最喜欢的玩具和洋娃娃。这对孩子来说特别重要，这样他们就不会觉得无聊。

——游乐场？我超喜欢！最棒了！是我的最爱！我经常在那里玩。成年人不玩，因为他们有自己的事情。他们必须工作，他们必须工作，他们有好多工作要做。有时候太多了，所以他们需要休息。

——我的名字是露西亚。玩耍很重要，这样我才能进步和成长。我的爸爸妈妈在和我一起玩。每个人都可以玩。即使是祖母和祖父也能玩。玩可以让我想跑就跑，想跳就跳。这对孩子来说非常重要。

——我可以整天玩乐高积木。

——我的名字叫马塞拉。我6岁半了。玩就是娱乐和快乐。玩的意思是享受。我最喜欢的游戏是捉迷藏和追逐跑。

——游乐场很重要，让孩子们可以享受欢乐，这还不够吗？

——我在游乐场上学到了很多。我观察别人，并从他们身上学习。现在，我知道怎么爬上游戏室和荡秋千了。我以前可不知道那些。现在，我甚至比从前跑得更快了。我现在也知道，我必须排队，等轮到我才能玩秋千，我应该对别人友好点。

——我5岁。玩耍对我很有帮助。如果你在某个地方受伤了，然后你马上开始玩，你就不会再去想它，也不会再让你疼。这不是很神奇吗？

——在游乐场上，我学习如何举止得体，如何与其他孩子和朋友一起玩。

——在游乐场，我明白了我不应该生气，我应该接受输和失败这样的事情。

——成年人应该玩，这样他们才能笑！

最后，我们向孩子们提出了一个关于玩耍的有争议的想法——我们为什么需要它，没有它的世界会是什么样子？"如果大人告诉你，玩耍对孩子来说并不重要，"我们问道，"你会对他们说什么？"

这个具有挑衅性的问题引发了一片愤慨，同时也无比坚定的观点：

> 我会告诉他们："你很丢脸，玩非常重要，你应该知道这一点。"
>
> ——6 岁女孩

> 我会告诉他们这只是一个大谎言。
>
> ——10 岁男孩

> 我会说"好的"。当然，我们得听大人的。我会告诉他们"好"，然后继续玩。
>
> ——5 岁男孩

> 我会这么跟他们说："让孩子听听——让你的孩子听一听你这个说法。"我认为玩耍相当重要。
>
> ——7 岁男孩

> 我要告诉他们，这一点也不好笑。
>
> ——8 岁男孩

> 我只想告诉他们，玩真的非常有启发性。
>
> ——7 岁男孩

> 我会告诉他们这不是真的，因为对于每个人来说，和朋友一起玩耍和呼吸新鲜空气都是非常重要的。
>
> ——10 岁男孩

> 哦，我会跟他们说，玩耍很重要。玩耍对双方都很重要——对你对我们都是！
>
> ——8 岁女孩

> 哦，我会邀请他们，来吧——我们一起玩吧（伴随着爽朗的笑声）！
>
> ——4 岁男孩

其中最强势的观点来自一个 9 岁的男孩，他毫不含糊地宣称："我会告诉他们，他们根本不知道自己在说什么，因为他们不知道玩耍对我意味着什么，我也不会听他们的。"他总结道，"我会走出去继续玩。"

也许这个"海边的游乐场"给所有人上了一课——你不应该等待

别人来改善情况或解决问题，你应该自己担起责任，和你的社区一起，让孩子们玩耍。此外，我们可以把克罗地亚的这些儿童看作是全世界数亿儿童的代言人，我们强烈怀疑，全世界儿童对玩耍有着类似的看法。

最后，我们可以把游乐场看作一个神圣的地方，不仅让孩子们在玩耍世界的"终身学校"中玩和学（主要由孩子们自己掌控），而且让父母和祖父母们思考和谈论他们孩子的生活，并且目睹正在展现的童年奇迹。斯塔里格拉德的游乐场象征着未来，是一整个社区孩子的生活写照，就像它在地中海鲜为人知的明珠上已经存在了3000年一样。

现在，现实生活中"伟大的玩耍实验"在世界各地蓬勃发展，惠及发展中国家和发达国家的众多儿童。

在孟加拉国、乌干达和坦桑尼亚，成千上万的儿童正在参加由孟加拉农村发展委员会（BRAC，一个领先的跨国非政府组织）组织的"游戏中心"。孟加拉国政府对将游戏纳入其全国小学课程表现出浓厚的兴趣，并在300所学校试行新的游戏项目。

2010年，威尔士成为世界上第一个保障儿童玩耍权利的国家，通过立法要求地方政府"必须保障儿童在其所在地区有足够的玩耍机会"。在加拿大魁北克省，当局已经宣布，在2019年秋天，将保证小学生每天休息20分钟。在美国，一些社区和州开始再次要求学校日的课间休息。在2018年和2019年，南卡罗来纳州一个学区的官员开始给小学生每天每小时15分钟的户外休息时间。这个想法是从哪里来的呢？来自于丹尼·默克博士，他是南卡罗来纳州皮肯斯县的学区督导，在结束了一次鼓舞人心的旅行——考察了芬兰的学校之后。

几年前，在英格兰中部的艾尔斯伯里，长克伦登学校的老师们决定，在学校操场的一块未使用的狭长土地上创建一个户外学习空间。"我们有很大的空间，但没有多少钱。"校长苏斯坦普表示。因此，学校向家长、企业和社区发起了筹款活动，请他们用垃圾填埋的材料制作小山丘，用未使用的游戏设备为孩子们建造一条小径和隧道，供他们探索。很快，孩子们就在一个设备齐全的，由茅草泥浆搭建的厨房里玩耍了，里面还配有皮带轮和输水管道系统。

在世界各地的社区，这样的家长和教师正努力将玩耍还给学校，还给童年。他们应该得到我们的帮助。

我们很多人认为，如果想在生活中获得成功，就应该把工作和娱乐分开。努力工作通常被视为一个追求美好生活的人应该具备的美德。这意味着要花很长时间工作，牺牲周末和部分假期来完成未完成的工作。我们都知道工作狂比其他人先来上班，然后在其他人都下班后才离开。他们就是那些经常远离野餐和同事间聚会的人。乐趣并不是他们良好工作的秘诀。如果下班后还有时间的话，玩就是你要做的事情。我们相信你认识很多这样的人，我们也是。

一些企业领导人试图以自己为榜样，帮助人们更好地平衡工作和生活。理查德·布兰森爵士是维珍公司的创始人，也是当今最成功的企业家之一，他提倡"努力工作，努力玩耍"的哲学，向世界展示他是多么喜欢像努力工作一样努力玩耍。他声称这是让工作和家庭生活同等重要的最好方式。他还说："如果每个人都能以孩子的精神生活，世界将会变得更加美好。"对于布兰森爵士和其他许多人来说，玩耍是美好生活的重要组成部分。不幸的是，我们成年人中只有少数人记得每天玩一玩。

好奇心、创造力、同情心和从失败中学习已经成为当今许多组织和企业人力资本的热门货币。职场上的成功不再取决于人们工作的时间、速度或努力程度，也不再取决于你知道多少事实。最优秀的学者并不一定比其他人发表更多的文章和论文。当今的成功人士是那些出于好奇，找出事情的原委，不断寻找新的方法来完成工作，并试图从他人的角度理解世界是什么样子的人。因此，在工作面试中经常被问到的一个问题是："你最大的失败是什么，你从中学到了什么？"如果没有学校的氛围，没有玩耍、发现、探索、实验和从失败中学习的自由，这些人类的品质是很难教授的。

新英格兰的一个学区长期以来一直对芬兰的学校所取得的成就很感兴趣。他们知道芬兰有着最公平的学校制度，孩子们也学得很好。教师有很大的专业自主权，他们受到社会各界的信任和尊重。他们也知道芬兰的学校不会相互竞争，公立学校也不会成为标准化测验、外部检查或政客、家长和企业领导严厉批评的对象。此外，芬兰所有的孩子每节课后都有 15 分钟的休息时间。除此之外，每天在学校里至少要进行 1 小时的体育活动。

学区领导人和教师很想找到有效的方法来改善他们自己的幼儿园和小学。过去 10 年带来了新的州和联邦教育政策，这些政策加重了学校的压力，要求学校更多地关注测验成绩，并采用标准化的教学程序，或教师所称的"脚本"。

2016 年春天的一天，他们邀请帕西，与学校董事会主席和社区中一些有影响力的成员进行了对话。

"那么，你会给我们什么建议呢？"主持人在会上问帕西。

"首先，我要警告你们，不要试图模仿芬兰或其它任何教育体系的做法。你需要找到自己的方式，让灵感适应你自己的民族文化，建立你自己的芬兰。但有一件事可能会改善你的学校，那就是给学生更多的时间去玩。"帕西提议。

"我知道这对非常小的孩子可能有好处，"一位官员说，"但我们正在寻找能够帮助我们提高适用于所有人的学习标准的方法，以确保每个人都能毕业。"

帕西回答说："举例来说，芬兰和苏格兰的经验是非常有前途的。孩子们在学校经常休息，并且每天进行一定量的体育活动。学生的幸福和健康直接关系到他们在学校的投入和成就。"

"但与芬兰或苏格兰的学生相比，我们的学生每年的上课天数已经减少了。我们不能再减少他们在学校的学习时间了，不是吗？"当地商会的一位成员问道。

"事实并非如此。平均来说，美国学校的上课天数较少，但课时较长，通常比芬兰的时间长得多。所以，你不应该担心没有足够的时间在学校教学。试着重新安排学校的日常课程表，让学生有时间休息和玩耍。"

"我们很欣赏你的想法，但我认为在芬兰行得通的东西在这里可能行不通。"学校董事会主席说。

"是的，我理解芬兰和美国在许多方面有所不同。但我相信，如果有足够的时间玩耍，世界各地的孩子都会受益。"

"也许在瑞典或者芬兰可以，"主席说，"但是我们美国的文化是不同的。在这里，从教学和学习中抽出时间不是一个好主意。"

"也许你应该把玩当作学习的一部分，而不是替代品。"帕西说。

"那么，我们之间的文化差异呢？"一位家长问道。

"我认为幸好这些确实是文化差异，而不是我们无法改变的东西，"帕西说，"我们可以改变文化。美国文化在近代史上发生了很大的变化，我们的文化也是如此。文化一直在进化。我相信，你可以通过帮助人们从其他角度看待学校，特别是我们的孩子们应该在那里学到的东西，来引领社区的变革。"

"是的，但这很难，"出席会议的几个人若有所思地说。

"当然，"帕西补充说，"幸运的是，你和你的社区可以改变这种情况，你们能做的很多。这是一个值得为之奋斗的目标！"

我们认为孩子们应该有更多的机会在校内外玩耍。当我们与家长交谈时，经常听到忙碌的家庭日程安排，以及父母是如何害怕让孩子独自在外面玩耍。我们也听说孩子放学后的空闲时间充满了家庭作业和其他活动，家长们认为这些活动有助于孩子在学校表现得更好，有助于以后找到好工作。有时候，孩子们报名参加一些活动，他们自己却没有选择权，或者根本就不感兴趣。孩子们也可能喜欢这些活动，但是玩耍，正如我们所理解的那样，应该始终基于孩子自己的主动性、内在动机和无压力的心态。

我们的孩子不仅需要更多的时间玩耍，他们还需要"更深度"地玩耍。

深度玩耍的力量

我们相信当孩子们玩耍的时候，每个人都是赢家。这并不意味着任何形式的玩耍都自然而然对身体健康或学习有益。玩得越多并不一定越好。

有时候，少即是多。高质量的玩耍能够激发孩子的参与、好奇心、激情和想象力，即使只是一点点的参与，也比长时间地参与仅勉强包含玩耍要义的活动更有意义。

对于孩子来说，高质量的玩耍，或者我们所说的"深度玩耍"，既适用于室内游戏，也适用于室外游戏，还适用于智力和身体游戏。我们相信，深度玩耍有五大要素：

> 自我指导
> 内在动机
> 想象力的运用
> 过程导向
> 积极的情绪

在深度玩耍中，孩子对过程中发生的事情采取主动和负责任的态度。教师和家长在需要时为孩子提供全面的支持和指导，以及足够安全的环境、材料和项目供孩子"玩耍"，但随后他们要退后，让孩子主要按照自己的节奏自主玩耍（图7）。

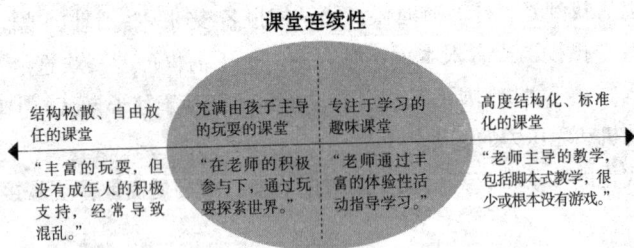

课堂连续性

结构松散、自由放任的课堂	充满由孩子主导的玩耍的课堂	专注于学习的趣味课堂	高度结构化、标准化的课堂
"丰富的玩耍，但没有成年人的积极支持，经常导致混乱。"	"在老师的积极参与下，通过玩耍探索世界。"	"老师通过丰富的体验性活动指导学习。"	"老师主导的教学，包括脚本式教学，很少或根本没有游戏。"

图 7. 学校玩耍中的"甜蜜点"。阴影区域代表了幼儿园教室理论上的理想平衡，在这里"深度玩耍"可以大放异彩，促进孩子的学习成果。这个逻辑也适用于较高年级。

节选自爱德华·米勒和琼·亚门的报告《幼儿园危机》（*Crisis in the Kindergarten*，由马里兰大学帕克分校"童年联盟"发布，2009）。

孩子们应该经常有机会选择、管理和反思他们的玩耍活动。"自我指导的玩耍"意味着我们让孩子在一个安全和丰富的环境中决定他们自己的玩耍，在那里他们可以舒适地通过游戏来探索自己的思想和潜力。当孩子们独自玩耍或和他人一起玩耍时，自我指导就能够发生。自我指导玩耍的关键条件是孩子可以自由选择做什么、怎么做，以及玩耍的规则是什么。自我指导的玩耍也是自我组织的。这意味着它是一个自发过程，在这个过程中，无序系统的各个部分相互作用产生某种形式的秩序。自发的玩耍意味着它不需要外部的控制，通常由随机事件引发，然后由内部的正反馈加强。

自我指导是儿童在玩耍中应该不断发展的一项重要能力。它包括"元认知"技能，如自我调节、反思和执行控制，这些都是高阶学习的基本要素。现代学习理论认为：学习是学习者对知识和技能的积极建构。自我指导的玩耍可以提高孩子学习和理解学习的能力。

当玩耍中的自我指导很弱时，它最终会变成外部指导的。这意味着控制玩耍中的行为，包括主动性、决策和行动中的判断，是由孩子以外的人来完成的。当父母或兄弟姐妹告诉孩子该做什么和不该做什么时，外部指导的玩耍就会经常发生在家中。过于严格的规则和他人明确的期望可能会对玩耍中的自我指导有害。

在"内在动机的玩耍"中，孩子们表现或执行一个行为是因为他们喜欢这个行为，并从这个行为本身中找到灵感。具有内在动机的孩子玩耍是因为他们喜欢玩耍。内在动机植根于儿童发展的三个基本心理需求：自主性，也就是有能力发起和指导自己的行为和行动；能力，也就是有能力完成任务；以及关联性，也就是有能力与其他人在玩耍的情况下建立稳定的关系。关注这些需求是在玩耍中强化内在动机的必要条件。内在动机通常表现为对做某事的真正兴趣。它与好奇心密切相关，而好奇心往往被视为内在动机的来源。

当孩子们玩耍时，好奇心也会被激发。研究表明，好奇的孩子比那些不好奇自己做的是什么的孩子学得更好，记得更多。好奇心能促进学生参与学校学习，提高自我指导的学习能力，从而有助于孩子进行更高层次的学习，并帮助他们找到自己的才能和激情，这应该是教育的核心目标。当孩子们因为期望从父母或老师那里得到奖励而玩耍时，他们拥有的大多是出于对这项活动的外在动机。重要的是要认识到，更高质量的玩耍要求我们允许孩子们发起玩耍，并在没有父母或老师干预的情况下做出关于他们如何玩耍的所有重大决定。

想象力是我们思想的巨大力量。它能够在脑海中形成一些我们感觉不到或者在现实中从未感知到的事物形象。我们可以想象一些能够改善生活和改变世界的新想法。肯·罗宾逊爵士说："想象力是人类所有成就的源泉。"因此，它是创造力和创新的必要条件。玩耍是运用想象力的最好方式，你可以用大脑来改变生活。

创造力、解决问题的能力以及能够提出有价值的新想法，是当今受过良好教育的人最重要的品质。它们已经变得和基本的阅读、写作和数学技能一样重要。我们经常被鼓励跳出思维定势；想出办法来解决现实生活中的问题。当我们运用想象力和超越现实的眼光时，创造性地解决问题变得更加容易。致力于教授孩子们这些技能的先进学校通过游戏、艺术和体育活动来帮助学生认识到他们思想的力量。想象力与学习密切相关，能极大地促进认知发展。假装游戏和想象游戏是能让孩子发挥想象力的常见游戏形式。

在早期的学习中，孩子们知道，如果想成功，最好更现实和理性些。的确，经常推理比胡思乱想要好。但是许多重要的发明和创新都是想象力的产物。许多人只是在中学或大学毕业后才知道，想象往往比现实更有价值。想象点燃激情，激发冒险精神、创造力和创新精神，并帮助创造未来的另一种可能。玩耍是孩子们运用想象力的自然工具。

目前，大多数学校在培养孩子的想象力和创造性思维习惯方面做得不够好。过分强调标准化和测试，为了以数学和语言艺术占主导地位的课程，而牺牲艺术、音乐和体育活动。对失败的恐惧使学校变成了流水线工厂，老师们被要求按照预先设计好的剧本进行教学。标准化已成为学校教学中创造力和想象力的最大敌人。传授给孩子想象力的最好方法，是让学校里的老师在他们自己的工作中体验到同样的力量。

"过程导向的玩耍"是为了活动本身而享受的，它与最终结果或产出无关。重要的是成年人在玩耍时不要过分指导孩子。玩耍的目的是让孩子们充分享受这个过程，而不是根据结果来判断其价值。过程导向作为玩耍的关键要素之一，是将其他所有玩耍维度结合在一起的粘合剂。

玩耍应该是愉快的。当孩子们玩耍的时候，他们应该有一种深度的享受和乐趣的沉浸，并且可以感受到快乐、感恩、灵感、希望、爱和一种流动的感觉，或者全身心地投入到这个过程中。玩耍是儿童情感发展的重要组成部分。因此，父母和老师应该尽一切努力确保孩子们的玩耍环境在心理上、身体上和社会上都足够安全，使积极的情绪能够蓬勃发展。

这五个维度——自我指导、内在动机、想象力的运用、过程导向和积极的情绪——可以用作指示儿童是否存在"深度玩耍"行为的框架（图8）。当玩耍的五个维度都被完全占据时，我们就称之为"深度玩耍"。这五个维度中的每一个维度都可以从弱到强进行划分，或者用连续变量衡量，如自我导向和外部导向、内在动机和外在动机、积极情绪和消极情绪。

当五个维度增长时，玩耍的深度和质量也会更进一步。这些是我们在学校和家庭中应该追求的玩耍。

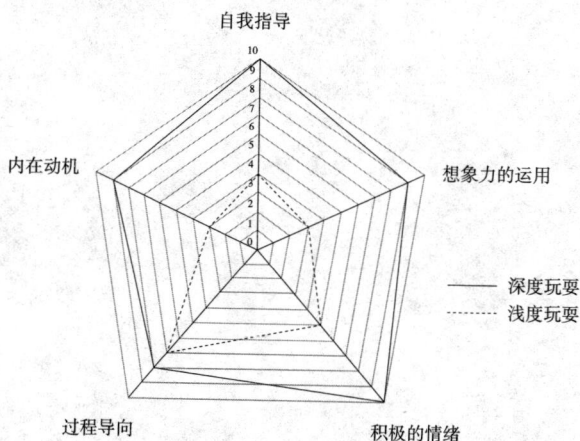

图8."深度玩耍"的五个要素。当这些维度的值增加时，玩耍的质量也随之提高。

资料来源：作者。

第十章

在未来的
学校玩耍

PLAY
IN THE SCHOOLS
OF
TOMORROW

孩子不属于未来，他们属于今天。他们理应受到重视。他们有权得到成年人的呵护和尊重，被平等地对待。他们应该被允许成为本该成为的人——他们每个人深藏于内心的小小灵魂是未来的希望。

——贾努斯·科恰克（Janusz Korczak），波兰教育家，1942 年为学生牺牲

总有一天，我们的教育体系会让孩子和老师爱上上课。晚上回到家，孩子会骄傲地谈论白天做的事情。

——埃拉·弗拉格·杨（Ella Flagg Young, 1909—1915），芝加哥学校负责人

1967 年 4 月，马丁·路德·金在纽约市河畔教堂发表演讲时说："'沉默即是背叛的时刻'到了。"

我们常常对下一代面临的日益恶化的健康和幸福状况缄默不语。政治家似乎对儿童的家庭和学校教育问题漠不关心。在美国，有史以来第一次出现年轻一代受教育程度降低的状况，其中许多人将会比他们的父辈死得更早。当今世界人口的四分之一是由 14 岁及以下的儿童组成的。

我们必须把孩子放在第一位。居住在布鲁克林的诗人和教育家泰勒·马里在他的一首诗中问道："生长在最富有国家的孩子不应该也是最健康的孩子吗？"现在是打破沉默的时候了。

我们的世界因各种不同的原因而改变。从得州北部到纽约长岛，从中国和新加坡到苏格兰和孟加拉国，持续不断的专业倡导和关于如何让儿童健康快乐地学习的研究，让教育工作者和家长们相信玩耍的力量，并且改变了孩子们在学校的体验。在芬兰和其他北欧国家，孩子有权玩耍，有权享受健康的学校午餐，有权享受医疗保健、日托和幼儿教育，部分原因是妇女的声音在政治和决策中已被清晰地听到。

我们需要进行多少次出色的玩耍实验，才能意识到当孩子们玩耍

时，他们同时也在学习和成长？我们需要见到多少勇敢的玩耍倡导者，才能明白，只要让孩子们玩，就是在真正帮助孩子？我们什么时候才能清醒过来，意识到太多失败的"教育改革"把我们引上了错误的道路？我们什么时候才能看到，以孩子的视角去洞察才能够让这个世界变得更好？

纽约市公立学校的学校改革先锋和高级教学助理罗纳德·埃德蒙兹（任期1977—1980）是最早的非裔美国学校改革学者之一，也是全民公平教育的先驱，他收集了数百所学校的数据，这些数据表明学校可以有所作为。1979年，经过10年的研究和实地考察工作，他写道："我们可以在任何时候、任何地点成功地教育所有我们想教育的孩子。我们意识到的比我们需要做的更多。而最终是否选择进行实践则必须取决于我们对迄今为止还没掌握的事实的看法。"我们赞同他的乐观态度，希望全世界的教师和家长重新重视玩耍，并将其重新融入所有孩子的生活中，无论是在学校还是在家。我们相信，事实上我们也可以，无论何时何地，都让孩子们以快乐、健康、学习和幸福之名玩耍。是的，我们已经意识到了，就差行动了。

我们对未来很乐观。世界各地都不断传出好消息，玩耍正在回到每一所学校每一个孩子的生活中。每天都有越来越多的家长、教师和青年加入这一运动。

在不久的将来，全世界的家长、老师和孩子们将共同携手，为下一代建立新的学校——不再是建立在压力和恐惧之上，而是建立在玩耍、快乐、学习和爱之上。我们拥有改变的力量。

伟大的文化人类学家玛格丽特·米德写道："永远不要怀疑，一小群信念坚定、有奉献精神的公民足以改变世界；事实上，从来都是如此。"现在，世界各地的家长、教师和公民都在为儿童争取玩耍的权利。

你也可以成为他们中的一员。现在，就行动起来吧：

1. 关掉电子设备，和孩子一起去游乐场，有机会就和孩子一起玩。只要他们还是孩子，就给他们更多的时间在室内外自由玩耍。

每周去三次游乐场，养成这个习惯。如果天气不允许，就准备一个箱子，装满书、积木、玩具和孩子们随时可以拿来玩的东西。在外出游玩时，采取"不找借口"的政策。这样，孩子们很快就会明白：

你有义务定期和他们一起玩，他会开始期待。使用本书中提供的更深入的游戏框架，将逐步提高儿童游戏的质量。如果既可以去外面玩又可以在家里玩，那就去外面吧。

每次玩耍后都要和孩子们交谈。问问他们做了什么，对此有何感想。试着理解孩子们玩耍时的情绪。为他们提供一个安全的环境，但也不能没有任何挑战。让孩子们反复地尽情体会失败吧，让他们自己想出解决问题的方法，让他们感受无聊吧——只有在绝对必要时才进行干预。当孩子们产生分歧时，可以帮助他们进行友好谈判。和其他成年人聊聊玩耍，了解一下他们的玩耍心得。

2015年，剑桥大学家庭研究中心的克莱尔·休斯教授和她的同事公布了他们对1500名2.5到5.5岁儿童的研究结果。他们发现，孩子开学时"在家谈论有趣的活动"和"经常在家阅读"的程度，是孩子入学准备、语言和认知发展的两个最有力的预测因素。由此可知：如果你想让孩子入学准备更充分，就让他们读书并和他们一起玩吧！

2. 成为一名当地社区的玩耍推广积极分子：出席参加学校的董事会会议和当地的议会会议，要求他们按照美国儿科学会疾病控制和预防中心、国家医学院和国际儿童教育工作者协会的建议，将玩耍和体育活动列为学校日程的一部分。

如果你家有学龄儿童，不妨问问他们白天在学校有多少时间玩耍。他们可能会这么回答："很少或根本没有。"如果你向学校董事会或校长询问玩耍时间少的原因，他们可能会说："我们必须最大限度地延长教学时间以提高学习成绩。"或者"安全是首要的，学校的操场对孩子来说太危险了。"这时，你就应该跟他们解释说，充足的玩耍可以帮助提高学习质量，是的，只要多一点投入，我们就能把操场变得更安全。

如果政府官员或学校领导拒绝了你推行玩耍的建议，请记住，实证案例和业内专家意见都站在你这边，让这些人去做功课吧。要求他们阅读这些最基本的，用搜索引擎简单一搜，排名靠前的7篇报告，并跟你谈谈感受：

《玩耍在促进儿童健康发展和维持亲子关系中的重要性》（美国儿科学会临床报告，2007）

《学校体育活动（包括体育教育）与学业成绩之间的关系》（疾病预防控制中心，2010）

《学生的身体教育：参加体育活动和体育课》[国家医学院（原医学研究院），2013]

《课间休息在教学中的关键作用》[美国儿科学会政策声明，2013，2016（增补）]

《玩耍在促进儿童健康发展和保持亲子关系中的重要性：关注贫困儿童》（美国儿科学会临床报告，2012）

《学校的课间规划》（疾病控制中心，美国健康与体育教育协会，2017）

《玩耍的力量：促进幼儿发展中的重要作用》（美国儿科学会临床报告，2018）

3. 为玩耍发声：根据你在这本书中读到的内容，结合你自己的研究成果，到当地政府的公开会议上发表一个3分钟的主题演讲，并发表你个人版本的《学习与游戏宣言：呼吁停止对儿童的摧残》（见239页）。

4. 向那些手握权力、掌控孩子命运的人提出尖锐、直截了当的问题：要求地方当局、学校董事会成员和政界人士拿出确凿的证据和研究，来证明当下普遍施行的强制性、标准化的测验是怎样帮助孩子学习的，质问他们测验的具体费用，问他们为什么评价孩子优秀与否的人不是他们的老师。问他们另外一些棘手的问题，比如"为什么我的孩子没有足够的课间休息时间，而得克萨斯州、俄克拉荷马州、长岛和其他国家的学生却有？""你为什么要取消艺术、音乐、历史、家政和手工课？""为什么弱势儿童和残疾儿童没有其他儿童那样多的玩耍机会呢？""你为了解决这个问题都采取过哪些具体的举措？"

5. 给当地的报纸写一篇评论文章：把它贴到你的Facebook和Twitter上。博客、短文章和专栏是当今用于思想交流的重要手段。即使是在报纸或杂志上发表的短文或评论也会产生巨大的影响。一篇好的评论文章要么概述问题，要么提出解决问题的办法。给你当地的报纸写一篇关于儿童游戏的专栏文章。写一篇关于在学校充分玩耍有助于孩子健康和学习的评论文章。用这本书中引用的研究和其他证据来说明你的观点。总有一些教师、活动家和陌生人在博客和网站上可以和你交流，与更多人分享你的观点和想法。

6. 在当地的学校开展一个关于玩耍的实验，建议选一个可以在学校进行的实验。根据校方和家长的准备情况，可以适度增加室内自由玩耍和趣味项目的时间，或者增加每日课间休息的时间。或者可以大胆地、大幅度地改变学校的课表，让学生在室内和室外有更多的时间玩耍。根据得克萨斯州游戏实验的经验，要同时注重孩子的行为培养，以改善孩子对自己和他人行为的认识不足。

7. 组织一个筹款活动，用以改善学校的操场和活动场地，让孩子能更安全地玩耍。我们参观了一些学校，在这些学校里，标准化测验、现代化教学设备投资和紧缩的预算成了孩子没有安全场地玩耍的借口。校园环境缺乏安全保障也是孩子整天待在家里的原因之一。

玩耍的质量取决于校园场地的质量。打造一个适合玩耍的校园环境的费用只是学校基建成本的一小部分。尽管现在许多公立学校的运营都处于财务紧缩状态，但投资改善学校操场是一个现实而明智的选择。这就是你能做的：组织一个志同道合的家长联合会，共同倡导孩子们应在学校里尽可能玩耍。去参观那些有漂亮的户外游乐场的学校，那些把玩耍纳入教育计划中的学校。与老师和儿童玩耍行为专家合作，为学校设计新的活动场地。筹款是学校吸纳资源以更新游乐设施的一种可行方案。记住：一个鼓励玩耍的环境并不一定要非常昂贵。

8. 让身边的人也认识到繁重的测验、标准化评估和缩小课程范围对孩子的消极影响。加入社交平台和社群中倡导玩耍的团体，和他们一起呼吁，并到公立学校进行游说。许多人对教育充满热情，尤其是当教育关乎自己孩子的时候——似乎每个人都对如何改善教育有着独到的见解。我们可以从彼此身上学到很多东西，还可以向更多不同的家庭、不同的文化学习。

9. 在当地学校定期开办"失败学院"，鼓励和庆祝失败的实验、失败的尝试，从失败中学习是通往成功的途径。这可以是一个跨学科的项目，在学校里，学生们在文化和科学学习中不断尝试和试错，从勇于尝新中经历失败，在学校、家庭和工作场所庆祝失败，以此作为成功路上的积累。

追求学术或教育上的成功往往伴随着对失败的回避。在一味追求成功的大环境中，孩子们懂得了成功的反面是失败，但他们会经常觉得，如果失败了，就会受到惩罚，或者得不到奖励。孩子们不会明白失败的重要性。在现实生活中，失败往往先于成功，而且往往是成功的关键因素。

如果将来所有的孩子都有更多的时间在校内校外玩耍，我们就需要保护公立学校免受有害政策的影响，那些政策把学习压力和繁重的作业置于孩子的快乐和健康之上。孩子们需要更好的教育，而不是更多的教育。更好的教育应该包括一种"全儿童"的方法方针，将重点从政治家和测验机构制定的狭义学术标准转向促进所有孩子发展和成长的教学上。

10. 和邻居一起在自家后院和社区场地建立安全游戏区，让家长和市民志愿看管和保障孩子的安全。你可以先联系几个周边的家庭，然后再慢慢扩展。

11. 至少在一周内的部分时间里，让家里变成一个可以自由玩耍的天地。放置一点简单又吸引人的素材，就可以营造出鼓励自由玩耍和尝试的氛围。也要允许孩子感到无聊。关于儿童、媒介和玩耍方面的优秀资源，我们推荐非盈利机构"媒介与儿童健康中心"（Center on Media and Child Health）的网站和资料，该中心由哈佛大学儿科副教授迈克尔·里奇博士（也被称为"媒介学家"）创建。

12. 倾听孩子们的声音，他们有很多关于游戏的话要说。我们成年人有很多东西要向孩子们学习。也应该倾听老师的声音。我们最近听到一群美国教师说，政府官员在给他们的日常教学施加压力的过程中，很少征求他们的意见。但是，家长们应该自由地和老师交流——听听他们的想法！

那数字化的游戏呢？

一些技术对教学也有明显的好处。科技可以成为教师"工具箱"中的一个有效工具，特别是在 STEM 课程、远程学习和特殊需求背景下。有研究表明，玩一些电子游戏可能对儿童的认知或身体有益，如提高反应时间和解决问题的技能。数字平台可以帮助孩子学习各种各样的科目。

但是，没有令人信服的证据表明，校内或校外的"数字游戏"比现实世界的游戏更好。因此，无论有多少孩子沉浸在数字世界里，无论有多少成年人认同"数字公民、高效能孩子"理念（这是一个神话——成年人和儿童都是同样高效的"多任务处理者"），无论市值600亿美元的高新"教育技术"行业的最新销售策略是什么（它迅速将教室变成了一个所谓的"数字游乐场，其中包括电子书、智能黑板、平板电脑、手机、学习软件和各类层出不穷的'教育游戏'"），我们都不应该自动默许数字化产品作为现实游戏的替代品。

正如美国儿科学会 2018 年关于玩耍的临床报告所述："电子媒介（如电视、电子游戏、智能手机和平板电脑应用程序）的使用容易使人趋于被动，消耗人的创造力，而不是激发人们主动学习和社交。最重要的是，沉浸在电子媒介中会让孩子们减少在户外或室内玩耍的时间。"报告强调说，"父母必须明白，电子媒介的使用往往不鼓励孩子的好奇心以及帮助他们树立学习的目标"，"是父母和老师的存在和关怀让孩子健康成长，而不是精密的电子设备"。

出人意料的是，几乎没有证据表明学校用于教学的绝大多数技术产品有利于学习。正如澳大利亚著名的悉尼语法学校校长约翰·瓦伦斯说的那样："我认为，当人们开始书写这一时期的教育历史时，课堂技术的投资将被视为一场巨大的骗局。"

事实上，硅谷的一些领导者，基本上不让自己的孩子在未满 15 或 16 岁之前接触电子设备，还有一些人在自己的童年时代也不怎么接触电子设备。谷歌创始人拉里·佩奇、谢尔盖·布林和亚马逊创始人杰夫·贝佐斯都曾就读于电子设备极少或根本不提供电子设备的蒙台梭利学校。比尔·盖茨在 2017 年透露，他和他的妻子"直到孩子14 岁才给他们手机，孩子抱怨同龄人早就有手机了"。2011 年，史蒂夫·乔布斯被问及他的孩子使用 iPad 的情况时，他说："他们还没用过呢。我们会限制他们在家使用电子设备。"早在 1996 年，乔布斯就对课堂上的电子技术发出了强烈的质疑，他说："我可能已经向学校捐了比地球上任何人都多的计算机设备。但我得出的结论是，这个问题不是技术能够解决的。教育的问题不能用技术来解决。再多的技术也不会对此有什么影响。"很多其他的技术主管和工程师也有同样的感受，他们把孩子送到没有电子设备的华尔道夫学校。前美国总统奥巴马和他的妻子米歇尔直到大女儿12岁才给她第一部手机，并且严格限制孩子们在家使用电脑和电视的时间。那么，这些父母的依据是什么呢？

"在硅谷，一般来说，科技界地位越高的人，就越想让自己的孩子远离我们的任何产品。"微软研究中心的跨学科科学家、虚拟现实开发领域先驱杰伦·拉尼尔解释道，"我所看到的是，大型科技公司的高管们把他们的孩子送进了（低技术产品的）华尔道夫学校，除非是在非常有限的时间和严格的监督下，否则他们不让孩子上网，当然最好的情况就是完全禁止孩子上网。发明这些产品的人打从心底不想让自己的孩子接触这些产品。"

2018年10月，《纽约时报》发表了一系列振聋发聩的文章，这些文章是由旧金山的科技记者内莉·鲍尔斯撰写的，内容涉及"关于电子设备和孩子的黑暗共识"和"恐怖的电子设备"，这种恐惧"已经让硅谷也陷入恐慌"，有一些家长要求禁止在课堂上使用电子设备。鲍尔斯写道："技术专家深谙手机的工作原理，他们中的很多人根本不希望自己的孩子靠近手机。"据她报道，硅谷正在形成一种共识，"电子设备作为学习工具的好处被夸大了，引发孩子过度依赖和发育迟缓的风险似乎很高"。

"我确信魔鬼就藏在手机里，正在荼毒我们的孩子。"雅典娜·查瓦里亚说道。她在陈·扎克伯格的倡议组织和马克·扎克伯格[①]的慈善机构工作。记者鲍尔斯写道："不久前，人们担心富裕家庭的孩子具备更早接触互联网的条件，更早获得科学技术的技能，数字化人才的鸿沟会因此形成。"但是现在，随着硅谷父母越来越担心电子设备对自己孩子的影响，并倾向无电子设备的生活方式，人们对数字化鸿沟又有了新的担忧。可能会发生这样的情况：贫困人群和中产阶级家庭

---

① 马克·扎克伯格：Facebook 的创始人兼首席执行官。

的孩子将在电子设备的包围下长大，而硅谷精英阶层的孩子将回归木制玩具和人际互动的奢华。

事实上，到目前为止，科学技术对儿童在课堂学习的整体积极影响十分微弱。这是经济发展与合作组织在 2015 年的报告《学生、计算机和学习：建立联系》中的惊人发现。该报告指出，尽管政府投入了数十亿美元在信息和通信技术上，但它们对学生成绩的影响，用经济发展与合作组织的安德烈亚斯·施莱彻的话来说"最多只是好坏参半"。"在大多数国家，科技在课堂上的应用已经超过了最佳使用限制，"施莱彻表示，"实际上，电脑正阻碍着孩子们的日常学习。"

该报告接着指出，技术"在弥合优势学生和弱势学生之间的技能鸿沟方面帮助不大"。而且，"简单地说，确保每个孩子在阅读和数学方面达到熟练的基准水平，似乎比通过推行或补贴以获得高科技设备和服务更能在数字世界中创造平等机会"。这项研究得出的结论是："在学校里经常使用电脑的学生在大多数学习成果上表现得更差，即使考虑到社会背景差异和学生数量统计因素之后。"在教授儿童学习基本知识方面，特别是在早期阶段，除了一些特例（例如远程学习和有特殊需要的情况），几乎没有证据表明数字化工具天生优于教师的手上的模拟工具。

经济发展与合作组织的报告基于 20 世纪 10 年代初收集的数据，建议在校教师应受到更好的科技运用培训。但研究还发现，孩子们在接触数字平台之前，先使用模拟工具学习效果最好，每周几小时的数字化课堂时间对孩子们来说可能是最理想的，超过这个时间，学习效率就会下降，甚至是负向增长。

这并不是什么狂热分子在处处针对数字化课堂，而是支持一种更具战略意义和成本效益的学习模式。显然，数字工具将继续存在，它们或许可以丰富儿童的学习体验。但是，在投入宝贵的资源推行数字化教学之前，数字化学习产品应该经过独立研究和教师们的严格测试和验证。技术应该作为课堂的辅助，而不是课堂的主人。儿童教育中成功的"数字化飞跃"并不是指 100% 的数字化学习，也不是指孩子可以不受约束地沉浸其中。

应当致力于在谨慎、有节制、结合实际情况的基础上使用数字工具教学，作为对经过实践考验的模拟工具的有效补充，而不应浪费时间和金钱在对实际学习几乎没有实践经验的产品上。

社交媒体、电视和电子游戏在年轻人的生活中占据了相当大的比例。例如：在美国和芬兰，青少年每天大约有一半醒着的时间是在网上度过的，他们离不开网络社交。当孩子们在网上社交和娱乐时，他们是在玩耍吗？我们很怀疑在这期间他们能获得多少高质量的玩耍。一些研究显示，五分之一的青少年沉迷于社交媒体和智能手机。沉迷并不是真实玩耍的其中一个特征——大多数关于玩耍的描述都表明"玩耍的基本要求是孩子们可以自主选择"。

在过去几年里，世界各地陆续出现了一系列令人担忧的研究结果，它们强调了儿童和年轻人过度使用电子产品的局限性、风险和潜在危险，包括与儿童身体和行为健康问题的关联。据美国儿科学会称，这些关联包括肥胖、暴力和攻击性行为；抑郁、焦虑、早前性行为、学习成绩差和自卑；噩梦、吸烟和药物滥用。

加拿大阿尔伯塔省正在进行的一个名为"数字化成长"的研究项目，就在仔细研究这一结论。哈佛医学院的迈克尔·里奇博士和阿尔伯塔省教师协会的菲尔·麦克雷博士收集的数据显示了教师如何看待技术在课堂运用上的明显好处：搜索信息、分析数据和成果交流。但与此同时，阿尔伯塔省的教师们发表了严峻的课堂观察报告：90% 的教师表示，有情绪问题的学生数量增加了；86% 的教师表示，有社会问题的学生数量增加了；75% 的教师说，在过去的 5 年里，有认知障碍的学生数量有所增加。原因和影响尚不清楚。但对孩子过度使用电子设备及社交媒体这一现象应当引起警觉。

在美国，记录在案的暴力行为——如孩子因不满父母对电子游戏时间加以限制，而对父母实施暴力——数以千计。有时，学校会使问题变得更加严重。当一位长岛的母亲发现她 5 岁的儿子在幼儿园被要求使用 iPad 时，她抱怨并威胁要把孩子接回家。而幼儿园却威胁说要到儿童保护机构举报她。精神病学家尼古拉斯·卡达拉斯博士在位于纽约州的康复中心治疗儿童数字化成瘾，据他说，有超过 200 项经同行评议的研究表明，一系列临床疾病都与过度使用电子产品有关，包括成瘾、攻击性增加、抑郁、焦虑和精神病。"我们把自己对新兴科技的迷恋投射到孩子身上，理所当然地认为他们也喜欢这样学习，"卡达拉斯博士写道，"而他们渴望和需要的是有血有肉的老师。"在加利福尼亚州马林县，当芭芭拉·麦克维试图把她9岁儿子的电子设备拿走时，"他把我打得屁滚尿流"。她告诉卡达拉斯医生，她儿子"脸上带着茫然的表情，眼睛仿佛不是他自己的"。警察还怀疑这孩子是否吸毒了。当她把儿子从重度依赖电子设备教学的郊区公立学校接出来，送去一所更偏远、科技设备不多的学校时，儿子的行为明显改善了。后来她又发现，新学校的所有四年级学生都将学习如何为电子游戏编写"代码"。孩子在课间休息时并不出去玩，而是待在教室玩血腥暴力的电子游戏。"我准备就电子设备使用问题与公共教育部门开战，"这位母亲说道，"这是错误的，我觉得有一场针对孩子的战争正在进行……而且来得太快了，我们甚至都没有机会发出质疑。"

"别搞错了，"美国企业研究所的访问学者纳奥米·舍费尔·赖利在《纽约时报》上写道，"在这个国家，真正的数字化鸿沟不在于能上网的孩子和不能上网的孩子之间，而在于哪些父母知道要控制电子设备使用的时间，哪些父母被学校和政客洗脑，认为数字化学习是通往成功的法宝。是时候让大家都知道这个秘密了。"

伦敦政治经济学院经济表现中心2016年发表的一篇论文显示，当教室里没有手机时，学生成绩会提高。这项综合研究涉及91所学校的13万学生。研究人员发现，当手机被禁用后，学校的测验分数上升了6.4%。贫困生和特殊教育生的受益更大，他们的平均测验成绩提高了14%。

4年前，一项重要元分析研究（或称"对研究结果的研究"）发现，"与其他研究的干预和方法相比，基于技术的干预往往只能产生略低的改善水平"。这项研究的结论是："综上所述，相关性和实验性的证据并不能为数字技术对学习结果的普遍影响提供令人信服的案例。"在2013年发表于《国际教育研究杂志》上的一项研究中，挪威斯塔万格大学的安妮·曼根教授和她的同事发现，在电脑上阅读文本的学生在理解测试中的表现比在纸上阅读相同文本的学生差。2011年的一项研究表明，比起数字化学习，学生们更喜欢传统的人际传授，即"普通、现实生活中的课程"。这些发现让研究人员感到惊讶："这并不是我们想象中的结果，我们以为学生会接受更高的科技成果带来的一切。但事实恰恰相反，他们似乎真的很喜欢与人互动，如一个站在讲台前知识渊博的老师。"

阿尔伯塔大学体育与娱乐学助理教授瓦莱丽·卡森，在 2015 年 12 月发表了"数字化成长"研究的结果："我们发现，孩子进行的体育活动越多，他们的认知发展越好。他们花在电子设备上（如平板电脑和手机）的时间越多，往往要么对他们的发展产生不利影响，要么根本不产生影响。"尼古拉斯·卡达拉斯博士总结道："关键是要从一开始就防止你 4 岁、5 岁或 8 岁的孩子沉迷电子产品。"这意味着"要用书代替 iPad；用大自然和体育活动代替电视"。他建议家长们，如果有必要，"要求孩子所在的学校在孩子 10 岁之前都不要给他们用平板电脑或笔记本电脑（也有人建议年龄限制在 12 岁之前）"。

简单总结一下：现实生活中的游戏对你的孩子有非常广泛的益处，而电子游戏的好处就要少得多，绝大多数的教育技术产品几乎都没有严格、独立的证据表明它们适合儿童使用。

学校质量评估档案

43 个问题帮助拯救我们的学校，让孩子们茁壮成长——让你的学校接受测验

我们总在测验学生，为什么就不能测验学校呢？

我们把孩子托付给他们，为他们买单，支持他们，我们经常投票给管理他们的官员——为什么就不能要求学校回答关于质量和最低标准的基本问题呢？

那么，让我们来谈谈测验吧——让你的学校参加测验！你如何判断你公立学校的质量，以及你们社区所有公立学校的质量？

了解一所学校的一个方法是提出这个问题："它在国家标准化测验中表现如何？"

你可以查看一些科目（如数学和语言技能）对儿童进行大规模标

准化测验的数据，然后将这些分数和趋势与其他学校的分数和趋势进行比较。这已经成为美国和其他一些国家学校的主导管理机制。

一些政客和管理者喜欢这些分数，因为凭借这些正中下怀的数字，他们就可以随意管理和操纵了。如果能让这些数字看起来不错，政策制定者们便可以公开表扬自己，摆出英雄姿态；如果数字不好，他们可以责怪老师和学生，并逃避自己的责任——忽视，资金不足，对教育系统的管理不善。

但单靠标准化测验并不能提供判断学校质量所需的正确、完整的信息，因为它们没有充分考虑到收入、家庭背景、学习经历、同伴效应、适当的校外营养补给和智力培养、情感状态、家庭条件，以及影响孩子学习、发展和成长的许多其他因素。每个孩子的起点不同，每个孩子都有自己的学习节奏。此外，标准化测验并不是为了衡量学校的表现而设计的，只是为了衡量学生的认知能力或仅以成绩作为参考。而且几乎没有证据表明，基于此类测试的学校评估体系能改善儿童的学习效果或缩小成绩差距。

过度依赖这些测试数据的诸多危险之一是，它们会让人忽视掉许多其他关键技能和科目，其中许多都不能简化为标准化测验数据。它们还倾向于剥夺孩子的玩耍、休息、课间和体育活动，同时还有许多重要的、不能以测验成绩为衡量标准的科目也岌岌可危，如实践科学和实验室项目、艺术、第二语言、历史和社会研究、生活技能、职业技能以及公民学。因此，测试数据是非常不完整的，也可以说是非常过时的评估方法。

分析学校的质量是一项复杂的工程，没有一种方法是完美的。但与其只看两三个基础知识领域的标准化测验成绩数据，不如找一个更准确、更先进、更高效的方法——让学校管理者和负责监督学校的政府官员提供关于学校或学校系统的完整评估档案，包括关键的与玩耍相关的教育基础设施信息。你可以把它想象成一所学校的“质量考核”，并根据他们给你的资料自行打分。你可以整理出自己关心的问题。

这里有一些关于学校质量和标准的基本问题，我们作为家长、纳税人和公民应该向任何一所公立学校或学校系统咨询，以进行充分讨论，并努力改善我们的学校，帮助孩子茁壮成长：

1. 学校的教学理念是什么？

2. 学校教育的目标是什么，如何实现这些目标？

3. 学校是否认同美国儿科学会所提倡的"孩子们一生的成功取决于他们的创造力，以及运用从玩耍中学到的经验教训的能力"？学校是否遵循美国儿科学会、国家医学院和疾控中心的建议，让孩子在学校进行玩耍、课间活动和体育活动？如果没有，原因是什么？

4. 学校如何培养及支持孩子的社会情感、学术认知、身体健康和成长？

5. 学校如何培养孩子的基本素养、语言和数学技能；如何提高他们的执行力、自我调节能力、创造力、同情心、冒险精神、健康和幸福感；如何让孩子热爱学习，面对失败知道怎样进行自我调节，以及培养协作和自我表达能力？

6. 每个孩子作为一个独立的学习者是否受到了尊重、评估和支持？

7. 每个孩子是否都有机会获得一名具有研究生学位和经过培训的合格教师？如果没有，原因是什么？

8. 在实践科学和实验室项目、艺术、第二语言、历史和社会研究、生活技能、职业技能以及公民学方面的课程设置有多丰富？

9. 当孩子们经历压力、失败、冲突、挫折或危机时，他们是如何得到支持的？

10. 每个班级平均人数是多少？理想的班级人数是多少？师生比例较高的情况下孩子们会更受益吗？

11. 学校的安全保障怎么样？

12. 是否所有学生都能获得与本社区乃至当地其他地区学生同等程度的教育服务和支持？如果没有，原因是什么？

13. 在制定和改进学校政策和实践时，学生、家长和教师的观点如何得到尊重？

14. 与同个行政区内其他学校相比，本校的资源和资金是否充足和公平？

15. 学校是否提供健康的膳食和高质量的课外自由活动？

16. 如有需要，学校是否提供健康和社会支持服务？

17. 学校是否取消了种族和经济上的隔离政策，学校的招生政策是否反映了群体的多样性？

18. 学校如何充分利用直接教学、合作学习和其他小组活动、户外自由活动、引导性游戏和自主学习？

19. 学校对有特殊需要的儿童，包括那些非常聪明和努力的学生，有什么针对性政策和帮助措施？

20. 学校将如何帮助孩子识别和发展自己的优势，找到激情所在？

21. 每天开始上课前，学校是否开放场地，提供安全保障，让孩子有一段可以自由玩耍的时间？

22. 学校基础设施、建筑和游乐场所的情况如何？

23. 为孩子们提供多少时间让其进行玩耍、休息、体育活动、自由活动和其他有趣的项目？

24. 是否明确禁止老师和校方工作人员利用课间休息时间，对学生的学业或行为表现进行奖励或惩罚？如果没有明确禁止，原因是什么？

25. 多久组织一次实地考察学习？

26. 学校组织和管理标准化测验的直接和间接费用是多少？

27. 学校如何评估孩子的学习和发展？

28. 学生和家长如何参与评估学生的学习？

29. 家长能否在不受诟病的情况下，选择或升级孩子的学习评估——获得从参加标准化测验到由老师设计和监督的高质量评估？如果不能，原因是什么？

30. 比起压力和恐惧，学校是否有温暖、合作和包容的氛围？

31. 学校将如何帮助孩子从错误和失败中学习？

32. 学校欢迎家长来学校做义工和旁听孩子上课吗？

33. 学校的财务和管理是否完全透明？

34. 学校如何与家长沟通？

35. 孩子是否有机会从事社区服务和志愿工作？

36. 出勤率、毕业率和师生流动的数据和趋势是什么？

37. 学校的纪律政策和执行程序是什么？

38. 教师是否经常进行高质量的专业进修和领导力培养？

39. 在幼儿园、小学和中学，家长是否能让孩子晚上回家后不花太多的时间做书面家庭作业，而是做些更高质量的家庭作业，如独立阅读、亲子互动和户外游戏，让孩子能更健康地早睡？如果不能，原因是什么？

40. 学校如何处理和运用电子设备，特别是那些由孩子带到学校的设备？

41. 学校如何获知家长对校方的满意度？

42. 学校如何获知家长对老师的满意度？

43. 学校如何获知学生对校园生活的满意度？

孩子通过玩耍学习的意识其实和人类历史一样古老。正如《圣经》中的智慧在《箴言》①8:30 节—31 节中所回忆的那样："那时，我在他那里为工师，日日为他所喜爱，常常在他面前踊跃，踊跃在他为人预备可住之地，也喜悦住在世人之间。"

今天，我们的孩子在学校最需要的不是更多的干扰——数字化学习、应用程序、电子设备、数据驱动教学、个性化学习都需要通过电子屏幕、教育营销和标准化教学测验获得。我们的孩子需要的不是非专业化的教师，不是那些对教育一窍不通的政治家和理论家对教育的不断干预。我们的孩子在学校最不需要的就是压力和恐惧。

我们的孩子最需要的是建立在优势、才能和梦想之上的学校，这些学校深深地被孩子们的视角所影响，提供安全和支持，充满发现和探索，由高技能、重协作和专业的教师管理。

我们所处的这个世界需要学校来欢迎和培养所有的孩子，包容所有的背景和才能，接纳所有的力量和挑战。

我们的世界需要以儿童为本的学校，在那里，尝试和失败被誉为"通向成功的途径"。学校将帮助孩子体验和理解生命的多样性和丰富性，体会生命的美好。

我们的世界需要能教会孩子基本技能的学校，包括如何独立思考，如何学习，如何热爱学习，如何失败和成功，以及如何共同协作、相

---

① 古以色列王所罗门在中年时所作的诗歌书卷，被纳入《圣经》中。

互帮助，如何梦想创造一个更美好的世界，如何将命运紧紧掌握在自己手中。

我们的孩子在学校和家庭中最需要的是，一个建立在孩子们能给自己的最神秘、最有力量的礼物——玩耍上的童年。

是时候把玩耍还给他们了！

全球玩耍峰会

如何把玩耍融入学校，如何建设明天的学校呢？

为了开始探索这个问题的答案，我们采访了一个由全球"智囊团"组成的专家及个人小组，可通过线下及线上参与。该小组成员包含世界各地的最优秀的教育思想家。关于玩耍和如何打造属于孩子们的学校，他们是这么建议的。

南希·卡尔松-佩吉，莱斯利大学儿童发展名誉教授，"捍卫童年"（Defending the Early Years）机构联合创始人：

> 如果我要建设未来的学校，我会把玩耍（也称为"儿童工作"）放在学前班到三年级的核心课程里。校园活动区包括积木和算数玩具、沙盘和水桌、画板和画笔、戏剧角、阅读角、科学实验区、绘画和写作区以及特别项目。每个区域都有可供自由选用的道具，让这些工具帮助孩子们发现自己兴趣，解决心中的疑问，并根据各自情况选择使用。每天都会有户外活动，在玩耍中探索自然。即使在城市地区，老师也可以鼓励孩子们在户外接触自然——树叶、石头、水和沙子都是不错的选择。

> 教室将充满温馨、友好和有趣的氛围。会有一张活动区平面图和时间表，孩子们可以很容易地理解。这将为孩子们提供所需的安全感，使他们能够心无旁骛地玩耍。高度设计将专门为孩子量身定制，孩子毫不费力就能拿到架子上的东西。空间安排会一目了然，孩子们马上就能明白哪些东西可

以用，哪些活动可以做。执行版上会用文字或图片列出每天的可选活动，有助于孩子做出更有目的的选择。我们鼓励孩子们一起玩耍，享受共同创造的乐趣，并在自然状态下通过玩耍中的合作培养多种社交技能。

　　未来学校的老师将善于根据儿童的兴趣和需要制定的课程，并知道如何根据儿童的玩耍和发展水平引进新的学习和技能。老师将能深入洞悉儿童发展的每一个阶段，是经验丰富的玩耍观察员。老师会通过孩子在玩耍中的表现，来了解他们的学习情况和需要。这些老师会观察儿童玩耍中出现的主题，并知道如何解释它们。例如：如果一个孩子经常扮演一个可怕的电视怪物角色，老师就会知道如何把该主题与孩子联系起来，甚至可以一并洞察孩子的家庭。

　　老师还将指导和支持孩子的社会和情感学习。观察孩子玩耍时，老师可以及时注意到冲突的发生。其后可以加入到孩子们的玩耍中，从中找到创造性的方法。例如：通过讲故事和使用手偶，向孩子们展示与他们观察到的类似的冲突，并向孩子询问可能有助于"解决问题"的想法。如果玩耍中的冲突升级到需要干预的程度，教师会知道如何帮助孩子们交流和彼此倾听，寻找解决问题的方法，并找到使冲突双方都感觉良好的方案。

　　每天会有一个小组交流时间，让孩子们分享他们在玩耍和学习中所做的事情。这种分享形式会让孩子们产生热情和社区意识。孩子们可以彼此交流玩耍和学习中的问题并分享想法。这种集体探讨会激发出新的想法，加强孩子之间的羁绊，让孩子对接下来的活动产生更浓厚的兴趣。

赵勇（堪萨斯大学教育学院基金会特聘教授、澳大利亚维多利亚大学米切尔健康与教育政策研究所教授、英国巴斯大学全球主席）建议：

　　我们必须认识到玩耍在教育中的价值。教育领导人、政策制定者和家长需要明白：玩耍不是愚蠢的浪费时间，而是一种必不可少、强有力的教育经验。学校应在课程中为玩耍创造空间，并为玩耍提供设施、机会和鼓励。老师可以通过原创性的想法、假设、解决方案，和同事一起玩，和学生一起玩来以自己的方式编排游戏。

苏珊·林恩（哈佛医学院精神病学讲师、波士顿儿童医院助理研究员）建议：

玩耍是学习、创造、自我表达和解决建设性问题的基础，是孩子们与生活博弈，使其变得有意义的方式。孩子天生就有玩耍的能力，但是我们这个社会似乎在尽一切努力阻止他们玩耍。

玩耍被赶出了学校，甚至被赶出了学前班。当学校选择取消课间休息、艺术课和音乐课，当他们选择照本宣科或死记硬背的学习、"以测验为目标的教学"和按部就班的课堂时，玩耍的机会就丧失了。

学校需要在课间休息、艺术课和音乐课中将玩耍找回来。他们需要尽量减少死记硬背的学习，并为孩子提供探索和体验主动性的机会，而不是仅仅对事物做出机械反应。

斯蒂芬·西维（葛底斯堡学院心理学教授）建议：

自由玩耍的机会应该贯彻整个学校，而不应该被用作培养良好行为习惯或改进学习的杠杆。我们需要停止仅仅从认知发展的角度来思考正规教育，而应该以更全面的视角，更紧密地整合认知、社会和情感发展。玩耍是能把它们粘在一起的胶水。

格罗瑞娅·拉德森-比林斯（国家教育学院院长、威斯康星大学麦迪逊分校课程与教学系教授、城市教育课程凯尔纳家族杰出教授）建议：

孩子们利用玩耍来发展他们的想象力和更高层次的思维技能，如解决问题能力和创造力。典型的课程结构通常强调一致性，而玩耍能将孩子们从这种结构中释放出来。团体游戏还给孩子们提供了一个锻炼社交技能的机会，这些技能对今后的成功至关重要。

任何充分了解儿童发展的人都知道，孩子的"玩耍"是孩子的"工作"，正是通过游戏，孩子"排练"了他们所处环境的社会和文化角色。扮演"房子"的孩子正在排练她或他在家里看到的角色元素：烹饪，清洁，教学，讲故事……在我参加过的一些更富有成效的会议中，人们在会议期间可以在自己的座位上玩一些东西（弹簧、泡泡、填色、溜溜球）。

也许真正的问题是如何把学校融入到玩耍中去，鉴于我们都承认玩耍是学校的主要功能。在我观察过的最好的幼儿园里，玩耍扮演着核心角色。孩子们尽情探索、想象、建构、交流和合作。他们可以选择在固定的器材上玩，也会搭建临时性作品（如沙盘或沙盒），玩积木和乐高等自主发挥的玩具。

塞尔玛·西蒙斯坦（世界幼儿教育组织智利国家委员会主席，智利圣地亚哥大都会教育科学大学教授）建议：

> 玩耍是儿童时期的一种自发倾向，必须始终存在于儿童成长的每一个阶段；此外，玩耍也是《儿童权利公约》规定的所有儿童的权利。教育工作者必须给孩子提供机会，使其成为可能。
>
> 我们必须承认孩子是独特的存在，是能够通过玩耍、想象力、交流和理解来认识和改造世界的完整公民。当现有政策没有重视玩耍，或者由于课业繁重、技术的使用和滥用、家长的期待，当然，还有传统的上学方式——玩耍就会受到影响。
>
> 当重视学习成绩的同质性和控制性，把死记硬背和家庭

作业放在首位时，玩耍也会受到影响。尽管玩耍是儿童学习和与世界互动的一种自然且适当的方式，强调数学和语言的发展，但它作为一种教育策略的价值却被贬低了。我们应当考虑开展一些项目，让孩子们在户外和室内找到自己的兴趣领域，以促进他们的发展。我们应当让孩子们有选择玩什么和创造什么的权利，允许孩子们创造新的知识，而不是仅仅依赖教育者提供的信息。我们应当提倡环境教育：循环利用，保护自然，准备堆肥，照料花园。我们应当给孩子提供多种空间选择，让孩子们决定他们想待在哪一个区域、待多久，这样的空间还得有利于团队合作。

弗雷泽·布朗（利兹贝克特大学健康与福利研究所核心成员、儿童教育课程教授，国际玩耍杂志联合编辑）建议：

如果我来建设未来的学校，一定会建议对现行做法进行彻底的反思。上学应该是一次有趣的经历。我们也可以考虑把柏拉图式的学园搬到学校——毕竟，那是孩子们已经习惯了的地方。不幸的是，学校作为一个本应服务于孩子的地方，却往往非常不受孩子喜爱。大多数学校把《重视每一个孩子》的纲领（英国）和《不让任何孩子掉队》的纲领（美国）解释为孩子需要更多的课业。可悲的是，在这方面，他们反映了大多数政治家的想法，即学校只要采取正确的教学方法，就是对孩子来说最好的。

相反，有许多研究表明，让孩子玩耍才是更高效的方法。玩耍研究人员布瑞恩·萨顿-史密斯表示，玩耍一阵后的孩子心情更好，接下来的活动进行也会更顺利。反之，如果因此重新定义玩耍，强调其对保持乐观和激情的促进作用，那就又不是玩耍了，而是抑郁。这荒谬的悖论将使玩耍的孩子迷惑，从而质疑其价值所在。这一逻辑刚好适用于学校的课程设计——应以玩耍机会为核心，而不是像现在这样偷梁换柱——玩耍被当作一个让老师诱骗儿童学习（那些大人们觉得重要的东西）的工具。相反，如果孩子每天在学校玩耍的时间和上课的时间一样多，那么将事半功倍。孩子们不仅有机会在玩耍时真正地学习，而且当他们回到教室时，由于自由玩耍的激励性质，他们将更乐于学习。我们建议学校可以配合家长们的工作日程，延长孩子的在校时间，让孩子们有大约45分钟的额外时间进行自由玩耍和课堂学习。期望老师履行这一安排所隐含的双重角色是不合理的。因此，这一修订办法将需要学校同时雇用专门配合孩子玩耍的工作者。

学校还可以采取两个步骤，使自身更有助于满足他们所服务的孩子的所有需求。首先，学校应该让孩子们知道非正式玩耍的重要性，并鼓励他们参与自由玩耍，而不是专注于家庭作业。其次，学校应该在放学后开放操场。大多数学校的操场都是对资源的浪费，因为它们往往是当地社区唯一的大型开放空间，然而学校通常在下午6点及整个周末都锁上大门。学校在白天和周末雇佣专门负责玩耍项目工作者，将是一项新颖而富有想象力的举措，这能使学校成为社区的中心。

海伦·梅（新西兰奥塔戈大学教育学名誉教授）建议：

如果我来建设未来的学校，将会学习过去学校的经验。我认为，玩耍及更广泛的玩耍性应该是所有年龄段的学校教育不可分割的一部分。在早教部门和小学部门（10岁以下）任教多年。布置、玩耍、创造、合作和艺术是我们开启每一天的方式——写作和交流就是从这里开始的。对于学龄儿童来说，一天中开始进行阅读和数学学习的时间要晚一些，但我认为，如果能将这些融入到一个有趣而富有创造力的项目中，就最理想了。

斯蒂格·布罗斯特伦（奥尔胡斯大学丹麦教育学院名誉教授）建议：

　　玩耍是儿童学习和发展的一个基础组成部分。简而言之，玩耍有助于儿童的全面发展，也有益于许多心理层面的健康发展。例如：思维、语言和表达能力，社会化发展，幻想力和解决问题的能力。

　　通过玩耍，学龄前儿童的心理将发生重要的变化，这些变化为儿童向新的发展阶段过渡铺平了道路。玩耍的主导作用和影响涉及很多方面，孩子通过与同龄人和成年人的互动来触及其所处文化的象征符号。根据文化历史理论，符号作为人际交往的一部分，对高级心理功能的发展产生影响。

　　其次，在玩耍状态中，孩子们能够比在非玩耍状态中拥有更多的想法和更进阶的行为。换言之，在玩耍中，孩子们对自身的需求增加了，从而使自身进入到最近发展区。

　　然而，人们对玩耍具有引导和发展功能的乐观看法被过度解读，"玩耍中的孩子总是表现得超过其平均年龄"和"玩耍总能让孩子到达更高的发展水平"这两个（经常被误解的）说法也受到了讨论和批评。例如：有一种观点认为，玩耍本身并不能促进儿童的发展，只有当玩耍的环境具有挑战儿童跨越"最近发展区"的潜力时，玩耍才具有发展潜力。这就要求教师或其他成年人与孩子进行积极的社会互动，挑战并激发孩子创造新的价值与意义。这种形式的玩耍超越了传统的角色扮演游戏，被称为"近似扮演"。

　　此外，角色扮演游戏能帮助孩子们克服自我中心。当一个女孩自我认同母亲的角色时，她就必须承担起这个角色的动机、情感和行为。角色扮演也有助于抑制自发行为。为了能够扮演，孩子们必须反思和安排一些具体的行为。扮演是指儿童在语言上反映和表达自己的思想，并最终体现在扮演行为上。换句话说，从无意识的冲动行为到有意识的、意志坚强的行为是一个渐进的过程。行动——语言——思想的顺序被颠倒为：思想——语言——行动。

　　角色扮演游戏能开发想象力和幻想力。孩子只有在幻想中能够想象角色和行动，才能进行角色扮演。孩子们必须给扮演行为和扮演所需的辅助赋予另一种含义。此外，角色扮演还能培养儿童的社会能力和社会认知能力。个人角色需要特定的扮演行为，因为扮演是一项活动，所以孩子们希望彼此之间达成共识。角色扮演游戏可以帮助孩子以一种有意义的方式顺从彼此的扮演意愿，并且这种游戏可以帮助提高解决问题的技能。

我主张在学校施行四种形式的玩耍：

1. 根据孩子们自己的实验研究，加上孩子们自主发起的自由玩耍，进行开放式的团体活动。这也给老师的观察和参与提供了机会。

2. 由孩子和老师根据某一主题共同实施的角色扮演游戏。师生共同编一个故事、一个假想的世界或一部戏剧，孩子们和老师们可以围绕一个主题进行演绎和戏剧创作。

3. 以学术游戏为基础的活动，以目标为导向，整合不同的科目（数学、读写、科学等），让孩子们通过玩耍来获得适当的学术能力。

4. 先进行对话式阅读，然后是游戏和美学活动，如绘画、舞蹈和讲故事。这里的关键在于，孩子们从一本高质量的书中得到启发，基于书的内容，通过玩耍来学习和反映其中有趣的部分——有时，孩子会把书改编成一个新的版本。孩子们会讲自己的故事。

乌丽娜·马普（巴拿马世界幼儿教育组织主席、ISAE 大学教授、科研与研究生部主任）建议：

如果我想让一个孩子学习，我必须让这个孩子玩。

玩耍是很有趣的，但它也是一种培养技能的策略。这也是老师在课堂上设计不同游戏的原因，因为这样才会更有趣。

世界各地的孩子都需要一个玩耍的地方：家里、学校、公园、花园，或者别的什么地方。不管人们玩耍的时候年龄多大，他们都会玩得很开心，笑得很开心，这会让他们保持健康。当孩子们玩耍时，他们会发展技能、培养习惯和态度——这些技能、习惯和态度会伴随他们一生。玩耍有助于孩子学会与他人相处，对抗挫折，并在失败时勇于再试一次。这也有助于他们提高自身技能，与同龄人和其他人分享感受，接纳不同的想象。

把玩耍融入未来的学校将有助于培养学生的价值观和创新精神。

松平千佳（日本静冈县立大学社会福利学院副教授）建议：

在日本，有很多关于玩耍必要性的讨论，特别是在儿童早期阶段和教育方面。玩耍是最有效的学习和实验方式，孩子们需要想象力和创造力来充实生活，而玩耍在实现这一目标方面起着根本性的作用。玩耍是孩子的语言，因此我们需要通过他们的语言来沟通。我想让人们不要从大人的角度，而是从孩子的角度来思考玩耍。这意味着，不管是在室内还是室外，只要孩子认为是玩耍的，那就是玩耍。

只要孩子们感到安全且满足，玩耍就可以在任何地方发生。

朱迪斯·巴特勒（爱尔兰世界幼儿组织主席，科克理工学院体育、休闲和儿童研究系早期教育课程协调员）建议：

玩耍是儿童全面发展的过程，这对成长至关重要。没有玩耍，孩子就失去了童年。它是我们用来拓展孩子学习和发展的工具，没有什么比这更重要了。

在政策层面，我们必须认识到玩耍的重要性，并给予重视。玩耍得不到重视，往往是是因为政策制定者（也包括父母）并不了解玩耍的好处。这反过来又会对教师施加压力，迫使他们回归更为传统的说教式教学方法和课程实践。此外，我认为，对于儿童全面发展所必需的带有挑战性的玩耍，全球都存在监管过度的问题。显然，我们的监管策略限制了户外玩耍的自由度。

这就导致，我们的孩子正面临着情感上（没有发泄压抑情绪的渠道）和身体上（肥胖就是一个例子）的困难。师范院校需要重视培养教师把玩耍作为一个过程来使用。教师需要熟练地促进通过游戏的学习。积极的实践学习和启发式（通过试错发现）学习是必不可少的，这些需要在教师的职前和在职教育中更加强调。

我们需要给户外玩耍和冒险游戏，以及灰姑娘姐妹的角色扮演游戏分配更多的时间。研究表明，服刑人员比上学的孩子在外面活动的时间要长。我们似乎只关心儿童权利的保护，而不是提供保护。

我一直以来最喜欢的名言是："让我们快乐的日子也让我们变得聪明。"

塞尔吉奥·佩里斯（加拿大艾伯塔省莱斯布里奇大学神经科学系教授兼理事会研究主席）建议：

根据我读过的文献所述，过去两代西方国家的儿童自由玩耍的机会大幅度减少。此外，当我们谈及鼓励玩耍，其实是在特指一种结构化的形式（如运动）。然而，似乎正是这种在协商中发生的游戏发明和玩耍行为，以及明确遵守和违反规则的判别标准行为，为脑前额叶皮层提供了训练。遵守由他人（如教师、裁判员）强制执行的预定规则，对这样的训练来说效果并不明显。

并非所有的孩子都是一样的。因此，在我看来，没有适用于所有的孩子的方案。相反，我认为理想的方式应该是提供室内和室外环境，如果孩子觉得合适，就要允许孩子自由选择场地和该场地提供的玩耍项目。接着，孩子将与兴趣相似的同龄人一起参与这些游戏活动。最初，社交技能不太成熟的孩子，可能会选择和同样不擅表达的同龄人在室内玩电子游戏，但随着他们在社交环境下交流技能的提高，他们可能会利用其他机会在户外进行更广泛的游戏活动。这一问题已经有 50 多年的历史了。因此，需要温和地改进玩耍机会减少带来的负面影响，把自主选择作为对孩子的奖励。

珍妮·戈德哈伯（佛蒙特大学教育与社会服务学院名誉副教授）建议：

我一直主张支持玩耍在儿童生活中的作用，多年来，我致力于儿童早期教育者的培养，让他们把玩耍视为自己的教学基石。我认为玩耍是一种媒介，通过它，孩子们得以理解他们所处的物质世界和社会环境，并与之建立联系。玩耍是一种情境，允许孩子们自己提出解决问题的方法论；建立对自我、他人和群体的认知；承担风险、面对挑战并重新制定计划。

现在，STEM 受到了如此多的关注，或许也可以充分说明：玩耍是学习的基础。我还建议我们研究一下自然世界作为一个开放、以玩耍为中心的环境所扮演的角色，它如何促进儿童的情感、社会和认知发展。最后，我建议大家好好观察一下教师的角色。她或他的角色不是一个被动的角色；玩耍不是无所事事、做文书工作或与同事聊天。相反，这是让老师化身为一名积极的观察者的机会，要随时做好准备——在某个时刻或某段时间内对物质或时间环境的变化做出反应。作为一名重视玩耍并将其视为主要教学活动的教师，必须准备好在课堂上发挥积极参与的作用，成为儿童成长的观察者、记录者和促进者。

内尔·诺丁斯（斯坦福大学教育学院李·L. 杰克斯荣誉讲席教授，美国国家教育学院、教育哲学学会和约翰杜威学会前主席）建议：

我感兴趣的是帮助高中生培养一种共情式的思考方式。

与其无休止地专注于"学习目标"，我们应该鼓励孩子去倾听故事或物体的声音，去探索"那里有什么"。这可能会被说成是做白日梦，但一些美好的事正是从这种开放、善于接受、好玩的探索中产生的。而今天的一切，包括玩耍，都太结构化了。

乔纳森·普卢克（约翰霍普金斯大学教育学院人才发展系朱利安·C.·斯坦利讲席教授）建议：

我们常常把学习看作一种个人活动，但它本质上几乎总是社会性的。我担心人们倾向于把学习看作是孤立的，而实际上它涉及到与其他人的互动。比其他任何类型的社交活动，玩耍更是我们互动学习的方式：社交技能，解决问题，创造力，概念学习——玩耍可以促进所有类型的学习。

玩耍对于想象力的发展尤为重要，想象力是人类创造力的重要输入。看到某种事物的"可能性"是玩耍的一个基本特征——是什么限制了你的想象力，如何打破这些限制？把玩耍当成我们用来解开这些迷惑的方式吧。

玩耍的现状很严峻，校园内外都是如此，以至于我一直在担心。我上小学三年级的时候，每天有三个课间休息时段，到了中学也有两个课间。放学后和周末就在家附近玩，所有的课间休息和玩耍通常都是无组织的。有一些集体的体育活动，但也没有占用我们的休息时间。例如：我和朋友们打棒球，虽然我们属于一个正式的球队，但同时也会在自家后院玩扔接球游戏——这样的时候有很多很多。与我的过去相比，我的孩子现在每天有一次短暂的课间休息，每一项活动都被提前安排好了。扔接球游戏基本上已经绝迹。我们正把玩耍迅速赶出孩子的生活，这一切都是为了什么？更高的测验分数和更好的应试选手吗？剧透警告：目前看来，从孩子的生活中剔除玩耍对上述这两者并没有显著的效果！

我的建议是：

1. 有计划地在每一个上学日都为孩子安排自由玩耍的时间吧。

2. 让学习活动变得有趣，别总想着备考，专注于问题解决导向的学习和创意十足的活动吧。

3. 别给孩子太多课外时间的活动限制。

4. 要知道有的孩子并不知道何为玩耍，他们需要你的引导。

亨利·莱文（哥伦比亚大学师范学院经济与教育系，威廉·H.基尔帕特里克讲席教授）建议：

玩耍给孩子提供了处理人际关系和做决定的机会。在玩耍中，孩子们必须进入一些模棱两可的情境，并在处理的过程中积累经验。孩子们会交到新朋友并维持友谊。

他们会很快乐。他们在有组织的和自由的玩耍中学会与他人互动的社交规则。他们在体育活动和游戏中获得经验。

未来的学校应该关注认知、情感，以及使人类健康、富有成效地生活的体验上，并尝试将这些体验与校园体验，以及学生"自由"使用课余时间的机会结合起来。

马塞·M.苏亚雷斯-奥罗佐（加州大学洛杉矶分校瓦瑟曼学院院长、加州大学洛杉矶分校教育与信息研究学院教育学杰出教授）建议：

荷兰哲学家约翰·赫伊津哈在他的著作《游戏的人：关于文化的游戏成分的研究》中指出："游戏先于文化，因为总是要先假定人类社会，文化才不充分地确定起来，而动物并不必等人来教它们玩自己的游戏。"

游戏是儿童早期教育的基础，因为它构成了儿童的认知和情感、社会关系和观念塑造。

我怀疑现在的孩子们很忙，玩耍，尤其是自发的玩耍，可能是日益不自由童年的一个牺牲品。

所有有意义、有机和基础性的学习都是充满乐趣的。几年前，我们发表了一项研究的结果，在这项研究中，儿童和青少年填写了"学校是……"这句话的后半句。绝大多数人的回答是"无聊"。无聊是好奇心的反义词。

有趣是好奇心的近义词。我们必须重新设想和规划它在教育中的地位。

塞拉普·赛维米-塞利克（土耳其安卡拉中东技术大学教育学院幼儿教育助理教授）建议：

我认为，如果我们真的想把玩耍纳入课堂，那么重新考虑如何安排学习环境是很重要的。当我们思考孩子们探索周遭环境的方式，答案都是关于移动和玩耍。对孩子们来说，能够利用运动来探索他们的环境，锻炼身体技能，并与周围的人和物互动是至关重要的。孩子们的身体得以健康发展，这可能对他们晚年的生活也大有裨益。为了适应孩子们的玩耍和运动需要，我们需要重新考虑室内和室外的教学方案。

在儿童的早期阶段，当心智潜能较之身体潜能更明显的时候，对玩耍和运动的需求就更大了。从认知的角度来看待，教育问题对长期的学习实践有很大影响。我们现有的课程结构和教学安排，并没有给孩子们留太多的空间去探索他们周围的环境，以及让他们用行动的方式表达自己。此外，根据儿童的智力能力来了解其学习潜力或预测其未来发展趋势，通常会与儿童的情感和身体需求产生矛盾。

即使是年纪很小的孩子，也应被给予短暂的时间来进行安静反思。只有当这段时间被用于思考更多的自由活动，以及在活动期间的身体方面（指手和其他部分，而不是大脑）的收获，才能被称为"真正的反思"。行动自由也是保持良好身心健康的重要手段。（在现有的教学中）我们还没有借鉴希腊人的例子，他们清楚地看到健全的身体和健全的头脑之间的关系。从我作为教师教育和教育实践运动倡导者的专业经验来看，人们对身体表达、创造性和趣味性的活动持消极态度。教师教育是改变这种消极态度、帮助重构玩耍和运动状态的重要途径之一。提供玩耍课程，采用不同的教学策略来培养学生对玩耍的理解；创造课堂环境，让教师提前排练、亲自尝试，可以为他们作为一名玩耍导向型教师注入活力。

基因·格拉斯（科罗拉多大学博尔德分校国家教育政策中心高级研究员、亚利桑那州立大学摄政荣誉退休教授）建议：

> 玩耍是一种严肃的认知过程在一段时间内被关闭的状态——这种想法纯属无稽之谈。这种想法可以追溯到五十年前的（对少数群体儿童而言）"文化剥夺"理论。"来自不利环境中的城市儿童"这一概念本应有更好的解释，但这一理论的支持者普遍认为这些儿童的大脑处在一种因缺乏"输入"而完全放空的停滞状态中。这当然是不可理喻的。当观察者认为一个人脱离了认知和构想的状态，那其实只是观察者本身对其大脑正在发生什么一无所知罢了。观察者们无法想象一个"玩耍"的孩子脑子里在想什么，但这并不意味着这个孩子的脑子里没有进行复杂且持续的学习。
>
> 我们必须教会孩子如何参与到富有创造力、好玩且情感丰沛的生活中。学习艺术和音乐是人们从枯燥的工作中释放出来的价值所在。通识教育曾被认为"可以把人从工作中解放出来的教育"。每个孩子离开学校步入社会时，都应该找到一项适合自己、能够终生参与的运动（作为运动参与者，而不是观众）。我们应当帮助孩子养成健康的心理和行为习惯，避免他们伤害自己身体。生活方式疾病（糖尿病、心脏病及各种成瘾）是流行病，是对美国经济最大的危害之一。也许这并不是巧合，也许它就发生在教育远离玩耍的那一刻。

丽莎·索林（澳大利亚昆士兰州詹姆斯库克大学热带环境和社会学部，艺术、社会和教育学院儿童早期教育专业副教授、协调员）

建议：

> 每个人都能从玩耍中获得最好的学习体验。当你放松和享受乐趣的时候，你更有可能记住、尝试及深入观察。我认为所有的学习都应该是有趣、引人入胜和好玩的。
>
> 我主张开发一门以玩耍为本的课程，面向所有年级，这就意味着学习是引人入胜、有趣、好玩的。在澳大利亚的我们对此感到担忧，因为芬兰在教育成果方面处于世界领先地位，而澳大利亚则处于劣势。然而，我们并没有向那些信任老师、关注学生兴趣、让学习变得愉快和投入的芬兰人学习，反而更加推进按部就班的学习、测验和命令式教学，学习逐渐变得不那么吸引人了。我听说很多孩子在上学的第一年，甚至在那之前，就感到了很大压力，变得不再想上学，认为自己很"笨"。这让我很生气。
>
> 如今，孩子们面临的另一个问题是：他们被困在有电子设备的室内环境中，与室外环境失去了联系。他们需要的是和外面的人重新建立联系，在室内、室外都保持好心态。

埃里克·孔特雷拉斯（纽约市史岱文森高中校长）建议：

> 我们低估了玩耍在学校中的作用。这损害了我们作为教育者的利益，也损害了学生的利益。在这样一个好奇心和玩耍已经被标准化测验所取代的文化中，利害关系评估成了重中之重，学生没有机会进行试错。没有玩耍，学生被束缚着，教师便无法了解孩子的内在潜能。
>
> 当孩子们玩耍的时候，我们得以窥见他们想象中的可能性，从而改善结构化的课堂教学，加入与他们的乐趣相得益彰的教学活动。这样的机会错过便不再有，我们本可以从该循环反馈中了解孩子的天性。课堂中的玩耍可以帮助孩子释放探究的潜能，讽刺的是，这恰恰可以提高考试成绩。感谢这本书勇于道出真相！

史密塔·马图尔（詹姆斯麦迪逊大学，儿童早期、小学和阅读教育部教育学院副教授）建议：

> 玩耍是与生俱来、愉快、孩子（学生）自主自发的，是学习的基础。它可以促进所有儿童（包括有特殊需要的儿童）的身体、社会、情感、认知和语言发展。我认为玩耍在不同年级和所有学科中都有其价值。在未来的学校里，玩耍将成为，也应该成为教育的核心。

乔·鲍勒（斯坦福教育研究生院数学教育学教授）建议：

> 玩耍是学生学习思考、探索和创新的重要机会。这对数学学习和其他学科都非常重要。在我们美国现行的教育体系下，学生的是以成绩为目标进行学习的。在数学教育中，学生很少学会创造性地思考，或者热爱数学，因为他们只是为了测验。
>
> 不幸的是，数学是所有科目中测验和打分最多的，但学校对数学的教学投入并没有止步于此。数学也是作业最多的科目，尽管事实上家庭作业是导致学生压力大的主要原因之一。没有证据表明作业量和成绩的正相关性，除非作业本身是有意义的，而且有大量证据表明它是导致不平等的一个重要根源。
>
> 芬兰曾经是一个在国际测验中表现不佳的国家，但近年来他们已经成为数学成绩最好的国家之一。是什么改变了呢？他们不再给学生布置家庭作业，而是努力让学生感到更自由，有时间做孩子该做的事。这与美国形成了鲜明对比，学生们在美国每天晚上都在努力完成毫无意义的数学作业。这剥夺了原本重要的家庭时间，并不断提醒孩子，数学成绩对他们来说更重要。
>
> 我对数学学习者的研究表明，当学生认为他们在课堂上学习——深入理解和自由思考（而不是总想着把题答对）的

时候——他们的理解能力更能被充分发挥，学习效果也会更好。

焦虑不仅仅局限于成绩较差的学生。我在斯坦福大学的许多本科生，属于全美最成功的学生，他们也受到数学上的创伤。在最近的交谈中，学生们告诉我，在学校里学习数学就像置身"仓鼠轮子"上——他们感觉自己在不停奔跑，却没有达到任何有意义的终点。一个七年级的学生告诉我，数学学习就像坐牢一样，因为他觉得自己的思维"被锁住了"。

我们践行的测验和分数制度在很大程度上是要负责任的。当学生在每个课程单元或每门课程结束时获得成绩，以此评定他们的能力——这已经够糟糕的了。技术的进步提供了电子成绩库，意味着学生可以随时看到自己成绩的位置和变化。这加大了学生的测验压力。研究表明：学生们只要一想到测验，成绩就会受影响。有些数学老师用建设性的书面评语代替评分，这提高了学生的学习能力。我在斯坦福的学生得到的最为开放式的评论是："我不会在这门课上给你打分。这是你的学习，你自己来把握。"最优秀的数学家往往是深刻而缓慢的思考者——这些品质恰恰与学生们长期接受的绩效法则相反。有些人在课堂上迫于压力而尽量马上给出答案。通常情况下，快速计算会让人觉得自己比别人优越，即使他们做的事情现在看来真的毫无用处，也没有必要。

除非改变教学方式，强调学习和探索而并非成绩，否则我们将继续培育出"将学数学描述为'仓鼠轮子'，或者更糟，描述为监狱"的学生；我们也将继续培养出看到数字便感到恐惧的焦虑学生。数学与成绩挂钩的文化已经摧毁了一门生机勃勃的、对许多人来说必不可少的学科。学校一味鼓励学生成为速算机器，与此同时却忽视了那种足以发现新世界的创造性和定量思维培养。如果我们鼓励新生一代成为热爱学习、热爱数学的学生，我们将培养出自由且思想独立，亟待步入社会大放异彩的学生。

我对学校的建议是取消家庭作业，给学生时间和家人在一起，玩耍，思考，成为孩子；我也建议淘汰学校的测验文化，让学校成为学习之地。安排合理的时间让学生玩耍应该是任何幼儿园到高中都该做的事。现在是该让学生们学会创造和拓展思维的时候了。

查尔斯·昂格莱德（英属哥伦比亚大学教育研究荣誉退休教授）建议：

> 所有人都需要探索的机会，因为探索是学习的基础。早期的童年环境应鼓励孩子们运用想象力，尝试验证假设，研究新的事物，并以天马行空的方式释放奇思异想；注意安全不等于不让孩子适当冒险。应该准备很多不同种类的材料或织物，孩子们可以根据自己的想法来制作，穿上自己设计的服装，扮演自己选择的角色。这些材料不一定要很贵，但应该尽量丰富。
>
> 大人们必须准备好发表开放式评论（"告诉我你当时在想什么"），提出开放式问题（"你认为如果……，可能会发生什么？"），不要对孩子可能做出的反应形式或内容抱有任何先入为主的印象。在互动中，应鼓励孩子在知识和经验上勇于超越自己，变得好奇，变得有趣。重要的是，大人们要有自发意识，具备能从孩子们的角度看问题的能力。

索菲·阿尔科克（新西兰惠灵顿维多利亚大学教育学院高级讲师）建议：

> 我建议"未来的学校"通过重视和培养学生的社会化和创造性兴趣，并以室内外的玩耍作为媒介支持他们的表达。这包括学生们运用多种语言，以多种方式表达自己的想法和感受。数学、音乐、舞蹈、体育、艺术、园艺、地球科学、物理、制陶或养蜂；任何能激发和维持学生、老师和社区之间的兴趣和活力的事物，都可以通过玩耍（以及其他学习方

式）来探索。玩耍的过程支撑着所有创造性的过程和创造性的解决方案，以解决遍及全球的众多难题——现在比以往任何时候都更需要。所以，开始玩耍吧！

学习与游戏宣言——呼吁停止对童年的战争

对于儿童来说，脑力和体力意义上的玩耍是学习、健康成长、学业成就和生活技能的重要基础。

玩耍是儿童在学校、家庭和社区的一项基本权利。

一个强有力的科学和医学共识证实，上学的孩子需要玩耍，但政治家和学校正将玩耍移出校园，取而代之的是愚蠢且适得其反的政策——约束体育活动、减少和取消课间休息、课业繁重、恐惧和压力，学校的管理以对 8 岁甚至 8 岁以下儿童的强制性、大规模、标准化测验为基础。这些政策并不有益于学习。它们构成了一场针对童年的战争。而战争必须停止。

因此，所有在校儿童都应被给予：

1. 丰富的校园体验——探索和实验、鼓励、对话、智力挑战、自由玩耍和引导性玩耍、有趣的教学和学习，倾听并尊重儿童的声音和个体之间的学习差异；培养儿童社交、情感和认知能力的学校；提供公平资金和必要时提供社会支持服务的学校，包括健康膳食；便于管理的小班制教学；安全和保障；提供包括艺术和体育活动在内的完整课程的学校；由合格且具有资质的专业教师定期对学生进行高质量的评估，而不是标准化测验；学校遵循美国儿科学会关于课间休息和玩耍的指导方针，包括禁止剥夺孩子课间休息作为惩罚；学校由受过严格的教育研究、儿童发展和课堂实践培训（包括有效利用玩耍和体育活动来提高学习能力）的教师和工作人员管理。

2. 每天至少 60 分钟（《联合国囚犯待遇最低限度标准规则》建议的最短时间）用于自由活动的课间休息，尽可能在户外；并按照国家医学院的建议，安排高质量的体育课程，小学平均每天至少 30 分钟，初中和高中每天 45 分钟。

3. 定期开展的由儿童自主发起的课堂游戏和锻炼动手能力的"趣味项目"。

4. 失败的自由和从失败中学习的自由是通往成功的道路。

5. 鼓励孩子——在放学后进行多样化玩耍、体育活动、独立阅读、保持身心愉快、充足睡眠、断网、享受和家人在一起时间和休息时间——的学校。

学校的预算和时间表应进行相应修改，政治家和学校管理人员应直接对这些最低标准的实施负责。

附录《儿童宪章》

白宫儿童健康和保护会议承认儿童权利是公民的首要权利，并承诺为美国儿童实现这些目标。

1. 给予每个儿童精神方面和道德方面的训练，帮助他们在生活的压力下站稳脚跟。

2. 帮助每个儿童理解和保护自己人格，因为这是最宝贵的权利。

3. 确保每个儿童都拥有一个家，以及一个家所提供的爱和安全；对于那些必须接受寄养的儿童，要尽量提供一个最像家的替代品。

4. 每个儿童出生前都要做好充分准备，其母亲要接受产前、产中和产后护理，并制定保护措施，使生育更加安全。

5. 为每个儿童提供从出生到青春期的健康保护，包括：定期体检，必要时提供专家护理和住院治疗；定期进行牙科检查和牙齿护理；提供预防传染病的保护措施；确保提供无污染的食品、牛奶和纯净水。

6. 促进每一个从出生到青春期的儿童健康成长，包括提供健康指导和健康计划、有益身心的娱乐活动，并对教师和领导进行充分培训。

7. 为每个儿童提供安全、卫生、有益健康的住所，有合理的隐私保障；避免孩子受到不利于成长的环境影响；家庭氛围要和谐美满。

8. 为每个儿童提供安全、卫生、设备齐全、照明和通风良好的学校。为更小的婴幼儿提供托儿所、幼儿园，以及额外的家庭护理服务。

9. 为每个儿童提供生活的社区，这个社区能了解并满足他们的需要，保护他们免受人身危险、道德风险和疾病的伤害；为他们提供安全和有益健康的玩耍及娱乐场所；并为他们的文化和社会需要提供条件。

10. 为每个儿童提供教育，通过发现和发展孩子的个人能力，以便为生活做好准备；通过培训和职业规划指导，使他们能够过上最满足的生活。

11. 为每个儿童提供课程和培训，使他们为成为成功的父母、做家务和享有公民权利做好准备；为父母提供额外的培训，使他们能够明智地处理为人父母的问题。

12. 对每个儿童进行安全和防护教育，使他们免于遭受现代环境所造成的事故——那些他们本人遭受，或因父母丧生或致残而直接影响到他们的事故。

13. 对于每一个失明、失聪、跛足或其他身体残疾的儿童，以及对于智力残疾的儿童，应及早发现并诊断其残疾，提供护理和治疗，并对其进行培训，使其成为社会的资产而不是负担。这些服务的费用如歌个人无法承担，则应由公共资金扶持。

14. 对于每一个与社会发生冲突的儿童，社会应担起应有的责任，令其得到明智公正的对待，而不是被抛弃。家庭、学校、教会、法院和公共机构在必要时需提供支持，帮助其尽可能地回归正常生活。

15. 每个儿童都有权在一个收入稳定、生活水平适当、安全的家庭中成长，这是防止发生社会问题的最可靠保障。

16. 保护每个儿童免受苦力压迫（无论是身体上还是精神上的），因为这会阻碍儿童成长，使教育受到限制；也会剥夺儿童的同伴关系权利，玩耍的权利和享受快乐的权利。

17. 为每一个农村儿童提供与城市儿童一样令人满意的教育和健康保障，并向农村家庭提供社交、娱乐和文化设施。

18. 为家庭和学校提供额外的青少年教育培训，让他们意识到回归原始乐趣的重要性以及现代生活对儿童成长的欺骗性。应扩大和发展青少年志愿组织，并给予一切激励和鼓励措施。

19. 为了使各地儿童的健康和福利得到最低限度的保护，应当设立地区性（市级、区级）或社区组织，负责开展卫生、教育和福利项目，并配备全职官员，与全国范围内的各个项目组进行计划协调，这将实现全国范围内的一般信息、统计和科研数据共享。它们应包括：

（1）有资质的全职公共卫生官员，包括公共卫生护士、卫生检查人员和实验室工作人员；

（2）可用的医院床位；

（3）为贫困、伤病或行为困难的特殊需求儿童提供救济、援助和指导，以及保护儿童不受虐待、忽视、剥削或道德风险的专职公益服务。

　　每一个儿童，不论种族，不论肤色，不论处境，只要是美国公民，就享有上述这些权利。

《儿童宪章》

白宫儿童健康与保护会议

1930 年 11 月 22 日

参考文献①

　　这本书是基于两位作者对 70 多位国际学术专家和教育家的访谈而创作的。本书包括我们在美国、芬兰、加拿大、新加坡、澳大利亚、新西兰、日本、中国、冰岛、挪威、瑞典、英格兰、苏格兰、克罗地亚和世界各地的学校及幼儿园实地考察期间，与教师、家长和学生的进行的观察和对话；以及我们对有关儿童教育和玩耍的广泛研究文献的批判性评论。

　　我们感谢这些专家慷慨地同意与我们分享他们的想法、观点和研究发现。他们是：

Abrams,S.E.(2011,January 17).The children must play. *The New Republic*.Retrieved from https://newrepublic.com/article/82329/education-reform-finland-us.

Barros,R.M.,Silver,E.J.,& Stein,R.E.K.(2009).School recess and group classroom behavior.*Pediatrics,123*(2),431–436.

Bassok,D.,Claessens,A.,& Engel,M.(2014,June 4).The case for the new kindergarten:Challenging and playful. *Education Week*.Retrieved from http://www.edweek.org/ew/articles/2014/06/04/33bassok_ ep.h33.html.

Baumer,S.,Ferholt,B.,& Lecusay,R.(2005).Promoting narrative competence through adult–child joint pretense:Lessons from the Scandinavian educational practice of playworld. *Cognitive Development,20*,576–590.

Becker,D.R.,McClelland,M.M.,Loprinzi,P.,& Trost,S.

---

① 为方便读者查询，本书提及的书名均保留了英文原名。

G.(2014).Physical activity,self-regulation,and early academic achievement in preschool children.*Early Education & Development,25*(1),56–70.

Bickham,D.,Kavanaugh,J.,Alden,S.,& Rich,M.(2015).*The state of play:How play affects developmental outcomes.*Center on Media and Child Health,Boston Children's Hospital.

Bodrova,E.,Germeroth,C.,& Leong,D.J.(2013).Play and self-regulation:Lessons from Vygotsky.*American Journal of Play,6*(1),111.

Bodrova,E.,& Leong,D.J.(2015).Vygotskian and post-Vygotskian views on children's play.*American Journal of Play,7,*371–388.

Bonawitz,E.,Shafto,P.,Gweon,H.,Goodman,N. D.,Spelke,E.,& Schulz,L.(2011).The double-edged sword of pedagogy:Instruction limits spontaneous exploration and discovery.*Cognition,120*(3),322–330.

Brown,S.,with Vaughan,C.(2009).*Play:How It Shapes the Brain,Opens the Imagination,and Invigorates the Soul.*New York:Avery.

Brussoni,M.,Gibbons,R.,Gray,C.,Ishikawa,T.,Sandseter,E.B.H.,Bienenstock,A.,...& Pickett,W.(2015).What is the relationship between risky outdoor play and health in children? A systematic review.*International Journal of Environmental Research and Public Health,12*(6),6423–6454.

Brussoni,M.,Olsen,L.,Pike,I.,& Sleet,D.(2012).Risky play and children's safety:Balancing priorities for optimal development. *International Journal of Environmental Research and Public Health,9,*3134–3148.

Burdette,H.L.,& Whitaker,R.C.(2005).Resurrecting free play in young children:Looking beyond fitness and fatness to attention,affiliation,and affect.*Archives of Pediatrics & Adolescent*

Medicine,159(1),46–50.

Burghardt,G.(2005).*The Genesis of Animal Play:Testing the Limits.*Cambridge,MA:MIT Press.

Center on the Developing Child at Harvard University. (2014).*Enhancing and practicing executive function skills with children from*

*infancy to adolescence.*Retrieved from http://developingchild. harvard.edu/wp-content/uploads/2015/05/Enhancing-and-Practicing-Executive-Function-Skills-with-Children-from-Infancy-to-Adolescence-1.pdf.

Center on the Developing Child at Harvard University.(2016). *From best practices to breakthrough impacts:A science-based approach to building a more promising future for young children and families.*Retrieved from https://developingchild.harvard.edu/ resources/from-best-practices-to-breakthrough-impacts/.

Centers for Disease Control and Prevention.(2010).*The association between school-based physical activity,including physical education,and academic performance.* Atlanta,GA;Centers for Disease Control and Prevention,U. S.Department of Health and Human Services.Retrieved from https://www.cdc.gov/healthyyouth/health_ and_ academics/pdf/ pa-pe_ paper.pdf.

Cheng Pui-Wah,D.,Reunamo,J.,Cooper,P.,Liu,K.,& Vong,K. P.(2015).Children's agentive orientations in play-based and academically focused preschools in Hong Kong.*Early Child Development and Care,185*(11–12),1828–1844.

Christakis,D.A.(2016).Rethinking attention-deficit/ hyperactivity disorder.*JAMA Pediatrics,170*(2),109–110.

Christakis,D.A.,Zimmerman,F.J.,& Garrison,M.M.(2007). Effect of block play on language acquisition and attention in toddlers:A pilot randomized controlled trial.*Archives of Pediatrics and Adolescent Medicine,161*(10),967–971.

Christakis,E.(2016).*The Importance of Being Little.*New York:Viking Press.

Conklin,H.(2015,March 3).Playtime isn't just for preschoolers— Teenagers need it,too.*Time.*Retrieved from http://time.com/3726098/learning-through-play-teenagers-education/.

Council on Physical Education for Children.(2001).*Recess in elementary schools.*A position paper from the National Association for Sport and Physical Education.

Diamond,A.(2012).Activities and programs that improve children's executive functions.*Current Directions in Psychological Science,21*,335–341.

Diamond,A.(2014).Want to optimize executive functions and academic outcomes? Simple,just nourish the human spirit. *Minnesota Symposium on Child Psychology,37*,205–232.

Diamond,A,& Lee,K.(2011).Interventions shown to aid executive function development in children 4 to 12 years old. *Science,333*(6045),959–964.

Elkind,D.(2007).*The Power of Play:How Spontaneous,Imaginative Activities Lead to Happier,Healthier Children.*New York:Da Capo Press.

Elkind,D.(2008).The power of play:Learning what comes naturally.*American Journal of Play,*Summer,1–6.

Fein,G.G.(1981).Pretend play in childhood:An integrative review.*Child Development,52*(4),1095–1118.

Fisher,K.R.,Hirsh-Pasek,K.,Newcombe,N.,& Golinko,R. M.(2013).Taking shape:Supporting preschoolers' acquisition of geometric knowledge through guided play.*Child Development,84*,1872–1878.

Fletcher,R.,St George,J.,& Freeman,E.(2012).Rough and tumble play quality:Theoretical foundations for a new measure of father-child interaction.*Early Child Development and Care,183*(6),746–759.

Fortson,J.,James-Burdumy,S.,Bleeker,M.,et al.(2013).*Impact and implementation findings from an experimental evaluation of Playworks:Effects on school climate,academic learning,student social skills and behavior.*Princeton,NJ:Robert Wood Johnson Foundation.

Fuller,B.,Bein,E.,Bridges,M.,Kim,Y.,& Rabe-Hesketh,S. (2017).Do academic preschools yield stronger benefits? Cognitive emphasis,dosage,and early learning.*Journal of Applied Developmental Psychology,52*,1–11.

Gertler,P.,Heckman,J.,Pinto,R.,Zanolini,A.,Vermeerch, C.,Walker,S.,& Grantham-McGregor,S.(2014).Labor market returns to an early childhood stimulation intervention in Jamaica. *Science,344*(6187),998–1001.

Ginsburg,K.R.;American Academy of Pediatrics Committee on Communications;American Academy of Pediatrics Committee on Psychosocial Aspects of Child and Family Health.(2007).The importance of play in promoting healthy child development and maintaining strong parent–child bonds.*Pediatrics,119*(1),182–191.

Goldstein,J.(2012).*Play in children's development,health and well-being.Toy industries of Europe.*Retrieved from https://www.toyindustries.eu/resource/play-childrens-development/.

Graham,G.,Holt-Hale,S.,& Parker,M.(2005).*Children Moving:A Reflective Approach to Teaching Physical Education* (7th ed.).New York:McGraw-Hill.

Gray,A.(2017,Jan.27).*What does the future of jobs look like? This is what experts think.*World Economic Forum.Retrieved from https://www.weforum.org/agenda/2017/01/future-of-jobs-davos-2017.

Gray,P.(2009).Play as a foundation for hunter-gatherer social existence.*American Journal of Play,1*(4),476–522.

　　Gray,P.,(2013).*Free to Learn:Why Unleashing the Instinct to Play Will Make Our Children Happier,More Self-Reliant,and Better Students for Life.*New York:Basic Books.

　　Haapala,E.A.,Västö J.,Lintu,N.,Westgate,K.,Ekelund,U.,Poi kkeus,A.M.,Brage,S.,...& Lakka,T.A.(2017).Physical activity and sedentary time in relation to academic achievement in children. *Journal of Science and Medicine in Sport,20*(6),583–589.

　　Hassinger-Das,B.,Hirsh-Pasek,K.,& Michnick Golinkoff,R. (2017).The case of brain science and guided play:A developing story,young children.*National Association for the Education of Young Children (NAEYC),72*(2).Retrieved from https://www. naeyc.org/resources/pubs/yc/may2017/case-brain-science-guided-play.

　　Heckman J.(2015).Keynote address.In R.Winthrop (Ed.),*Soft Skills for Workforce Success:From Research to Action.* Washington,DC:Brookings Institution.Retrieved from https:// www.brookings.edu/events/soft-skills-for-workforce-success-from-research-to-action/.

　　Hillman,C.(2014).An introduction to the relation of physical activity to cognitive and brain health,and scholastic achievement.*Monographs of the Society for Research in Child Development,79*,1–6.

　　Hillman,C.H.,Pontifex,M.B.,Castelli,D.M.,Khan,N. A.,Raine,L.B.,Scudder,M.R.,...& Kamijo,K.(2014).Effects of the FITkids randomized controlled trial on executive control and brain function.*Pediatrics,134*(4).Retrieved from http://pediatrics. aappublications.org/content/134/4/e1063.

　　Hirsh-Pasek,K.,& Golinkoff,R.M.(2003).*Einstein Never Used Flash Cards:How Our Children Really Learn— And Why They Need to Play More and Memorise Less.*Emmaus,PA:Rodale.

Hirsh-Pasek,K.,Golinkoff,R.M.,Berk,L.,& Singer,D. G.(2009).*A Mandate for Playful Learning in Preschool:Presenting the Evidence.*New York:Oxford University Press.

Howard,J.,& McInnes,K.(2013).The impact of children's perception of an activity as play rather than not play on emotional well-being.*Child:Care,Health and Development,39*(5),737–742.

Huizinga,J.(1950).*Homo Ludens:A Study of the Play Element in Culture.*New York:Roy Publishers.

Hurwitz,S.(2003).To be successful— let them play! *Child Education,79*(2),101–102.

Iscnbcrg,J.,& Quisenberry,N.(2002).A position paper of the Association for Childhood Education International,PLAY:Essential for all children.*Journal of Childhood Education,79*(1),33–39.

Jarrett,O.S.(2002).Recess in elementary school:What does the research say? *ERIC Digest,*Retrieved from https://eric. ed.gov/?id=ED466331.

Jarrett,O.(2014).*A research-based case for recess.*Position paper for the US Play Coalition.

Jarrett,O.S.,Maxwell,D.M.,Dickerson,C.,Hoge,P.,Davies,G., & Yetley,A.(1998).Impact of recess on classroom behavior:Group effects and individual differences.*Journal of Educational Research,92*(2),121–126.

Jenkins,J.M.,Duncan,G.J.,Auger,A.,Bitler,M.,Domina,T.,& Burchinal,M.(2018).Boosting school readiness:Should preschool teachers target skills or the whole child? *Economics of Education Review,65*,107–125.

Kinoshita,I.(2008,January).Children's use of space of the fourth generation (today) with reviewing the three generation's play maps (1982).Presented at the IPA 17th triennial conference "Play in a Changing World." Hong Kong.

Koretz,D.(2017).*The Testing Charade:Pretending to Make*

Schools Better.Chicago:University of Chicago Press.

LaFreniere,P.(2011).Evolutionary functions of social play:Life histories,sex differences,and emotion regulation. *American Journal of Play 3*,464–488.

Layton,T.J.,Barnett,M.L.,Hicks,T.R.,& Jena,A.B.(2018). Attention deficit–hyperactivity disorder and month of school enrollment.*New England Journal of Medicine,379*,2122–2130.

Lester,S.,& Russell,W.(2008).*Play for a Change:Play,Policy and Practice:A Review of Contemporary Perspectives.* London:Play England.

Lester,S.,& Russell,W.(2010).*Children's Right to Play:An Examination of the Importance of Play in the Lives of Children Worldwide.*The Hague:Bernard van Leer Foundation.

Lillard,A.S.,Lerner,M.D.,Hopkins,E.J.,Dore,R.A.,Smith,E. D.,& Palmquist,C.M.(2013).The impact of pretend play on children's development:A review of the evidence.*Psychological Bulletin,139*,1–34.

Lim,S.S.,Updike,R.L.,Kaldjian,A.S.,Barber,R. M.,Cowling,K.,York,H.,...& Murray,C.J.L.(2018).Measuring human capital:A systematic analysis of 195 countries and territories,1990–2016.*Lancet,392*(10154),P1217–P1234.

Liu,C.,Solis,S.L.,Jensen,H.,Hopkins,E.J.,Neale,D.,Zosh,J. M.,Hirsh-Pasek,K.,& Whitebread,D.(2017).*Neuroscience and learning through play:A review of the evidence (research summary)*.Billund,Denmark:The Lego Foundation.Retrieved from https://www.legofoundation.com/media/1064/neuroscience-review_ web.pdf.

Mahar,M.T.(2011).Impact of short bouts of physical activity on attention-to-task in elementary school children.*Preventive Medicine,52*(Suppl.0),S60–S64.

Mahar,M.T.,Murphy,S.K.,Rowe,D.A.,Golden,J.,Shields,A.

T.,& Raedeke,T.D.(2006).Effects of a classroom-based program on physical activity and on-task behavior.*Medicine and Science in Sports and Exercise,38*(12),2086–2094.

Marcon,R.A.(2002).Moving up the grades:Relationship between preschool model and later school success.*Early Childhood Research & Practice,4*(1),n1.

McElwain,N.,& Volling,B.(2005).Preschool children's interactions with friends and older siblings:Relationship special city and joint contributions to problem behavior.*Journal of Family Psychology*,19(4),486–496.

Miller,E.,& Almon,J.(2009).*Crisis in the kindergarten:Why children need to play in school.*Alliance for Childhood,National Society for the Study of Education.

Milteer,R.M.,Ginsburg,K.R.;Council on Communications and Media,& Committee on Psychosocial Aspects of Child and Family Health,American Academy of Pediatrics.(2012). Clinical report:The importance of play in promoting healthy child development and maintaining strong parent–child bonds:Focus on children in poverty.*Pediatrics,129*,e204–e213.

Murray,R.,Ramstetter,C.;Council on School Health;American Academy of Pediatrics.(2013).The crucial role of recess in school. *Pediatrics,131*(1),183–188.

National Association for Sport and Physical Education. (2002).*Active start:A statement of physical activity guidelines for children from birth to*

age 5 (2nd ed.).Retrieved from http://www.aahperd.org/ naspe/standards/nationalGuidelines/ActiveStart.cfm.

National Association of Early Childhood Specialists in State Departments of Education.(2002).*Recess and the importance of play:A position statement on young children and recess.* Washington,DC:National Association of Early Childhood

Specialists in State Departments of Education.

Nicholson,J.,Bauer,A.,& Wooly,R.(2016).Inserting child-initiated play into an American urban school district after a decade of scripted curricula complexities and progress.*American Journal of Play,8*(2),228–271.

Nicolopoulou,A.,Cortina,K.S.,Ilgaz,H.,Cates,C.B.,& de Sá,A.B.(2015).Using a narrative-and play-based activity to promote low-income preschoolers' oral language,emergent literacy,and social competence.*Early Childhood Research Quarterly,31*,147–162.

OECD.(2015).*Students,computers and learning:Making the connection.*Paris:OECD.

OECD (2016).*PISA 2015 Results (Volume I).Excellence and equity in education.*Paris:OECD.

Panksepp,J.,Burgdorf,J.,Turner,C.,& N.Gordon.(2003).Modeling ADHD type arousal with unilateral frontal cortex damage in rats and beneficial effects of play therapy.*Brain and Cognition,52*,97–105.

Pellegrini,A.D.(1980).The relationship between kindergartners' play and achievement in prereading,language,and writing.*Psychology in the Schools,17*(4),530–535.

Pellegrini,A.D.(2009).*The Role of Play in Human Development.*Oxford:Oxford University Press.

Pellegrini,A.D.,& Bohn,C.M.(2005).The role of recess in children's cognitive performance and school adjustment.*Educational Researcher,34*(1),13–19.

Pellegrini,A.D.,& Davis,P.D.(1993).Relations between children's playground and classroom behavior.*British Journal of Educational Psychology,63*,88–95.

Pellegrini,A.D.,Dupuis,D.,& Smith,P.K.(2007).Play in evolution and development.*Developmental Review,27*(2),261–276.

Pellegrini,A.D.,& Gustafson,K.(2005).Boys' and girls' uses

of objects for exploration,play,and tools in early childhood.In A.D.Pellegrini & P.K.Smith (Eds.),*The Nature of Play:Great Apes and Humans* (pp.113–135).New York:Guilford Press.

Pellegrini,A.D.,& Holmes,R.M.(2006).The role of recess in primary school.In D.Singer,R.Golinkoff,& K.Hirsh-Pasek (Eds.),*Play = Learning:How Play Motivates and Enhances Children's Cognitive and Socio-Emotional Growth*.Oxford:Oxford University Press.

Pellegrini,A.D.,Huberty,P.D.,& Jones,I.(1995).The effects of recess timing on children's classroom and playground behavior. *American Educational Research Journal,32*,845–864.

Pellegrini,A.D.,& Smith,P.K.(1993).School recess:Implications for education and development.*Review of Educational Research,63*(1),51–67.

Pellegrini,A.D.,& Smith,P.K.(1998).Physical activity play:The nature and function of a neglected aspect of play.*Child Development,69*,577–598.

Pellis,S.M.,& Pellis,V.(2007).Rough and tumble play and the development of the social brain.*Current Directions in Psychological Science 16*(2),95–98.

Pellis,S.,& Pellis,V.(2009).*The Playful Brain*. Oxford:Oneworld Publications.

Pellis,S.,& Pellis,V.(2011).Rough and tumble play:Training and using the social brain.In P.Nathan & A.D.Pellegrini (Eds.),*The Oxford Handbook of the Development of Play* (pp.245–259).New York:Oxford University Press.

Pellis,S.M.,Pellis,V.C.,& Bell,H.C.(2010).The function of play in the development of the social brain.*American Journal of Play,2*,278–296.

Pellis,S.M.,Pellis,V.C.,& Himmler,B.T.(2014).How play makes for a more adaptable brain:A comparative and neural perspective.*American Journal of Play,7*(1),73–98.

Piaget,J.(1962).*Play,Dreams,and Imitation in Childhood.* New York:W.W.Norton.

Plomin,R.,& Asbury,K.(2005).Nature and nurture:Genetic and environmental influences on behavior.*Annals of the American Academy of Political and Social Science,600*,86–98.

Pyle,A.,& Danniels,E.(2017).A continuum of play-based learning:The role of the teacher in play-based pedagogy and the fear of hijacking play.*Early Education and Development,28*(3),274–289.

Ramstetter,C.L.,Murray,R.,& Garner,A.S.(2010).The crucial role of recess in schools.*Journal of School Health,80*(11),517–526.

Ramstetter,C.,& Murray,R.(2013).American Academy of Pediatrics policy statement:The crucial role of recess in schools. *Pediatrics,131*(1).

Retrieved from http://pediatrics.aappublications.org/content/131/1/183.

Ravitch,D.(2013).*Reign of Error:The Hoax of the Privatization Movement and the Danger to America's Public Schools*.New York:Alfred A.Knopf.

Rubin,K.H.,Fein,C.G.,& Vandenberg,B.(1983).Play.In E.M.Hetherington (Ed.),*Handbook of Child Psychology (Vol.4), Socialization,Personality,and Social Development* (pp.693–774). New York:Wiley.

Saggar,M.,Quintin,E.M.,Kienitz,E.,Bott,N. T.,Sun,Z.,Hong,W.C.,...& Hawthorne,G.(2015).Pictionary-based fMRI paradigm to study the neural correlates of spontaneous improvisation and inaugural creativity.*Scientific Reports*,5.

Sahlberg,P.(2006).Education reform for raising economic competitiveness.*Journal of Educational Change,7*(4),259–287.

Sahlberg,P.(2012,September 6).How gender equality could

help school reform? *Washington Post.*

Sahlberg,P.(2015).*Finnish Lessons 2.0.What Can the World Learn from Educational Change in Finland?* New York:Teachers College Press.

Sahlberg,P.(2016).Global educational reform movement and its impact on teaching.In K.Mundy,A.Green,R.Lingard,& A.Verger (Eds.),*The Handbook of Global Policy and Policymaking in Education* (pp.128–144).New York:Wiley-Blackwell.

Sahlberg,P.(2018).*FinnishED Leadership:Four Big,Inexpensive Ideas to Transform Education.*Thousand Oaks,CA:Corwin Press.

Sandseter,E.(2011).Children's risky play from an evolutionary perspective.*Evolutionary Psychology,9*,257–284.

Schulz,L.E.,& Bonawitz,E.B.(2007).Serious fun:Preschoolers engage in more exploratory play when evidence is confounded. *Developmental Psychology,43*(4),1045–1050.

Schwab,K.,& Samans,R.(2016).*The future of jobs. Employment,skills and workforce strategy for the fourth Industrial Revolution.*The World Economic Forum.Retrieved from http:// www3.weforum.org/docs/WEF_ Future_ of_ Jobs.pdf.

SHAPE America.(2016).*Guide for recess policy.*Reston,VA.

Shields,A.,& Ciccetti,D.(1998).Reactive aggression among maltreated children:The contributions of attention and emotion dysregulation.*Journal of Clinical Child Psychology,24*,381–395.

Shonko,J.,& Phillips,D.(2000).*From Neurons to Neighborhoods:The Science of Early Childhood Development. Institute of Medicine,Committee on Integrating the Science of Early Childhood Development,Board on Children,Youth and Families.*Washington,DC:National Academies Press.

Singer,D.,Golinko,R.,& Hirsh-Pasek,K.(2006).*Play = Learning:How Play Motivates and Enhances Children's Cognitive and Social-Emotional Growth*.Oxford:Oxford University Press.

Siviy,S.M.(2016).A brain motivated to play:Insights into the neurobiology of playfulness.*Behaviour,153*,819–844.

Siviy,S.M.,& Panksepp,J.(2011).In search of the neurobiological substrates for social playfulness in mammalian brains.*Neuroscience and Biobehavioral Reviews,35*,1821–1830.

Spinke,M.,Newberry,R.,& Bekoff,M.(2001).Mammalian play:Training for the unexpected.*Quarterly Review of Biology,76*,141–168.

Stroud,J.E.(1995).Block play:Building a foundation for literacy.*Early Childhood Education Journal,23*(1),9–13.

Sutton-Smith,B.(1997).*The Ambiguity of Play.* Cambridge,MA:Harvard University Press.

Thompson,R.A.(2001).Development in the first years of life. *The Future of Children,11*(1),20–33.

Trawick-Smith,J.,Swaminathan,S.,Baton,B.,Danieluk,C.,Marsh,S.,& Szarwacki,M.(2017).Block play and mathematics learning in preschool:The effects of building complexity,peer and teacher interactions in the block area,and replica play materials.*Journal of Early Childhood Research,15*,433–448.

UN Committee on the Rights of the Child (CRC).(2013). *General comment No.17 (2013) on the right of the child to rest,leisure,play,recreational activities,cultural life and the arts (art.31),17 April 2013,CRC/C/GC/17*.Retrieved from http://www.refworld.org/docid/51ef9bcc4.html.

Urban,M.(2019).The *Shape of Things to Come* and what to do about Tom and Mia:Interrogating the OECD's International Early Learning and Child Well-Being Study from an anti-colonialist perspective.*Policy Futures in Education*.Retrieved from https://doi.org/10.1177/1478210318819177.

Vygotsky,L.S.(1967).Play and its role in the mental

development of the child.*Soviet Psychology,5*,6–18.

Vygotsky,L.(1978).*Mind in Society— The Development of Higher Psychological Processes.*Cambridge,MA:Harvard University Press.

Vygotsky,L.S.(1978).The role of play in development.In *Mind in Society* (pp.92–104).Cambridge,MA:Harvard University Press.Wallace,C.E.,& Russ,S.W.(2015).Pretend play,divergent thinking,and math achievement in girls:A longitudinal study. *Psychology of Aesthetics,Creativity,and the Arts,9*(3),296–305.

Weisberg,D.D.S.,Hirsh-Pasek,K.,& Golinko,R.M.(2013). Guided play:Where curricular goals meet a playful pedagogy. *Mind,Brain,and Education,7*(2),104–112.

Weisberg,D.S.,Hirsh-Pasek,K.,Golinkoff,R.M.,Kittredge,A. K.,& Klahr,D.(2016).Guided play:Principles and practices.*Current Directions in Psychological Science,25*(3),177–182.

White,R.(2013).*The power of play:A research summary on play and learning.*Minneapolis:Minnesota Children's Museum.

White,R.E.,& Carlson,S.M.(2016).What would Batman do? Self-distancing improves executive function in young children. *Developmental Science,19*(3),419–426.

Whitebread,D.,Neale,D.,Jensen,H.,Liu,C.,Solis,S. L.,Hopkins,E.,Hirsh-Pasek,K.,& Zosh,J.M.(2017).*The role of play in children's development:A review of the evidence (research summary).*Billund,Denmark:The Lego Foundation.Retrieved from https://www.legofoundation.com/media/1065/play-types--development-review_ web.pdf.

Wolfgang,C.H.,Stannard,L.L.,& Jones,I.(2001).Block play performance among preschoolers as a predictor of later school achievement in mathematics.*Journal of Research in Childhood Education,15*(2),173–180.

Yogman,M.,Garner,A.,Hutchinson,J.,Hirsh-Pasek,K.,&

Golinkoff,R,M.;American Academy of Pediatrics Committee on Psychosocial Aspects of Child and Family Health,Council on Communications and Media.(2018).The power of play:A pediatric role in enhancing development in young children. *Pediatrics,142*(3),e20182058.

Zachariou,A.,& Whitebread,D.(2015).Musical play and self-regulation:Does musical play allow for the emergence of self-regulatory behaviours? *International Journal of Play,4*(2),116–135.

Zelazo,P.D.,Blair,C.B.,& Willoughby,M.T.(2017).*Executive Function:Implications for Education* (NCER 2017-2000). Washington,DC:National Center for Education Research,Institute of Education Sciences.

Zhao,Y.(2014).*Who's Afraid of the Big Bad Dragon? Why China Has the Best (and the Worst) Education System in the World.*San Francisco:Jossey-Bass.

Zosh,J.M.,Hassinger-Das,B.,Toub,T.S.,Hirsh-Pasek,K.,& Golinkoff,R.(2016).Playing with mathematics:How play supports learning and the Common Core state standards.*Journal of Mathematics Education at Teachers College,7*,45–49.

Zosh,J.M,Hirsh-Pasek,K.,Golinkoff,R.M.,& Dore,R. A.(2017).Where learning meets creativity:The promise of guided play.In R.Beghetto & B.Sriraman (Eds.),*Creative Contradictions in Education:Cross Disciplinary Paradoxes and Perspectives* (pp.165–180).New York:Springer International Publishing.

Zosh,J.M.,Hirsh-Pasek,K.,Hopkins,E.J.,Jensen,H., Liu,C.,Neale,D.,...& Whitebread,D.(2018) Accessing the inaccessible:Redefining play as a spectrum.*Frontiers in Psychology,9*,1124.

Zosh,J.M.,Hopkins,E.J.,Jensen,H.,Liu,C.,Neale,D.,Hirsh-Pasek,K.,...& Whitebread,D.(2017).*Learning through play:A review of the evidence (white paper)*.Billund,Denmark:Lego Foundation.Retrieved from https://www.legofoundation.com/media/1063/learning-through-play_ web.pdf.

研究来源

有大量的研究文献涉及关于各种形式的玩耍对儿童的益处。这其中很大一部分受限于：对儿童进行有效的长期干预性研究的伦理困难、样本规模小、研究周期短或研究设计不够理想，以及大部分研究都集中在西方和年轻人群。这些是需要牢记的重要事项。

关于玩耍的主要研究来源包括学术期刊《美国玩耍杂志》和《国际玩耍杂志》，以及这里列出的研究论文、书籍和报告。

关于作者

帕西·萨尔伯格是全球著名的教育家、作家、演说家和学者，也是世界上最受尊敬的教育改进权威之一。

他曾担任赫尔辛基芬兰教育和文化部部长，华盛顿世界银行的高级教育专家和哈佛大学的客座教授。

2016年，他被授予"乐高奖"，以表彰他在儿童教育、创造力和玩耍权利方面的工作。目前，他担任澳大利亚悉尼新南威尔士大学贡斯基教育学院教育政策教授。

帕西的兴趣和专业领域包括教学、学校改进、国际教育问题和教育领导力。他发表了许多关于教育的论文、文章和著作，并在世界各地作了500多次主题演讲。他曾就教育改革问题向一些政府和领导人提供建议，包括芬兰、瑞典、苏格兰、澳大利亚、加拿大和冰岛。他的著作《芬兰课程2.0：世界能从芬兰的教育变革中学到什么》（*Finnish Lessons 2.0：What Can the World Learn from Educational Change in Finland*）在2013年赢得了著名的格拉维迈耶奖（Grawemeyer Award），这位鼓舞人心的教育家和教育公平的拥护者还被授予了2014年的苏格兰罗伯特·欧文奖。

威廉·多伊尔是《纽约时报》最畅销的作家和电视制片人。

自2015年以来，他一直是富布赖特学者、东芬兰大学的驻校学者和媒体与教育讲师，并担任芬兰教育和文化部（该部在联合国儿童基金会的儿童教育系统排名中位列第一）、经济合作与发展组织，以及世界经济论坛的顾问。

威廉是2017年历史频道纪录片《权力交接：总统》的执行制片人；2014年美国公共广播公司（PBS）纪录片《特种海豹突击队：他们不为人知的故事》的联合制片人和同名书籍的合著者；《美国暴动：詹姆

斯·梅雷迪思和 1962 年密西西比牛津之战》的作者；民权运动先锋詹姆斯·梅雷迪思的《上帝的使命》的合著者；2015 年出版的畅销书《PT 109：战争、幸存和约翰·肯尼迪命运的美国史诗》的作者。

此前，他因 A&E 电视公司的《白宫历史》特辑获得美国作家协会最佳电视纪录片奖，并担任 HBO 的原创节目总监。他还获得美国律师协会银槌奖和美国图书馆协会亚历克斯奖，也是罗伯特肯尼迪图书奖入围者。他关于教育的文章发表在《华盛顿邮报》《洛杉矶时报》《今日美国》《纽约日报》和《悉尼先驱晨报》上。

威廉和妻子及他们 11 岁的儿子住在纽约市，他的儿子在纽约市内的公立学校上学，一年中的一部分时间会前往芬兰，参加大学教师培训"实验室"项目。

2017 年，两位作者被任命为"洛克菲勒基金会贝拉焦中心常驻研究员"，负责本书的撰写工作。

致谢

　　感谢我们的采访对象，也感谢佩特拉·萨尔伯格、布伦丹·道尔、内奥米·莫里亚马、玛丽·路易丝·道尔；我们的编辑艾比·格罗斯和她在牛津大学出版社的同事，我们的代理人 WME 娱乐公司的梅尔·伯格和大卫·辛德；肯·罗宾逊爵士、詹姆斯·梅雷迪思、芬兰东部大学的师生、安迪·哈格里夫斯、朱卡·莫恩科内、里斯托·图伦、朱卡·皮提克内、詹尼·皮塔里宁、萨里·哈武·乌蒂宁、丽塔·坎特琳、赫尔米·杰尔维洛马·米凯勒、海基·哈波宁、吉尔基·柯基、托马斯·亚拉温巴、山姆·阿布拉姆斯、伊凡娜·安德里乔瑟维奇、玛丽·弗兰内托维奇·西维蒂奇、玛丽·马吉奇、雷切尔·考珀、基斯蒂·吉尔克里斯特、凯茜·兰斯泰特、凯西·赫什-帕塞克、查尔斯·亚当斯、迈克尔·里奇、提姆·沃克、格温·赫尔文、杰基·莱昂尼·海姆森、特里·莫尔萨和她在芬兰富布赖特中心的同事；同时感谢洛克菲勒基金会贝拉吉奥中心对我们工作的支持；感谢杰西·科菲诺翻译了我们对中国"安吉游戏"创始人程学琴的采访。

图书在版编目（CIP）数据

游戏力 / (芬) 帕西·萨尔伯格, (英) 威廉·多伊
尔著；耿一岚译. -- 成都：四川文艺出版社，2021.1
ISBN 978-7-5411-5836-0

Ⅰ.①游… Ⅱ.①帕… ②威… ③耿… Ⅲ.①儿童教
育–家庭教育②儿童心理学 Ⅳ.①G782②B844.1

中国版本图书馆CIP数据核字(2020)第211383号

著作权合同登记号 图进字：21-2020-363

LET THE CHILDREN PLAY© Pasi Sahlberg and

William Doyle 2019

YOUXILI

游戏力

[芬兰]帕西·萨尔伯格
[英国]威廉·多伊尔　　著

耿一岚 译

出品人	张庆宁
出版统筹	刘运东
特约监制	刘思懿
责任编辑	燕啸波
特约策划	刘思懿
特约编辑	赵璧君　刘玉瑶
责任校对	汪　平
封面设计	苏　涛

出版发行　四川文艺出版社（成都市槐树街2号）
网　址　www.scwys.com
电　话　028-86259287（发行部）　028-86259303（编辑部）
传　真　028-86259306

邮购地址　成都市槐树街2号四川文艺出版社邮购部　610031
印　刷　北京永顺兴望印刷厂
成品尺寸　145mm×210mm　　开　本　32开
印　张　8.75　　　　　　　　字　数　260千字
版　次　2021年1月第一版　　印　次　2021年1月第一次印刷
书　号　ISBN 978-7-5411-5836-0
定　价　45.00元